KURSTHEMEN
ERZIEHUNGSWISSENSCHAFT

Aggression
Formen
Ursachen
Auswege

Ursula Randerath
Gregor Randerath

Cornelsen

*Jede Jugend zeigt der Gesellschaft
das Bild ihrer eigenen Zukunft.*

Oskar Negt, 1980

Redaktion: Karl-Heinz Holstein, Rodenbach bei Hanau
Gestaltung und technische Umsetzung: Uwe Rogal, Berlin
Umschlagbild: Klaus Becker, Frankfurt am Main
Cartoons S. 7, 10, 11, 13, 24, 37, 41, 43, 65, 75,
77, 79, 84, 152: Burkhard Fritsche, Köln

 http://www.cornelsen.de

1. Auflage   Druck 5 4 3 2   Jahr 05 04 03 02

Alle Drucke dieser Auflage sind inhaltlich unverändert
und können im Unterricht nebeneinander verwendet werden.

© 2001 Cornelsen Verlag, Berlin
Das Werk und seine Teile sind urheberrechtlich geschützt.
Jede Verwertung in anderen als den gesetzlich zugelassenen Fällen
bedarf deshalb der vorherigen schriftlichen Einwilligung des Verlages.

Druck: CS-Druck Cornelsen Stürtz, Berlin

ISBN 3-464-12901-2

Bestellnummer 129012

 Gedruckt auf säurefreiem Papier,
umweltschonend hergestellt aus chlorfrei gebleichten Faserstoffen.

Vorbemerkungen

Richtlinienbezug
Der Lehrplan für das Fach Erziehungswissenschaft in der gymnasialen Oberstufe des Landes Nordrhein-Westfalen nennt folgende Aufgaben und Ziele des Faches:
Vorbereitung auf verantwortliches Handeln im privaten und öffentlichen Bereich durch Förderung der „Fähigkeiten der Kommunikation, der Kooperation und der Konfliktbewältigung" (S. 5) durch:
- Wissenschaftspropädeutik;
- Handlungspropädeutik
- Methodenkompetenz (Projektunterricht, fachübergreifendes, fächerverbindendes Lernen)

Das vorliegende Arbeitsheft wird diesen zentralen Aufgaben und Zielen in besonderer Weise gerecht:
- Es werden verschiedene, unterschiedliche Erklärungstheorien für die Entstehung und Verminderung aggressiven Verhaltens bereitgestellt.
- Anhand verschiedener Praxismodelle von Gewaltprävention bzw. Aggressionsabbau erhalten die Schüler die Möglichkeit den Zusammenhang zwischen Wissenschaft und Erziehungspraxis zu untersuchen.
- Durch vielfältige Aufgabenstellungen wird die Vermittlung von Methodenkompetenz angestrebt: u. a. verschiedene Methoden von Texterarbeitung, weiterführende Untersuchungsaufträge, Projektvorschläge.
- In einem ausführlichen Kapitel werden Übungen und Rollenspiele zum Umgang mit den eigenen Aggressionen vorgeschlagen; die Möglichkeit zu erfahrungsorientierter Arbeit gibt es darüber hinaus in verschiedenen Kapiteln; dies ist ein möglicher „roter Faden" durch das Arbeitsheft

Das vorliegende Arbeitsheft ist konzipiert für den Einsatz im Halbjahr 12.2. (13.2 ist ebenfalls denkbar).
Als Kursthema geben die neuen Richtlinien vor: „Entwicklung und Sozialisation und deren Risiken im Jugend- und Erwachsenenalter", als „mögliche Zugänge" und Projektthemen zur Obligatorik finden Sie z. B.:
- Mögliche Störungen von Entwicklung und Sozialisation in Pubertät/Jugendalter
- Möglichkeiten und Grenzen der sozial- und sonderpädagogischen Intervention
- Jugend und Gewalt
- Resozialisierung als pädagogische und therapeutische Aufgabe.

Zum Umgang mit dem Arbeitsheft
Es ist notwendig eine Auswahl aus dem Angebot an Materialien und Methoden zu treffen. Wir empfehlen Ihnen Pfade zu finden, rote Fäden zu ziehen, Spuren zu verfolgen. Mögliche Pfade, über die sich Fachlehrerin bzw. Fachlehrer und Kurs verständigen sollten, sind:
- der theorie-orientierte Pfad; Empfehlung: Kap. 1 Einstieg 1, Kapitel 2
- der empirisch-orientierte Pfad; Empfehlung: Kap. 1 Einstieg 4, Kap. 3, Kap. 7.2
- der sozialpädagogisch-orientierte Pfad; Empfehlung: Kap. 1 Einstiege 2+3, Kap. 4, Kap. 6
- der erfahrungs-orientierte Pfad; Empfehlung: Kap. 1 Einstiege 2+3, Kap. 7.1.

Welchen Pfad Sie auch wählen, ob Sie die gesamte Strecke gemeinsam im Kurs zurücklegen wollen, ob Sie nach gemeinsamem Aufbruch verschiedene Spuren in Gruppen verfolgen und überwiegend getrennt gehen möchten – an der Erarbeitung der theoretischen Grundlagen, also an den Kapiteln 1.2 und 2 führt sicher kein Weg vorbei.

Inhalt

	Vorbemerkungen	3
	Richtlinienbezug	3
	Zum Umgang mit dem Arbeitsheft	3
1.	**Einleitung**	8
1.1	Einstiege und Einstimmungen	8
1.2	Zum Begriff Aggression/Gewalt	10
1.2.1	Definitionen	10
1.2.2	Zur Problematik der Verwendung des Gewaltbegriffs	13
1.3	Gewalthandlungen in allen Lebensbereichen	15
2.	**Wie Aggression entsteht – Erklärungstheorien**	17
2.1	Vorbemerkung	17
2.2	Psychologisch orientierte Erklärungen	17
2.2.1	Warum kommt es zu Aggression? – Ein erster Überblick über grundlegende Aspekte der Verhaltenserklärung	17
2.2.2	Aggression als Ausdruck eines Triebes	18
2.2.3	Frustration und Aggression	20
2.2.4	Lernen und Aggression	26
2.2.5	Aggression als Kommunikationsproblem	29
2.2.6	Unterschiede zwischen individueller und kollektiver Aggression	31
2.2.7	Das integrierende Erklärungsmodell	32
2.3	Der soziologische Erklärungsansatz von Wilhelm Heitmeyer	34
2.3.1	Vorbemerkung und erster Überblick	34
2.3.2	Das sozialisationstheoretische Konzept	35
2.3.3	Individualisierung	36
2.3.4	Das Desintegrations-Verunsicherungs-Gewalt-Konzept	39
3.	**Wie Aggression entsteht – empirische Vertiefungen**	43
3.1	Kriminologische Forschungsergebnisse	47
3.2	Familienerziehung und Aggression: Gewalttätiges Verhalten Jugendlicher – eine „klare" Reaktion auf „unklare" Erziehung?	50
3.3	Gleichaltrigengruppe und Aggression	54
3.4	Die geschlechtsspezifische Sichtweise von Gewalt – empirische Ergebnisse nach Heitmeyer	58
3.4.1	Einleitung	58
3.4.2	Frauen und Individualisierung	59
3.4.3	Ergebnisse der empirischen Forschung	62
3.4.4	Ausblick	65

3.5	Medien und Aggression – Ergebnisse der Medienwirkungsforschung	66
3.5.1	Ulrich Eicke, Wolfram Eicke: Aggressiv, phantasiearm, träge: Die Medienkinder	66
3.5.2	Ergebnisse der Medienwirkungsforschung nach Bründel/Hurrelmann	67
3.5.3	Jo Groebel: Der Stand der Diskussion	70
3.6	„Sündenbock"-Phänomene	71
3.6.1	Die Entlastungsfunktion des Vorurteils	71
3.6.2	Briefträger – Ein kabarettistischer Beitrag	72

4. Wege zur Verminderung von Aggression 73

4.1	Verminderung aggressiven Verhaltens nach Nolting	73
4.1.1	Aggression abreagieren – geht das? Lösungsrichtung 1	73
4.1.2	Die Anreger verändern – Lösungsrichtung 2	76
4.1.3	Die Anreger anders bewerten – Lösungsrichtung 3	81
4.1.4	Aggressionshemmungen fördern – Lösungsrichtung 4	82
4.1.5	Alternatives Verhalten lernen – Lösungsrichtung 5	86
4.2	„Eine gute Schule ist der beste Beitrag zur Jugendpolitik" – Plädoyer für die Ganztagsschule	90

5. Rechtsextremismus – Fremdenfeindlichkeit – Gewalt gegen ausländische Bürger 99

5.1	Zur Klärung der Begriffe	100
5.2	„Was tun gegen Rechtsextremismus" – Sozialarbeit auf dem Prüfstand	100
5.3	„Aggression ist ansteckend wie Cholera" – Eine Kritik an der „akzeptierenden Jugendarbeit"	104
5.4	„Rechts kommt nicht aus dem Nichts" – Zu den gesellschaftlichen Ursachen des Rechtsextremismus	107
5.5	Fremdenfeindliche Gewalt im Osten – Folge der autoritären DDR-Erziehung?	111

6. Projekte zur Gewaltprävention und Gewaltminderung 115

6.1	Konfliktmediation an Schulen – Streitschlichtung durch Schülerinnen und Schüler	115
6.2	Projekt „Schule gegen Gewalt" – Ein Anti-Gewalt-Training der Kriminalpolizei des Kreises Mettmann	119
6.3	Der Täter-Opfer-Ausgleich.	123
6.4	„Wer nichts tut, macht mit" – Eine Kampagne der Hamburger Kriminalpolizei	125
6.4.1	Der Aufruf „Wer nichts tut, macht mit!"	125
6.4.2	Ziele der Aktion aus psychologischer Sicht	127
6.4.3	Wie kann man sich erklären, dass Menschen nicht helfen?	128
6.5	Projekte mit Fußball-Fans: Gewaltprävention im Bereich des Sports	129
6.5.1	Zur Konzeption des Projektes „Anstoß"	129
6.5.2	„Die Hools kommen aus allen gesellschaftlichen Gruppen" – Gespräch mit einem Sozialarbeiter von „Anstoß"	131
6.5.3	Gewalt ohne Grenzen – Ein Gespräch mit dem Jugendforscher Wilhelm Heitmeyer über deutsche Hooligans	133
6.6	Anti-Aggressions-Training	134
6.6.1	„Der Täter wird zum Opfer"	135
6.6.2	„Keine Verharmlosung von Schlägern!" – Das Konzept des Anti-Aggressions-Trainings	136

7.	**Schüleraktivitäten**	**138**
7.1	Mein Umgang mit Aggression – Rollenspiele und Übungen	138
7.1.1	Partnerzentriertes Gespräch	138
7.1.2	Kontrollierter Dialog	139
7.1.3	Ich-Botschaften: Mitteilen von Gefühlen	140
7.1.4	Die Niederlagen-lose Methode	143
7.1.5	Rollenspiel „Streittypen"	144
7.1.6	Rollenspiel „U-Bahn"	146
7.1.7	Rollenspiel „Straßenbahn"	147
7.1.8	Übung „Maus – Schildkröte – King Kong"	147
7.1.9	Rollenspiel „Abziehen"	147
7.1.10	„Das Forum-Theater"	147
7.1.11	Auf der Suche nach dem Sündenbock – Planspiel „Belagerte Stadt"	148
7.1.12	Rollenspiel „Rettungsboot"	149
7.1.13	Hinweise: „Zum Umgang mit direkter Gewalt"	150
7.2	Erkundungen	152
7.2.1	Die Befragung	152
7.2.2	Die Beobachtung	153
7.2.3	Das Expertengespräch	153
8.	**Service**	**155**
8.1	Texte für Klausuren, Übungen, Hausaufgaben, Prüfungssimulationen	155
8.1.1	„Fred"	155
8.1.2	Warnung vor einer „Zeitbombe"	155
8.1.3	Strafen als „Aggressionsbremse"?	156
8.1.4	Aggressivität in der Schule	157
8.1.5	Herbert ist aggressiv und unaufmerksam – ein Fallbeispiel	158
8.1.6	Die Schläger mit dem Pausenbrot	160
8.1.7	Die Umwelt – „Schule der Aggression"	163
8.1.8	Gewaltprävention in der Schule	167
8.2	Hinweise auf Literatur, Medien und weiterführende Adressen	172

Mobbing im Weltall

Aggression kennt keine Grenzen

1. Einleitung

1.1 Einstiege – Einstimmungen

Im folgenden Kapitel finden Sie vier unterschiedliche Vorschläge sich dem Thema Aggression anzunähern, über eigene Erfahrungen mit Aggression nachzudenken, für den eigenen Umgang mit Aggression zu sensibilisieren oder Fragestellungen zu entwickeln, die im Verlauf der weiteren Arbeit geklärt werden sollen.
Übrigens: Wir halten es auch für sinnvoll, mehrere Einstiege nacheinander zu wählen.

1. Einstieg: Gegenbegriffe

Was ist der Gegenbegriff zu Aggression?

Zeitvorgabe: 5 Minuten
Partnerarbeit
Anschließend werden die Begriffe gesammelt und über die Diskussion der Gegenbegriffe das Vorverständnis des Aggressionsbegriffs geklärt. Es empfiehlt sich, dann zu Kapitel 1.2 (Aggressionsbegriff) überzugehen.

2. Einstieg: Bild/Plakat

Malen Sie ein Bild oder gestalten Sie ein Plakat zum Thema:
„Aggression/Gewalt in meiner (Um)welt"

Zeitvorgabe: ca. 20 Minuten

Material: DIN-A-3-Blatt für jeden Schüler, Malstifte, evtl. Hintergrundmusik

Auswertung: Jeder Schüler/jede Schülerin erläutert dem Kurs sein/ihr Bild/Plakat nach folgendem Verfahren:
– Der Fachlehrer/die Fachlehrerin bereitet Karten mit den Namen aller Schülerinnen und Schüler vor.
– Ein Freiwilliger hängt sein Bild gut sichtbar auf und erläutert es.
– Ein Kärtchen wird gezogen. Der ausgeloste Schüler bzw. die Schülerin wiederholt kurz die wesentlichen Inhalte der Erläuterung. Anschließend erläutert er bzw. sie das eigene Bild.
– Ein weiteres Namenskärtchen wird gezogen und das Verfahren wiederholt sich, bis alle Schülerinnen und Schüler ihr Plakat vorgestellt haben.
– Die Bilder sollen nicht bewertet werden;

Wichtig: Alle gezogenen Karten wandern wieder zurück in den Stapel, sodass man mehrmals zur Wiederholung aufgerufen werden kann und danach eine Person wählt, die noch nicht an der Reihe war.
Alternativ: Die Schülerinnen und Schüler bilden Zufallsgruppen (maximal 4 Personen), jede Gruppe gestaltet ein gemeinsames Bild/Plakat. Aus jeder Gruppe wird ein Schüler/eine Schülerin für die Erläuterung im Kurs *ausgelost*.

3. Einstieg: Satzanfänge

Aggressiv macht mich …
Wenn ich richtig wütend bin, …
Mich besänftigt am besten …

> Notieren Sie zu jedem dieser Satzanfänge 2 oder 3 Fortsetzungen auf einem Blatt.

Vorschlag A (in Anlehnung an das Spiel „Glauben/Wissen")
Die Blätter werden eingesammelt und gemischt. Der Lehrer/die Lehrerin liest die Antworten vor, der Kurs errät den jeweiligen Autor oder die jeweilige Autorin und begründet die Vermutung. (Bei großen Kursgruppen evtl. 2 Untergruppen bilden)

Vorschlag B
Die Schülerinnen und Schüler bilden (Zufalls)gruppen und tauschen sich über ihre Antworten aus. Mögliche Gesprächspunkte: Gemeinsamkeiten/Unterschiede, Auffallendes, Besonderheiten …)
Anschließend berichtet ein Gruppenmitglied dem Kurs über die Gesprächsergebnisse. Der Sprecher/ die Sprecherin sollte erst gegen Ende der Gruppenphase ausgelost werden.

4. Einstieg: Fragen an das Thema „Aggression" entwickeln

Der Kurs formuliert im Brainstorming-Verfahren alle Fragen, die im Zusammenhang mit dem Thema „Aggession/Gewalt" interessant erscheinen.
Die Fragen werden notiert, anschließend kennzeichnet jeder Schüler bzw. jede Schülerin die wichtigsten drei (Klebepunkte, Strichliste an der Tafel …).
Diese Sammelphase lässt sich auch mit dem „Schneeball-Verfahren" gestalten.
Beim Schneeballverfahren notiert jede(r) seine bzw. ihre Fragen zunächst für sich. Dann folgt der Austausch mit einem Partner bzw. einer Partnerin, dann in der Vierergruppe, der Achtergruppe, schließlich im ganzen Kurs.
Tipp: Grenzen Sie die Zahl der Fragen ein.
(Nach Klippert, H.: Kommunikationstraining. Übungsbausteine für den Unterricht II, 3. Auflage, Beltz Verlag: Weinheim und Basel, 1996, S. 150)

Die Sammlung und Gewichtung der Fragen sollte festgehalten werden. Sie dient zur Klärung der Unterrichtsschwerpunkte und kann von Zeit zu Zeit zur Kontrolle des Reihenverlaufs herangezogen werden.

1.2 Zum Begriff Aggression/Gewalt

1.2.1 Definitionen

> Für welche der folgenden Beispiele würden Sie den Begriff „Aggression" verwenden?

- Ein Lehrer gibt einem Schüler im Aufsatz eine schlechte Note, weil er im Unterricht häufig stört.
- Eine Frau erzählt über ihre Nachbarin, sie sei Alkoholikerin – was jedoch nicht stimmt.
- Ein Angestellter bringt mit klaren Worten zum Ausdruck, dass er eine Gehaltserhöhung erwartet.
- Ein Bankräuber fordert mit vorgehaltener Pistole, seine Tasche mit Geld zu füllen.
- Ein Polizist schießt einem flüchtenden Bankräuber ins Bein.
- Ein Schüler wirft einen anderen absichtlich zu Boden.
- Ein Schüler wirft einen Mitschüler zu Boden, damit er aufhört, einen kleinen Jungen zu verprügeln.

(Nach: Hans-Peter Nolting: Lernfall Aggression. Vollständig überarbeitete Neuausgabe. rororo Sachbuch 60243: Reinbek 1997, S. 27)

> Versuchen Sie Kriterien für die Definition von Aggression zu entwickeln.

Diesem Kursheft liegen die beiden folgenden Definitionen zugrunde:

- Unter aggressiven Verhaltensweisen werden hier solche verstanden, die Individuen oder Sachen aktiv und zielgerichtet schädigen, sie schwächen oder in Angst versetzen.

(Fürntratt 1974, zitiert nach Nolting, a. a. O., S. 22)

- Aggression wird hier definiert als eine Handlung, mit der eine Person eine andere Person zu verletzen versucht oder zu verletzen droht, unabhängig davon, was letztlich das Ziel dieser Handlung ist.

(Nolting, S. 24)

> Wenden Sie die Definition von Aggression auf die folgenden Cartoons an.

Erste Klarstellung: Trennung von Beschreiben und Bewerten

Die Definitionen versuchen, in abstrakter Form diverse Phänomene nach gemeinsamen Merkmalen zu beschreiben. Ob man jedoch ein konkretes Verhalten, das im Definitionssinne als Aggression gilt, für „legitim" oder „illegitim", für konstruktiv oder destruktiv, für angemessen oder unangemessen hält – dies ist eine ganz andere Frage, eine Frage persönlicher und gesellschaftlicher Anschauungen. Schüsse der Polizei ebenso wie Attentate auf Politiker intendieren unstreitig die Schädigung von Menschen und sind insofern definitionsgemäß aggressive Handlungen.

(Nolting, S. 29)

Zweite Klarstellung: Aggression als Gefühl – Aggression als Verhalten

Es ist nun äußerst wichtig für die Erklärung und Verminderung aggressiven Verhaltens, dass man diese beiden Bedeutungen auseinander hält. Denn [...]: Nicht jedes aggressive Gefühl drückt sich in aggressivem Verhalten aus, und nicht jedes aggressive Verhalten beruht auf aggressiven Gefühlen! Beispielsweise beruhen aggressive Handlungen aus Gehorsam oder zwecks Bereicherung nicht auf aggressiven Emotionen. Überdies kann es beim Versuch der Aggressionsverminderung sinnvoll sein, zwar die Gefühle so zu akzeptieren, wie sie sind, aber das Verhalten [...] zu verändern.

Zwischen aggressivem Verhalten und aggressiven Emotionen gibt es also keine feste Verbindung. Wegen der Verwechslung der beiden Ebenen wäre es daher eigentlich am besten, den Terminus Aggression ganz zu streichen und stets von aggressivem Verhalten/Handeln einerseits und aggressiven Emotionen, Bedürfnissen, Impulsen usw. andererseits zu sprechen. Da sich dies kaum durchsetzen wird, sollte der Begriff der Aggression der Verhaltensebene vorbehalten bleiben, während es explizit anzugeben ist, wenn innere Vorgänge gemeint sind.

(Nolting, S. 30/31)

Aggression und Gewalt

Die Verwendung dieser beiden Begriffe ist uneinheitlich. Viele Autoren, darunter auch Hurrelmann und Tillmann, die in diesem Kursheft zitiert werden, verwenden beide Begriffe „parallel", d. h. synonym. Nolting dagegen (vgl. Kap. 2. 2) bestimmt das Verhältnis von Aggression und Gewalt folgendermaßen:

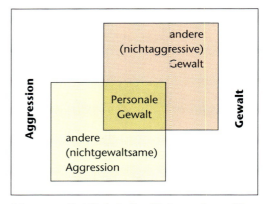

Schema zum Verhältnis der Begriffe Aggression und Gewalt.
(Nolting: S. 26)

Schwere, insbesondere körperliche Formen der Aggression werden als Gewalt bezeichnet. (Beispiel: Kindesmisshandlung, siehe Schnittmenge der Grafik)

Daneben gibt es nicht gewaltsame Aggression (Beispiel: verbale Aggression) und nicht aggressive Formen von Gewalt. Dazu gehört die vom schwedischen Friedensforscher Johann Galtung definierte „strukturelle" oder „indirekte" Gewalt, von der in Systemen sozialer Ungerechtigkeit Menschen geschädigt werden (z. B. durch Hunger).

> Nennen Sie weitere Beispiele zu den drei Bereichen der Abbildung.

Ein weit gefasster Aggressionsbegriff

Neben der o. g. engen Definition von Aggression wird von einigen, meist triebtheoretisch orientierten Autoren ein wesentlich weiter gefasster Aggressionsbegriff verwendet. Er geht vom lateinischen Ursprung des Wortes aus (aggredi = herangehen) und meint jede gerichtete, offensive Aktivität, bezeichnet also das Gegenteil von Passivität und Zurückhaltung.

1.2.2 Zur Problematik der Verwendung des Gewaltbegriffs

Eine wichtige und sehr interessante Facette bei der Verwendung des Gewaltbegriffs thematisiert Klaus-Jürgen Tillmann.
Es geht um „Stimmungsmache", d. h. darum, öffentliche Zustimmung zu gewinnen oder öffentliche Ablehnung hervorzurufen, indem ein bestimmtes Verhalten als gewaltsam „etikettiert" wird. Das Etikett „gewaltsam" bzw. „gewaltfrei" wird dabei zu einem wichtigen Instrument in der öffentlichen politischen Auseinandersetzung. Wem die Etikettierung gelingt, erringt einen entscheidenden politischen Vorteil.

Sitzblockade – gewaltfreie Aktion oder gewaltsame Behinderung?

Der Artikel behandelt die strategische Verwendung des Gewaltbegriffs in der Öffentlichkeit.

Jedem Reden über Gewalt unterliegt ein bestimmtes Verständnis von dem, worüber geredet wird. Trotz aller Unterschiede, die dabei implizit oder explizit bestehen, gibt es doch in einem Punkt einen gesellschaftlichen Konsens: „Gewalt" bezeichnet einen unerwünschten, einen verabscheuungswürdigen Sachverhalt, mit dem so grauenhafte Dinge wie Mord und Totschlag assoziiert werden:

„Gewalt (in diesem Sinne) gehört zu den elementaren Tabus unserer Kultur. Als entsprechend breit darf man den Konsens annehmen, der gegen Gewalt vorhanden ist." (Neidhardt 1986)

Diese eindeutige Konnotation führt dazu, dass der Gewaltbegriff in gesellschaftlichen Auseinandersetzungen immer auch strategisch eingesetzt wird. Hierzu ein Beispiel:

Während die Akteure einer Sitzblockade vor einem Atomkraftwerk ausdrücklich von einer gewaltlosen Aktion sprechen, die durch Polizeigewalt brutal angegriffen worden sei, erklärt die Polizei: Die gewaltsame Behinderung der Zufahrt sei durch ihr besonnenes und angemessenes Einschreiten beendet worden.

Der Gebrauch der Wörter auf beiden Seiten ist nicht zufällig, sondern folgt einem Kalkül: Wenn man die Handlungen, die Positionen der Gegenseite erfolgreich als „Gewalt" etikettieren kann, erscheinen die eigenen Handlungsweisen als legitime Gegenwehr.

Für die Gewinnung öffentlicher Zustimmung ist es somit wichtig, die eigene Definition von „Gewalt" in der Debatte durchzusetzen. Insofern ist es nicht gleichgültig, ob von „Sachbeschädigung" oder „Gewalt gegen Sachen", ob von „geringeren Sprechanteilen von Frauen bei Diskussionen" oder von „sexistischer Gewalt in der Sprache" die Rede ist; denn wenn man ein soziales Problem skandalieren will, muss man es in den Rang von „Gewalt" erheben. Neidhardt verallgemeinert diese an Beispielen gewonnene Einsicht:

„Der Gewaltbegriff eignet sich dazu, in Konfliktlagen die Chancenverteilung zu beeinflussen. Wenn es richtig ist, dass es in der Öffentlichkeit einen weit verbreiteten und starken Konsensus über die Verwerflichkeit von Gewalt gibt, dann verändern sich die Operationschancen der Konfliktparteien je nachdem, ob ihr Handeln als Gewaltausübung gedeutet werden kann oder nicht. Das aber ist nicht zuletzt eine Definitionsfrage. Insofern besitzen Definitionen des Gewaltbegriffs taktische und strategische Funktione – und die Beteiligten wissen das." (Neidhardt 1986) Damit zeigt sich: Wenn man über Gewaltdefinitionen redet, muss man auch den Gewaltdiskurs selbst zum Thema machen: Wer hat ein Interesse daran, eine bestimmte Rede über Gewalt öffentlich durchzusetzen, wer möchte es eher verhindern?

(Klaus-Jürgen Tillmann: Gewalt – was ist das eigentlich? Präzision eines schwierigen Begriffs. In: Gewaltlösungen. Schüler 1995. Friedrich Verlag: Seelze, S. 13)

1 Fassen Sie den Text in drei Thesen zusammen.
2 Finden Sie weitere Beispiele für eine interessengeleitete Verwendung des Gewaltbegriffs.
3 *Zur Diskussion:*
Graffiti an der Hauswand – harmlose Kunst oder gewaltsame Sachbeschädigung?

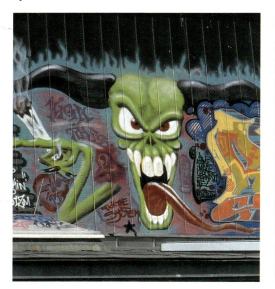

Es gibt viele Arten zu töten.
Man kann einem ein Messer
in den Bauch stechen,
einem das Brot entziehen,
einen von einer Krankheit nicht heilen,
einen in eine schlechte Wohnung stecken,
einen zum Selbstmord treiben,
durch Arbeit zu Tode schinden,
einen Krieg führen usw.
Nur weniges davon ist in
unserem Staat verboten.

(Bertolt Brecht: Me ti. Buch der Wendungen. Zitiert nach: Werkausgabe in 12 Bänden. Prosa 2. Suhrkamp: Frankfurt 1967, S. 466)

1.3 Gewalthandlungen in allen Lebensbereichen

Die Autoren des folgenden Textes nennen 5 Lebensbereiche, in denen sich „Ausgangspunkte" für die Entstehung von Aggression und Gewalt finden.

1. Gliedern Sie den Text dementsprechend in 5 Abschnitte und formulieren Sie zu jedem Abschnitt eine passende Überschrift.
2. Arbeiten Sie zu jedem Lebensbereich die gewaltfördernden Bedingungen heraus.
3. Entwickeln Sie zu den 5 Abschnitten erste Vorschläge für Maßnahmen zur Gewaltprävention.

Ein phänomenologischer Überblick:
Aggression und Gewalt in körperlicher, verbaler, sexistischer und rassistischer Ausprägung entsteht, wenn ein Mensch über einen langen Zeitraum seines Lebens gedemütigt wird und Erniedrigungen erlebt. Sie entsteht auch, wie besonders die Erfahrungen aus der Misshandlung und dem Missbrauch im Familienbereich ausweisen, wenn ein Mensch über einen langen Zeitraum zum Opfer geworden ist. Der soziale Lernmechanismus, der sich von Kindesbeinen an prägt, scheint eine so starke Wucht zu haben, dass selbst die größten Leidenserfahrungen einen Menschen nicht davor bewahren, das einmal erlernte Muster zur Bewältigung von Spannungssituationen und Konflikten auch als Erwachsener wieder auszuüben. Gewalt in der ersten Generation gebiert Gewalt in der zweiten Generation.

Aggression und Gewalt in den verschiedenen Erscheinungsformen entsteht weiterhin, wenn schon Kinder und Jugendliche sich als Verlierer in einer Wettbewerbsgesellschaft empfinden und keine klaren Entfaltungsperspektiven für ihre soziale und berufliche Zukunft vor sich sehen. Das Ausmaß von Gewalt und Aggression hängt ganz eindeutig mit Versagenserfahrungen vor allem im Leistungsbereich zusammen. Diese Jugendlichen haben die Muster der Leistungsgesellschaft verinnerlicht und akzeptieren sie. Sie machen die Erfahrung, diesen Spielregeln nicht entsprechen zu können, und geraten darüber in eine Frustrationssituation. Auf diese strukturell für sie unausweichliche Situation können sie nur mit Depression oder Aggression oder Fluchtverhalten (zum Beispiel: Drogenkonsum) reagieren, wenn sich die Ursprungssituation nicht verändert.

Hier liegen heute wichtige Ausgangspunkte für die Zunahme von Aggression und Gewalt in vielen Bereichen, denn der Wettbewerbsdruck ist höher geworden als noch vor zehn oder zwanzig Jahren. Ein deutlicher und brutaler Hinweis sind die gestiegenen Arbeitslosenzahlen, die ja ganz besonders Jugendliche beim Start in die Berufslaufbahn treffen. Aggression und Gewalt ist also ein Reflex auf eine objektiv ungünstig gewordene Chancenstruktur für große Teile der Jugend. Diese Chancenstruktur wird von den Jugendlichen als ungerecht empfunden, aber die Konsequenz der Ungerechtigkeit müssen sie mit sich selbst austragen, weil sie nicht die politische Kraft und Phantasie haben, ihre Unzufriedenheit und Frustration gegen die Konstrukteure der Ungerechtigkeit zu richten.

Aggression und Gewalt entsteht durch den Darstellungszwang und das Verlangen nach Integration in die Gleichaltrigengruppe. Heute sind Jugendliche schon früh, meist schon mit zwölf oder dreizehn Jahren, innerlich von den Eltern abgelöst und bei allen Fragen, die den Lebensstil und die Freizeitgestaltung betreffen, auf ein gutes Arrangement mit den Gleichaltrigen angewiesen. Entsprechend intensiv sind die Dynamik und die Integrationstiefe, die von diesen Gruppen ausgehen. Hier nehmen viele Formen der abweichenden Bewältigung von Problemen ihren Ausgangspunkt. Auch aggressive und gewalttätige Handlungen finden zum Teil – natürlich nicht ausschließlich – ihren Resonanzboden in der Gruppe, sie sind Demonstrationen gegenüber der Bezugsgruppe „Clique". Solange keine anderen Bezugsgruppen da sind und keine anderen Sinnperspektiven angeboten werden, wird sich diese Kraft der Gleichaltrigengruppe als Orientierungsforum erhalten oder sogar noch weiter stärken.

Aggression und Gewalt können Reaktionen auf eine unerfüllte, inhaltsleere und als sinnlos empfundene Freizeit sein. Die Sehnsucht nach Abenteuer, Erlebnis- und Grenzüberschreitung ist im Jugendalter entwicklungsbedingt natürlich, entsprechend groß ist die Suche nach extremen Sinnerfahrungen, nach Nervenkitzel und außergewöhnlicher Erlebnissituationen. Unsere hochrationalisierte und „zugepflasterte" Gesellschaft bietet für diese Erlebnisbereiche nur wenige Nischen, die für die meisten Jugendlichen nicht ausreichen. Eine Minderheit von ihnen, die mit der sich kommerzialisierenden Freizeitsituation nicht zurechtkommt, kann in dieser Ausgangssituation zu Aggression und Gewalt als Reaktionsform greifen, zu aggressiver Langeweile und zu Aggression, die durch Langeweile gespeist ist. Jugendliche möchten Spuren hinterlassen, möchten spüren, wer sie sind und was sie bewirken können, und dies wird noch unterstützt durch den [...] Originalitätszwang [in unserer Gesellschaft], das Ansinnen nämlich, ein unverwechselbarer und einmaliger Typ zu sein, der sich von anderen Dutzendtypen unterscheidet.

Die Analyse hat schließlich auch auf die wichtige Rolle des öffentlichen Raumes hingewiesen, die durch Medien und Politikstile geprägt wird. Hier können wir zusammenfassend sagen, dass es gerade die Minderheit von Jugendlichen ist, die in ihrem Selbstwertgefühl angeschlagen ist, die keine positiven sozialen Modelle in Familie, Schule und Freundesgruppe erfährt, die durch aggressive und gewalthaltige Medienbotschaften besonders intensiv erreicht wird. Dieses ist auch die Gruppe von Jugendlichen, die sich durch die offizielle Politik im Stich gelassen fühlt und möglicherweise den Eindruck hat, diese Politik sei absichtlich gegen sie gerichtet. Jugendliche spüren die Doppelbödigkeit des politischen und des Mediengeschäftes sehr gut, sie haben einen genauen Sensor dafür, wer von den Politikern sich nur schauspielerisch darstellt und wer wirklich an der Lösung der dringenden Probleme beschäftigt und beteiligt ist.

Gerade die sozial benachteiligten Jugendlichen haben Ängste vor Arbeitslosigkeit und Wirtschaftskrisen, auch wenn sie unmittelbar vielleicht hiervon zunächst noch nicht betroffen sind. Die Lösung der Verteilungsprobleme von Arbeit und Geld ist deswegen der dringendste Faktor, der in der „großen Politik" mit Blick auf das hohe Aggressionspotential bei Jugendlichen angegangen werden muss. Die Skrupellosigkeit des Umgangs von Politikerinnen und Politikern untereinander, die Ellbogenmentalität in Politik und Wirtschaft, die Schaustellerei und der Voyeurismus in den Medien, die Effekthascherei bei der Darstellung von schrecklichen kriegerischen Ereignissen, von Vergewaltigungen, Folterungen, Überfällen und Entführungen – das alles sind deutliche Störsignale, die von Jugendlichen als das aufgefasst werden, was sie sind: Signale für die Verrohung des Umgangstons der Erwachsenen, Signale für die egoistische und eigennützige Orientierung vieler Personen und institutionen im öffentlichen Raum. Wenn Jugendliche aggressiv und gewalttätig sind, dann kopieren sie in ihrer eigenen, unverstellten und spontanen Form nur diese von den Erwachsenen scheinbar kaschierten und verdeckten Formen der indirekten und direkten Gewalt.

(Aus: Klaus Hurrelmann, Heidrun Brürdel: Gewalt macht Schule. Droemersche Verlagsanstalt: München 1994, S. 251–254)

(Foto von D. Gust/Zenit, Berlin)

2. Wie Aggression entsteht – Erklärungstheorien

2.1 Vorbemerkung

Im Folgenden stellen wir Ihnen zwei unterschiedliche Konzepte der Erklärung von Aggression und Gewalt vor:
Beim ersten Konzept (2.2) geht es um den psychologisch orientierten Ansatz, der das Schwergewicht auf die Entstehung von Aggression im Bereich persönlicher Beziehungen legt.
Wir orientieren uns dabei an dem Buch „Lernfall Aggression. Wie sie entsteht – wie sie zu vermindern ist" von Hans-Peter Nolting, Professor für Pädagogische Psychologie an der Universität Göttingen.
Sie finden in Kapitel 2.2 wichtige Auszüge aus diesem Überblick über den aktuellen Forschungsstand und in Kapitel 5 Informationen über Möglichkeiten des Aggressionsabbaus.
Das zweite Konzept (2.3) ist soziologisch orientiert. Die Ursachen für die Entstehung von Gewalt werden in gesellschaftlichen Entwicklungen gesucht und in deren Auswirkungen auf die Lebensverhältnisse und die innerpsychischen Vorgänge.
Wir orientieren uns in Kap. 2.3 an den Arbeiten des Bielefelder Professors Wilhelm Heitmeyer und seiner Forschungsgruppe vom Bielefelder Insitut für interdisziplinäre Konflikt- und Gewaltforschung, insbesondere an der Veröffentlichung „Gewalt. Schattenseiten der Individualisierung bei Jugendlichen aus unterschiedlichen Milieus".
Beide Erklärungsansätze gehen aus von Wechselwirkungen zwischen gesellschaftlichen Bedingungen und der Ebene der persönlichen Beziehungen, setzen dabei aber unterschiedliche Schwerpunkte.

2.2 Psychologisch orientierte Erklärungen

2.2.1 Warum kommt es zu Aggression? Ein erster Überblick über grundlegende Aspekte der Verhaltenserklärung

„Warum schreit Herr X seine Frau an?" Vielleicht würde hier schon die Antwort genügen, dass er „verärgert" sei. Aber meist würde man dies wohl voraussetzen und eher wissen wollen, warum er denn verärgert sei. Lautet die Antwort beispielsweise, dass seine Frau das frische Handtuch nicht flauschig weich gewaschen habe, so wird damit ein weiterführender Gesichtspunkt genannt, nämlich der aktuelle Anlass. Auch dies kann aber nicht die ganze Erklärung sein. Die Frage wäre sicher berechtigt, warum Herr X sich denn über so etwas aufregt. Erfahren wir nun, er sei „sehr anspruchsvoll", „leicht reizbar", „pingelig", so scheint der Vorfall nicht einer zufälligen Laune zu entspringen, sondern für diesen Menschen in gewisser Weise typisch zu sein, und dies wäre ein weiteres Stück Erklärung für das beobachtete Verhalten. Doch könnte man noch die Frage anschließen, warum er denn so sei, ob er vielleicht in seiner Kindheit zu sehr verwöhnt wurde, von Vater oder Mutter ein labiles Nervenkostüm geerbt habe usw.
Man sieht: Jede Antwort auf eine Warum-Frage kann eine weitere Warum-Frage nach sich ziehen.

(Hans-Peter Nolting: Lernfall Aggression. Wie sie entsteht – wie sie zu vermindern ist. Vollständig überarbeitete Neuausgabe. Rowohlt Verlag: Reinbeck 1997, S. 45/46)

Man sieht: Will man mögliche Ursachen für Aggressionen herausfinden, muss man auf verschiedenen Ebenen nach Erklärungen suchen. Nolting unterscheidet folgende:

Innere Prozesse:
Welche Gefühle, Gedanken, Absichten usw. (z. B. Ärger, Wunsch nach Beachtung) bestimmen das Verhalten? Was spielt sich also in einem Menschen ab, wenn er sich aggressiv verhält? (Innere Prozesse und äußeres Verhalten können zusammen auch als „aktuelle Prozesse" bezeichnet werden.)

Situation:
In welcher aktuellen Umwelt spielen sich diese Prozesse ab? Bei welchen Anlässen, an welchen Orten, gegenüber welchen Personen usw.? (Derselbe Mensch verhält sich je nach Situation unterschiedlich.)

Person:
Bei welchen Menschen spielen sich diese Prozesse ab? Was für Dispositionen (Einstellungen, Gewohnheiten, „Empfindlichkeiten" usw.) bringen sie mit? (In derselben Situation verhalten sich ja verschiedene Menschen unterschiedlich.)

Entwicklungsquellen:
Wie kommen wiederum die personalen Dispositionen zustande? Wieweit sind sie erlernt bzw. sozialisationsbedingt (z. B. aggressiver Erziehungsstil der Eltern), wieweit beruhen sie auf individuellen oder allgemeinmenschlichen Anlagen? Diese Fragen kommen dem am nächsten, was man unter dem „Ursprung" von Aggression verstehen kann.
(Nolting, S. 46)

Dies lässt sich mit unten stehender Grafik verdeutlichen:

> **Aufgabe:**
> Frau Z. schnauzt ihren EW-Kurs an …
> Führen Sie diese Ausgangssituation im Sinne des Textes über Herrn X fort und ordnen Sie Ihre Erklärungen der Grafik zu.

2.2.2 Aggression als Ausdruck eines Triebes

Wir fassen hier Noltings 4. Kapitel kurz zusammen. Alternativ zur Lektüre unserer Kurzinformation könnte das Kapitel auch (von SchülerInnen oder LehrerInnen) referiert werden.
Der erste Erklärungsansatz für die Entstehung von Aggression ist die Annahme eines Aggressionstriebes. Kennzeichnend für einen Trieb ist, dass es sich „um ein (1) angeborenes, (2) spontanes und (3) periodisches Geschehen handelt." (Nolting S. 65)

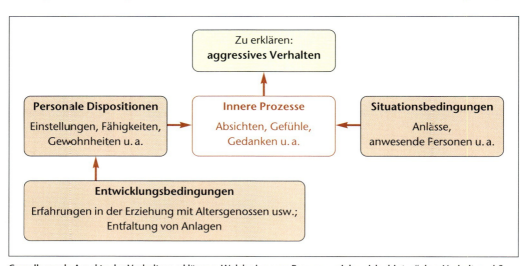

Grundlegende Aspekte der Verhaltenserklärung: Welche inneren Prozesse spielen sich „hinter" dem Verhalten ab? Von welchen situativen und welchen personalen Faktoren (Dispositionen) werden diese Prozesse bestimmt? Aus welchen Entwicklungsquellen sind wiederum die Dispositionen dieser Person entstanden?
(Grafik nach Nolting, S. 47)

Homo homini lupus. – Ist der Mensch des Menschen Wolf? (Bild: Sven Simon, Essen)

Verfechter der Triebtheorie sind einerseits Psychoanalytiker wie Freud, Mitscherlich und Hacker, andererseits Vertreter der vergleichenden Verhaltensforschung wie Lorenz und Eibl-Eibesfeld.
Der Tierverhaltensforscher Lorenz stellt seine Theorie in dem Buch „Das so genannte Böse" (1963) dar. Dazu Nolting:

In unserem Organismus werden also ständig aggressive Impulse erzeugt, die sich so lange aufstauen (summieren), bis eine bestimmte Schwelle überschritten wird: Dann kommt es zur Entladung in einer aggressiven Handlung. Nach dieser „Dampfkesseltheorie" der Aggression ist der Mensch nicht wütend, weil ihm z. B. Ärgerliches widerfuhr – dies hat allenfalls das Ventil geöffnet –, sondern weil der spontane Trieb sich wieder einmal entladen musste. Nach der „Abreaktion" herrscht Ruhe, bis wieder ein gewisser „Dampfdruck" erreicht ist. Je länger die Entladung aufgeschoben wird – man befindet sich ja meist in Situationen, in denen Aggressionen nicht akzeptabel sind –, um so größer ist der Triebstau und damit um so kleiner der Anlass, der für einen aggressiven Ausbruch nötig ist. So kann die Fliege an der Wand zu einer Explosion führen. Im Extremfall kann es nach Lorenz sogar ohne äußeren Auslöser zur aggressiven Abreaktion kommen (Leerlaufreaktion).
(Nolting, S. 59)

Nach Einschätzung Noltings lässt sich das Triebkonzept weder beweisen noch widerlegen, allerdings sprächen zahlreiche Argumente dagegen. Zwei wichtige Einwände sind:

a) Anders als bei vielen biologischen Bedürfnissen hat man im Gehirn des normalen Menschen auch keine Zentren und Vorgänge gefunden, die so etwas wie eine spontan wirkende Aggressionsquelle sein könnten.
(Nolting, S. 65)

b) Bei einer Auswertung von Forschungsberichten über 30 „primitive Kulturen", die Fromm 1974 veröffentlichte, lässt sich keine einheitliche aggressive Natur des Menschen feststellen.
Fromm unterscheidet drei Typen von Gesellschaften:
1. „Lebensbejahende Gesellschaften", die sehr friedfertig sind. Zu ihnen zählt Fromm etwa ein Viertel der betrachteten Kulturen (z. B. Zuni-Indianer, Polar-Eskimos).
2. „Nichtdestruktiv-aggressive Gesellschaften", für die kennzeichnend ist, dass „Aggressivität und Krieg zwar keine zentrale Bedeutung haben, aber doch normale Vorkommnisse sind und dass Rivalität, Hierarchie und Individualismus regelmäßig anzutreffen sind" (S. 151). Etwa die Hälfte wird so eingestuft (z. B. Krähen-Indianer, Grönland-Eskimos, Inka, Hottentotten).
3. „Destruktive Gesellschaften", für die Gewalttätigkeit, Zerstörungslust und Grausamkeit typisch sind. Hierzu zählt etwa ein Viertel der Gesamtzahl (z. B. Kwakiutl-Indianer, Azteken).
(Nolting, S. 66)

Abschließend konstatiert Nolting, dass die Triebtheorie von den meisten Aggressionsforschern abgelehnt wird.

2.2.3 Frustration und Aggression

I

„1. Aggression ist immer eine Folge von Frustration.
2. Frustration führt immer zu einer Form von Aggression."

Mit diesen beiden Thesen beginnt das Buch „Frustration und Aggression", das 1939 von einer Forschergruppe an der Yale-Universität unter der Leitung von Dollard veröffentlicht wurde. Es stellt den Beginn der empirsch-experimentellen Aggressionsforschung dar.

II

Was ist eine Frustration?
Der Autor unterscheidet drei Typen von Frustrationen:
a) Hindernisfrustrationen, (Störungen einer zielgerichteten Aktivität)
b) Provokationen (Angriffe, Belästigungen usw.) und
c) Physische Stressoren

(Nolting, S. 69)

Dabei wird der Begriff der Frustration sowohl für das Frustrationsereignis (äußere Situation) als auch für das Frustrationserlebnis (inneres Erleben) zugelassen.

III

Ein Experiment zum Frustrations-Aggressionskomplex

Hinweis:
Dieses 1931 von T. Dembo entwickelte Experiment lässt sich im Kurs – vor dem Lesen – in vereinfachter Form mit Schülern durchspielen.

Die Versuchsperson hatte sich in ein Quadrat von 2,50 m zu stellen; außerhalb des Quadrats stand ein Holzbock mit einer Blume. Die Versuchsperson hatte die Aufgabe, die Blume zu ergreifen, ohne dabei mit den Füßen das Quadrat zu verlassen. Es gab zwei Lösungen:

1. man konnte einen innerhalb des Quadrates stehenden Stuhl nach außen setzen, sich mit einer Hand darauf stützen und die Blume ergreifen;

2. man konnte sich niederknien und dabei die Füße im Quadrat lassen.

Die Lösungen wurden im Allgemeinen nach einiger Zeit gefunden. Nun sagte die Versuchsleiterin, es gäbe noch eine dritte Lösung – die es jedoch nicht gab. Die Versuchspersonen stießen bei ihrem Lösungsbemühen also auf eine unüberwindliche Barriere. Auf diese Weise wurden sie „frustriert".

Wie verhielten sich nun die Teilnehmer des Experiments? Durch ihre anfänglichen Erfolge ermutigt, bemühten sie sich zunächst um eine instruktionsgemäße dritte Lösung. Mit zunehmenden Misserfolgen kam es jedoch
- zu instruktionswidrigen Ersatzlösungen (Ergreifen einer näher stehenden, aber „falschen" Blume),
- zu Rückzugstendenzen, sei es vorübergehend (sich hinsetzen und Zeitung lesen) oder endgültig (aufhören),
- zu verschiedenen Formen von Ärgerausbrüchen (Schimpfen, Rache androhen, der Versuchsleiterin Befehle erteilen, sogar körperliche Kämpfe).

(Nolting, S. 70)

IV

1 Diskutieren Sie die Thesen von Dollard.
   a) Ist Aggression immer eine Folge von Frustration? Anders formuliert: Gibt es auch Aggressionen, denen keine Frustration vorausgeht?
   b) Führen Frustrationen immer zu Aggressionen? Berücksichtigen Sie die Ergebnisse des Dembo-Experimentes. Sammeln Sie mögliche nicht-aggressive Reaktionen auf Frustrationen.

2 Ein Beispiel (für ein Frustrationserlebnis):
Frau T. geht mit ihren beiden Töchtern (7 und 5 Jahre) einkaufen. Es ist ein heißer Tag. Frau T. kauft auf Wunsch ihrer Kinder eine große Packung Erdbeereis für den Nachmittag ein. Als Frau T. gegen 15:00 Uhr ihre Kinder zum Eis essen ruft, stellt sich heraus, dass Paula, die Ältere, das Eis komplett „verputzt" hat …
   a) Wie wird die jüngere Schwester reagieren?
   b) Welche Faktoren könnten ihr Verhalten beeinflussen?
   c) Welchen Einfluss könnte die Mutter ausüben?

V

Bald wurde deutlich: Die Thesen Dollards waren in ihrer extremen Form nicht aufrechtzuerhalten. Viele weitere Experimente wurden durchgeführt, z. B.:
- in einer Menschenschlange drängelt sich jemand vor (Hindernisfrustration)
- an einer roten Ampel bleibt der erste Wagen bei „grün" stehen (Hindernisfrustration)
- Versuchspersonen wurden mit Beleidigungen oder ungerechter Kritik überzogen
- leichte Formen körperlicher Aggressionen (Anrempeln) wurden eingesetzt
- Versuchspersonen unterzogen sich einem 6-monatigen Hungerexperiment (halbe Kalorienzahl);

Es zeigte sich, das Provokationen, Angriffe und Belästigungen häufiger zu Aggressionen führten als Hindernisfrustrationen. Insgesamt wurde deutlich, dass nicht jede Frustration „automatisch" zu Aggressionen führt. Es erhebt sich also die Frage: Warum ist eine aggressive Reaktion zu erwarten und wann nicht?

VI

Nolting stellt nun eine Reihe von Bedingungsfaktoren dar, die auf dem Weg vom Frustrationsereignis zum aggressiven Verhalten eine Rolle spielen (können):

Interpretation und Bewertung → Ärger.
Es liegt nahe, nach der subjektiven Verarbeitung einer „Frustration" zu fragen, insbesondere nach den ausgelösten Emotionen. Fühlt sich die Person überhaupt „frustriert"? Und wenn ja, in welcher emotionalen „Färbung": Ist es z. B. Enttäuschung, Entmutigung, Ärger? Offenkundig haben ja nicht alle Gefühle dieselbe Nähe zu aggressivem Verhalten.
Leonard Berkowitz, […] modifizierte die ursprüngliche Sequenz: Frustration → Aggression, indem er „anger" (Ärger/Wut/Zorn) als emotionales Bindeglied dazwischenstellte (Berkowitz 1962):
Frustration → Ärger → Aggression.

Wann entsteht „Ärger"?
Ärger ist nicht einfach ein dumpfer Affekt. Wer sich ärgert, denkt auch. Er interpretiert und bewertet, und eben darauf gründet sich der Ärger. Auch hier gilt also: Die Art, wie man ein Ereignis „auffasst", bestimmt die Art des Gefühls. Dieselbe Kritik kann von Person A als Beleidigung und von B als Denkanstoß aufgefasst werden, eine Panne als Störung oder als Herausforderung. Entscheidend für die Tönung der Emotion ist somit stets, wie wir die Ereignisse interpretieren und inwieweit wir sie auf uns selbst beziehen.
[…]
Ärger ist danach ein Erleben von Leid oder Ungemach in Verbindung mit einer Schuldzuschreibung. […] Diese beruht […] auf zwei subjektiven Komponenten:
(1) einer Bewertung des Verhaltens: Es verstößt gegen eine Norm und ist daher tadelnswert, und
(2) einer subjektiven Erklärung (Attribution) des Verhaltens: Die Person, die sich normwidrig verhält, ist dafür verantwortlich. Hierbei lassen sich drei Steigerungsformen unterscheiden („Intentionsmodi" nach Mees):
- Gedankenlosigkeit, Fahrlässigkeit:
  Die Leid-/Schadenszufügung wäre bei genügender Willensanstrengung zu vermeiden gewesen.
- Rücksichtslosigkeit:
  Leid-/Schadenszufügung ist zwar nicht unmittelbar gewollt, wird aber sehenden Auges in Kauf genommen.
- Böswilligkeit:
  Leid-/Schadenszufügung ist gewollt.

Der Ärger steigt in der Reihenfolge dieser drei „Intentionsmodi". Umgekehrt: Wenn wir Gründe für eine Ent-Schuldigung sehen, wenn wir das Verhalten z. B. durch geistige Behinderung oder durch unglückliche Umstände erklären, dämpft dies auch den Ärger. Dazu zwei experimentelle Beispiele:
- Wenn jemand eine Diskussion behindert, weil er schwerhörig ist, ärgert uns das weniger, als wenn es ihm an Rücksichtnahme zu fehlen scheint (so in einem Experiment von Burnstein & Worchel 1962).
- Unfreundliches, „herummotzendes" Verhalten ruft Ärgergefühle, höhere Pulsfrequenz und Vergeltungsaggression hervor, wenn man es auf „böse Absicht" und persönliche Eigenart („der ist immer am Meckern")

zurückführt, nicht hingegen, wenn man es als Ausdruck äußerer Belastungen („Er hat morgen Prüfung und ist heute etwas daneben") interpretiert […]
(Nolting, S. 77–79).

Verhaltensrepertoire und Hemmungen

Ist jemand ärgerlich oder zornig, so könnte er verschiedene Verhaltensweisen zeigen. Beispiele:
- Wenn Frau X sich ärgert, wird sie meist ganz still und zieht sich in ihr Kämmerlein zurück.
  Bei Gelegenheit geht sie bald darauf zu einer guten Freundin, um von ihrem Kummer zu berichten.
- Herr Y reagiert zu Hause oft mit lauten Beschimpfungen, wenn er sich über seine Frau oder seine Kinder ärgert.
  Bei Ärger über seinen Chef setzt er hingegen eine „gute Miene" auf und bemüht sich ihn durch seine Arbeitsleistung gnädig zu stimmen.

Ob Menschen ihren Ärger in aggressives Verhalten umsetzen, hängt, wie die Ärgerentstehung selbst, einerseits von ihren personalen Dispositionen ab, andererseits von der Situation. Frau X und Herr Y sind vielleicht unterschiedlich „disponiert", aber auch dieselbe Person (im Beispiel Herr Y) kann sich je nach Situation mal so, mal anders verhalten.

Als personale Faktoren für den Umgang mit Ärger sind vor allem das Verhaltensrepertoire und die Ausprägung von Aggressionshemmungen zu nennen […]. Menschen unterscheiden sich darin, welches „Verhaltensrepertoire" sie für den Umgang mit Ärger besitzen, das heißt, zu welchen Verhaltensweisen sie überhaupt fähig sind und welche sich zur Gewohnheit ausgeprägt haben. Wie einige Untersuchungen nahelegen, verfügen Menschen, die zu heftigen Ärgerausbrüchen neigen (seien es Schimpfkanonaden oder gar Gewalthandlungen), häufig über zu geringe soziale Fertigkeiten für den Umgang mit Konfliktsituationen und den eigenen Ärgeraffekten. Sie kennen und/oder „können" konstruktive Alternativen zuwenig und haben insofern ein Defizit an erlernter „sozialer Kompetenz".
(Nolting S. 84/85)

Flucht und Angriff sind relativ primitive Verhaltensweisen. Schimpfen, Schreien, Zerren usw. ist leicht. Jeder Mensch, auch kleine Kinder, „kann" sie, hat sie in seinem „Verhaltensrepertoire". Demgegenüber sind konstruktive Alternativen (sprachliches Argumentieren, Konfliktregelungen) mehr oder minder anspruchsvoll. Das gilt besonders bei starker Erregung. die zwar physische Kräfte freisetzt, aber komplexe Denkprozesse beeinträchtigt. (Beim Menschen hat die Alarmreaktion daher ihren biologischen Wert teilweise eingebüßt.) Nach Zillmann […] funktioniert die kognitive Steuerung des Verhaltens am besten bei leichter bis mäßiger Erregung, während sich bei einem spannungslosen, schläfrigen Zustand und vor allem bei starker Erregung eingeschliffene Verhaltensmuster durchsetzen. – Dies alles bedeutet, dass die konstruktive Bewältigung von aversiven Ereignissen in der Regel aufwendigere Lernprozesse erfordert als aggressives Verhalten.

Selbst wenn in einer Person Ärger entstanden ist und sie die Tendenz hat ihn in aggressivem Verhalten auszudrücken, kann dies dennoch durch *Hemmungen* unterbunden werden. Die ursprüngliche Frustrations-Theorie betonte besonders Hemmungen aus Angst vor Bestrafung (z. B. gegenüber Vorgesetzten). Möglich sind jedoch auch moralische Hemmungen (z. B. gegenüber Schwächeren). Bei ihnen ist nicht die Reaktion anderer Menschen, sondern die Selbstbewertung der entscheidende Faktor.

In der Neigung zu Aggressionshemmungen, z. B. in der Ängstlichkeit gegenüber Autoritäten oder bei ethischen Werthaltungen, gibt es große individuelle Unterschiede. Daneben sind Hemmungen, namentlich die Angst vor Bestrafung, aber auch situationsabhängig.

Aggressive Modelle und Signale

Damit die Emotionen sich in aggressives Verhalten umsetzen, sollte die Situation aber nicht nur keine Hemmungen wecken, sondern in gewisser Weise sogar „geeignet" erscheinen.

So wird aggressives Verhalten erleichtert, wenn andere es in dieser Situation vormachen, wenn sie dafür ein *„Modell"* bieten. Ein Beispiel: Wenn in einer Menschenschlange jemand gerade gesehen hat, wie ein anderer einen Vordrän-

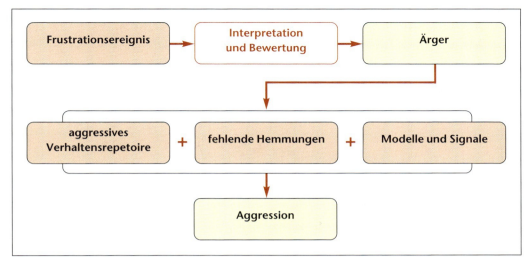

Die Frustrations-Aggressions-Kette

gelnden barsch zurückwies, so erhöht das die Wahrscheinlichkeit, dass er selbst auch auf einen Vordrängler aggressiv reagiert [...].

Daneben gibt es auch eine Bahnung durch sog. aggressive Hinweisreize. Dies sind Situationsmerkmale, die irgendwie mit Aggression oder mit der Frustrationsquelle assoziiert sind [...], und möglicherweise signalisieren sie, dass hier aggressives Verhalten sozusagen „passt". Als solche Hinweisreize oder Signale können z. B. die Anwesenheit von Schusswaffen im Raum [...] oder aggressives Spielzeug [...] wirken. Allerdings sind die Forschungsergebnisse hierzu nicht einheitlich [...]

Die wichtigsten Signale kommen sicherlich von der Zielperson, gegen die sich eine aggressive Tendenz richtet. Das ist in erster Linie die Frustrationsquelle, d. h. der „Provokateur" bzw. der „Schuldige". Ist er nicht gegenwärtig, mag man sich zwar ärgern, aber erst dann aggressiv handeln, wenn man ihm begegnet (sofern Hemmungen dies nicht verhindern). Die Anwesenheit des Provokateurs wäre also eine „geeignete" Situation. Gelegentlich richtet sich die Aggression auch gegen sein Eigentum oder gegen Personen, die der gleichen Gruppe zugehören (gleicher Fußball-Club, gleiche Nationalität usw.) oder auf andere Weise eine negative Bedeutung erlangt haben [...].

(Nolting, S. 85–87)

Diese Reihe von Bedingungsfaktoren lässt sich als Frustrations-Aggressions-Kette darstellen. (s. o.)

VII
Situationen

Sie gehen im Supermarkt einkaufen. Sie haben wenig Zeit. Nur eine der vier Kassen ist besetzt. Sie müssen sich in einer langen Schlange anstellen.

oder

Sie sind als Zuschauer oder Aktiver bei den Olympischen Spielen. Sie wollen ins Schwimmstadion, aber der Bus kommt nicht fahrplanmäßig. Bis zum Wettkampfbeginn bleibt nur noch wenig Zeit.

1 Wie kann – im ungünstigen Fall – die Entwicklung vom Frustrationsereignis zur Aggression verlaufen? Orientieren Sie sich an der Frustrations-Aggressions-Kette.

2 Überlegen Sie, wie an einzelnen Gliedern dieser Kette ein Aussteigen aus der Entwicklung zur Aggression möglich ist. (evtl. in arbeitsteiliger Gruppenarbeit)

VIII
Zur Frage von Langzeiteffekten

In der bisherigen Diskussion ging es ja darum, wie ein Mensch in einer bestimmten Situation reagiert, wenn er frustriert wird (Kurzzeitmo-

Die Frustrations-Aggressions-Kette

dell). So wichtig und interessant diese Frage ist, ihre weiterreichende pädagogische, klinische und gar politische Bedeutung bekam die Frustrations-Theorie vor allem dadurch, dass sie die Aggressionsneigung einzelner Menschen oder Gruppen als Ergebnis der Summe von Unterdrückungen, Entbehrungen und Misserfolgen im Kindes- und Jugendalter oder aus sozialen und wirtschaftlichen Notlagen deutete.
(Nolting, S. 91/92)

Die Untersuchungen über Zusammenhänge zwischen Erziehungsstilen und Aggressionsentwicklungen betreffen insbesondere die Aspekte der Kontrolle und der emotionalen Haltung gegenüber dem Kind.
Jedes konkrete Elternverhalten läßt sich bezüglich dieser Dimensionen in der Grafik unten verorten. Nach Nolting lassen sich für bestimmte Erziehungsstile folgende Auswirkungen auf Aggressivität feststellen:

- Die Kombination von emotionaler Kälte und laxer Kontrolle (A) erweist sich als besonders aggressionsfördernd.
- Kälte mit Restriktionen (B) kann recht unterschiedliche, allerdings durchweg unerfreuliche Auswirkungen haben.
- Wärme mit hoher Kontrolle (C) ist eher untypisch für Aggressivität, aber in anderer Weise problematisch.
- Wärme mit (nicht allzu) geringer Kontrolle (D) ist psychologisch am günstigsten.

(zit. nach Nolting, alte Ausgabe, S. 79/80)

1 Ordnen Sie den vier idealtypisch dargestellten Erziehungsstilen folgende Begriffe zu:
- Demokratisch-kooperative Erziehung,
- Überbehütende Erziehung,
- Vernachlässigung,
- Autoritäre Erziehung.

2 Ordnen Sie den Erziehungsstilen A–D ihren Platz in der Grafik zu, indem Sie den entsprechenden Buchstaben in das Koordinatenkreuz einzeichnen.

3 Welche problematischen Wirkungen könnten die Erziehungsstile B und C haben?

4 Wie würde Sie den Erziehungsstil einordnen, den Sie in ihrer eigenen Kindheit erlebt haben?

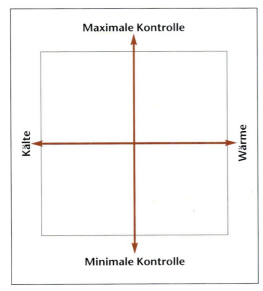

Dimensionen erzieherischen Verhaltens

Aber:
Vorsicht vor Vereinfachungen!
Es gibt keine Automatismen.
Zu berücksichtigen sind auch:
- die sozioökonomischen Lebensbedingungen,
- familiäre und außerfamiliäre Faktoren.

[…] Zu „frustrierender", aversiver Behandlung durch die Eltern muss noch etwas hinzukommen, um speziell Aggressivität anzubahnen: unklare Regeln und Grenzen, gelegentliche Erfolge des aggressiven Verhaltens, elterliches Vorbild für aggressiven Umgang, widersprüchliches Erziehungsverhalten, fehlende Förderung von erwünschtem Verhalten des Kindes. […]
Überdies können unter Umständen auch schwerste Lebensbedingungen durch gegenläufige „Schutzfaktoren" ausgeglichen werden. Es gibt jedenfalls Menschen, die in ihrer Familie unter mehreren extremen Belastungen zugleich aufwuchsen und dennoch psychisch gesunde Persönlichkeiten wurden (sog. „Unverwundbare"). Als einer der Schutzfaktoren erwies sich dabei eine vertrauensvolle Beziehung zu wenigstens einem anderen Menschen, z. B. einem Verwandten, Erzieher oder Freund […].
(Nolting, S. 94)

IX
Zum Abschluss

```
        F
        R
        U
        S
        T
AggRession
        A
        T
        I
        O
        N
```

Frustration
Finde zu jedem Buchstaben einen Begriff aus dem Frustrations-Aggressions-Zusammenhang.

2.2.4 Lernen und Aggression

Einführung
Die dritte grundlegende Position neben der Trieb- und der Frustrationstheorie geht davon aus, dass aggressives Verhalten keiner Erklärung eigener Art bedarf, sondern, wie soziales Verhalten generell, überwiegend auf Lernvorgängen beruht. Als prominentester Vertreter dieser Richtung gilt Albert Bandura. […]
Lernen bedeutet die Veränderung personaler Dispositionen aufgrund von Erfahrungen. Mit Dispositionen können gemeint sein: Einstellungen, Fähigkeiten, Fertigkeiten, Kenntnisse, Gewohnheiten, Motive, Vorlieben, Gefühlsneigungen u. a. m. Das Spektrum dessen, was gelernt werden kann, ist also sehr breit, und auch das Wie des Lernens ist psychologisch nichts Einheitliches. Es ist üblich, verschiedene Typen von Lernvorgängen zu unterscheiden.
Wenn beispielsweise ein Vorgesetzter gegenüber seinen Untergebenen eine aggressive Tonart pflegt, so würde die lerntheoretische Auffassung vor allem folgende Gesichtspunkte hervorheben: Er tut dies zum einen, weil er ein solches Verhalten bei anderen Vorgesetzten als „normales" Verhalten gegenüber Untergebenen kennen gelernt hat. Er übernimmt dieses Verhalten um so leichter, da es ranghöhere Personen sind, die sich zur Nachahmung anbieten. Zum andern wird sein Verhalten „belohnt", da er sich so mit seinen Wünschen und Anweisungen durchsetzt. Außerdem hat er die „Einsicht" gewonnen, dass „man nur so einen Betrieb führen kann".
In den folgenden Abschnitten werden nun die Lerntypen, die für Aggression von besonderem Interesse sind, näher beschrieben.
(Nolting, S. 97)

Lernen am Modell
Durch Beobachtung können sehr schnell und einfach Verhaltensweisen gelernt werden, die der betreffende Mensch zuvor nicht ausführen konnte. Das gilt für das Bedienen einer Maschine oder für das Sprechen ebenso wie für aggressives Verhalten.
(Nolting, S. 99)

Neben dem Erlernen neuer Verhaltensweisen können Modelle auch eine zweite Auswirkung haben:
Sie können auch solche Verhaltensweisen anregen, die bereits zum Repertoire der Person gehören.
Das Vorbild anderer vermittelt eine Orientierung für das eigene Verhalten, wirkt stimulierend oder reduziert eventuelle Hemmungen – was hier kurz als „Aktivierung" von Verhalten zusammengefasst sei. […]
Für Aggression im täglichen Leben kommt dieser situativen Wirkung von Modellen sicher große Bedeutung zu. Vor allem ist an die „ansteckende" Wirkung innerhalb von Gruppen zu denken.
Doch auch die Aggression eines Gegners kann leicht eine eigene Antwort von ganz ähnlicher Art hervorrufen (ähnliche Schimpfwörter usw.).
Dies alles bedeutet auch: Jede Aggression erhöht die Wahrscheinlichkeit weiterer Aggression […].
(Nolting, S. 99/100)

Aufgaben zur Vertiefung und Wiederholung:
- Welche Modelle werden bevorzugt imitiert?
- Wann werden Verhaltensweisen bevorzugt imitiert?

(Karikatur: Erich Rauschenbach)

Diskussionsanlässe:
- Die Problematik von Strafe (Stichwort „Bumerangeffekt") (siehe dazu S. 83)
  Karikatur „Wie oft habe ich dir schon gesagt, du sollst deine Schwester nicht schlagen" (S. 82)
- Strafvollzug als „Schule für Kriminalität"?
- Erzieht Fernsehen zur Gewalt? (siehe dazu Kapitel 3.5)

Lernen am Effekt

Nehmen wir einmal den hypothetischen Fall an, dass ein kleines Kind noch keine Gelegenheit hatte, Aggressionen bei anderen Menschen zu beobachten. Dieses Kind spielt im Sandkasten mit einem anderen Kind und in einem bestimmten Moment möchten beide Kinder die Schaufel ergreifen. Beide ziehen an der Schaufel, es kommt zu heftigen Bewegungen, bei denen schließlich das eine Kind das andere zurückstößt, sodass es hinfällt und weint. Das Kind, das gestoßen hat, nimmt die Schaufel; es hat „gewonnen".

Das andere Kind mag sich nach einer Weile erheben und erneut die Schaufel zu ergreifen versuchen, wird jedoch nun durch einen Schlag mit der Schaufel zurückgehalten. Wir können sagen, dass das eine Kind sich mithilfe von Aggression durchgesetzt hat. Es ist wahrscheinlich, dass es sich nun in einer ähnlichen Situation häufiger so verhalten wird.

Die Selbstdurchsetzung des kleinen Kindes ist nur ein Beispiel für ein allgemeines – und für die Lebenserhaltung sehr wichtiges – Grundgesetz menschlichen und tierischen Verhaltens: Das Verhalten wird maßgeblich bestimmt durch seine Konsequenzen. Für diese Lernart haben sich heute in der Psychologie mehrere Bezeichnungen eingebürgert: Lernen am Erfolg, Lernen durch Bekräftigung (oder: Verstärkung), operante oder instrumentelle Konditionierung. Ich benutze auch den Ausdruck „Lernen am Effekt", weil er die unterschiedlichsten Arten von Konsequenzen umfasst.

In allen Fällen aber bestimmt die Erfolgserwartung entscheidend mit, ob der betreffende Mensch dazu neigt, sich tatsächlich aggressiv zu verhalten. Durch die Bekräftigungen wird das Verhalten aufrechterhalten, stabilisiert und weiterentwickelt; die „Gewohnheitsstärke", der Stellenwert im Verhaltensrepertoire erhöht sich. Kurz gesagt: *Modelle lehren uns neue Verhaltensweisen; Erfolge lehren uns Verhaltensweisen einzusetzen!*

Welches sind nun eigentlich die Erfolge aggressiven Verhaltens? Im Grunde sind es unendlich viele. Es gibt kaum etwas, was unter Umständen nicht auch durch Aggression erreicht werden kann. Doch mit den folgenden sechs Typen ist das Spektrum wohl im Wesentlichen erfasst.
In allen Fällen wird auch der Schaden und Schmerz des Opfers angestrebt; sonst wäre es ja keine Aggression.

Äußere Effekte (Erfolge, Nutzeffekte)
1. Durchsetzung und Gewinn
2. Beachtung und Anerkennung
3. Abwehr, Verteidigung, Schutz

Innere Effekte (emotional, kognitiv)
4. Selbstbewertung
5. Gerechtigkeitserleben
6. Stimulierung

Die positiv erlebten Effekte aggressiven Verhaltens sind sehr vielfältig.
(Nolting, S. 109/110)

[Es ist nicht] erforderlich, dass ein Verhalten jedesmal Erfolg hat. Im Gegenteil: Zahlreiche Untersuchungen haben gezeigt, dass gelegentliche (sog. intermittierende) Bekräftigungen eine anfangs zwar langsamere, dafür aber dauerhaftere Wirkung haben als regelmäßige. [...]
(Nolting, S. 118)

Ordnen Sie folgende Beispiele den verschiedenen Effekten zu:
- Ein Bankräuber verschafft sich mit Waffengewalt Geld. 1
- Ein Schüler aus dem 5. Schuljahr nimmt seinem Nebenmann das Mäppchen weg und erregt damit die Aufmerksamkeit seines Lehrers. 2
- Ein Polizist schießt einem flüchtenden Bankräuber ins Bein. 3
- Ein Junge droht seinem kleinen Bruder: „Wehe du nimmst dir von meinen Süssigkeiten!" 1
- Der Abwehrspieler foult den allein auf das Tor zulaufenden Stürmer. 3
- Jemand weist eine peinliche Frage in aggressiver Form zurück. 3/5
- Ein Junge unterliegt in einer Schlägerei, lobt sich aber innerlich dafür, dass er tapfer gekämpft hat. 4

Kognitives Lernen

Beim Begriff „Lernen" denkt man im Alltag zuallererst an den Erwerb von Wissen. Tatsächlich ist auch solches Lernen für das Thema Aggression von Bedeutung, sofern man „Wissen" nicht zu eng fasst. Im Kern geht es um das Lernen von Sinnzusammenhängen, weshalb man auch – etwas umständlich, aber genauer – von kognitiv-sinnhaltigem Lernen sprechen könnte. [...]

Hat das Lernen am Modell seine besondere Bedeutung in einem ökonomischen Erwerb neuer Verhaltensgewohnheiten, so kommt das kognitive Lernen vor allem beim *Interpretieren und Bewerten* von *Situationen* sowie im bewussten *Planen und Steuern des eigenen Handelns* zur Geltung. [...]

Das Lernen von Begriffen ist ein Kernstück kognitiven Lernens. [...]

Begriffe ordnen die Welt, indem sie die Vielfalt der Ereignisse und Objekte nach gemeinsamen Merkmalen zusammenfassen. Doch ihr Bedeutungsgehalt ist subjektiv und individuell unterschiedlich – besonders bei Begriffen, die Verhaltensweisen und gesellschaftliche Sachverhalte betreffen.

Was ist eine „Beleidigung"? Was heißt „Sich-Wehren"? Wenn jemand ein Ereignis mit einem bestimmten Begriff belegt, so liegt darin eine Interpretation des Geschehens und meist auch ein Werturteil, eine Gefühlsreaktion und eine Handlungstendenz.

Beispiele:
- Ein Mitglied der eigenen Gruppe nimmt Kontakt zum Gegner auf, um mit ihm zu verhandeln. Wenn jemand dies dem Begriff „Verrat" zuordnet, steckt darin ein negatives Urteil („schändlich"), ein Gefühl (Empörung) und eine Handlungstendenz (Bestrafen). Völlig anders wäre dies bei denjenigen, die dasselbe Ereignis dem Begriff „Friedenspolitik" zuordnen.
- Einem Kind wird auf dem Schulhof von einem stärkeren Kind die Mütze vom Kopf gerissen. Als es nachmittags gemeinsam mit dem großen Bruder dem „Aggressor" auf der Straße begegnet, versetzen sie ihm heftige Prügel. Sie verstehen das als „Sich-Wehren", während andere dies als überzogenen Racheakt einstufen würden.

Die Beispiele zeigen: Die Zuordnung zu einem Begriff verrät zugleich „Einstellungen" der Person und das subjektive Begriffsverständnis ist lediglich ein Ausschnitt aus komplexeren *Wissensgefügen, Denkweisen und Überzeugungen,* die ein Mensch erworben hat. Sie alle geben uns Regeln und Orientierungen dafür, wie wir die Welt zu interpretieren und unser Handeln auszurichten haben. Wir übernehmen sie als Volksweisheiten und Gruppenideologien oder entwickeln sie selber aus eigenen Erfahrungen, z. B. als Grundsatz oder Lebensphilosophie. Aggressionsrelevante Beispiele könnten etwa sein:
- Wer nicht für uns ist, ist gegen uns.
- Konflikte sind letztlich immer ein Kampf zwischen Gut und Böse.
- Strafe muss sein.
- Auf einen groben Klotz gehört ein grober Keil.

Als höchste Form menschlichen Lernens und Denkens gilt das selbstständige Entdecken und Herstellen von Zusammenhängen, in der Psychologie meist als „Problemlösen" bezeichnet. Es entsteht dabei etwas subjektiv Neues – etwas, das in dem bisherigen Begriffs- und Regelwissen der betreffenden Person nicht abrufbar war; daher kann man auch von „produktivem" Denken sprechen.

Leider hat diese Befähigung dem Menschen nicht nur Wohltaten, sondern auch eine Unzahl neuer Aggressions-Varianten beschert, darunter recht harmlose ebenso wie völkervernichtende. Beispiele:
- Das Ausdenken von Streichen; das Verfassen eines Spottgedichtes oder einer Schmähschrift.
- Das Ausdenken von kriminellen Tricks, militärischen Taktiken oder anderen Methoden zur Überlistung von Menschen.
- Das systematische, wissenschaftliche Entwickeln neuartiger, oft technisch brillanter Waffen.

Die Beispiele zeigen, dass problemlösendes Denken vor allem der Erweiterung des Handlungsrepertoires, somit auch der Schaffung neuer Formen und Wirkungsgrade der Aggression, zugute kommt.

(Nolting, S. 120–125)

---

1 Führen Sie eine Podiumsdiskussion/Debatte zu folgender These: „In unserer Gesellschaft muss man aggressiv sein, um etwas zu erreichen."
Vorschlag zur Organisation:
Bestimmen Sie zwei Diskussionsteilnehmer mit gegensätzlichen Positionen. Beide suchen sich je einen Sekundanten. Beide Paare bereiten sich außerhalb des Raumes vor (Zeitbegrenzung!). Inzwischen werden im Kurs folgende Beobachtungsaufgaben vergeben und kurz besprochen:
Ebene A: Wie überzeugend wird die jeweilige Position vertreten?
Ebene B: Wie ist das Diskussionsverhalten? (Gibt es aggressives Diskussionsverhalten, besteht hier ein Zusammenhang zur vertretenen Position?)
Ebene C: Werten Sie die Diskussionsbeiträge unter lerntheoretischen Aspekten aus, (indem Sie z. B. eine Statistik erstellen, in der Sie die einzelnen Argumente jeweils einem der drei Erklärungsansätze zuordnen).
2 Stellen Sie abschließend in einer Grafik, z. B. in Form eines „Mind-map", den möglichen Beitrag des Lernens zur Entstehung von Aggression dar.

2.2.5 Aggression als Kommunikationsproblem

Eine sehr ergiebige Betrachtungsweise, mit der sich das Interaktionsgeschehen auch inhaltlich genauer verstehen lässt, ist die der *Kommunikation:* Man betrachtet das Verhalten im Hinblick auf die Informationen oder „Botschaften", die die Beteiligten senden und empfangen. Der im Wortlaut ganz harmlose Satz „Dann schicke ich die Fotos an ihre Frau" ruft vielleicht eine wütende Reaktion hervor, weil er für den Empfänger *bedeutet:* „Ich will Sie erpressen."
Es liegt in der Natur von Kommunikation, dass die gemeinten und die vom anderen verstandenen Botschaften nicht immer übereinstimmen, dass beim Empfänger etwas „ankommt", was vom Sender gar nicht intendiert war, oder dass etwas anderes nicht ankommt, was der Sender eigentlich übermitteln wollte.
Den Bedeutungsgehalt einer Kommunikation,

die „Botschaften", kann man mit Schulz von Thun [...] in vier Aspekte gliedern:
- einen Sachaspekt: man informiert über Tatbestände, Hergänge usw.,
- einen Selbstoffenbarungsaspekt: man sagt etwas über sich selbst aus,
- einen Beziehungsaspekt: man drückt aus, was man vom anderen hält und wie man zueinander steht.
- einen Appellaspekt: man teilt Wünsche, Aufforderungen, Erwartungen usw. an den anderen mit.

In einer konkreten Kommunikation haben die vier Aspekte nicht immer gleiches Gewicht. Der eine kann dominieren, die anderen nur so mitschwingen. Und welcher Aspekt welches Gewicht hat, das kann für den Sender und den Empfänger durchaus verschieden sein.

Aggressives Verhalten intendiert definitionsgemäß die Schädigung oder Verletzung eines anderen und sendet somit einen massiv negativen *Beziehungsaspekt* aus (Herabsetzung, Unterwerfung usw.). Er ist es, der die Kommunikation „aggressiv" macht, gleichgültig, von welchen Sachverhalten, Wünschen usw. die Rede sein mag. Ausgedrückt wird er vor allem durch nichtverbale Kommunikationsmittel (Mimik, Tonfall usw.). Ganz im Vordergrund steht der Beziehungsaspekt [...] bei der Vergeltung. Denn ihre Botschaft lautet: „Dir will ich's heimzahlen. Das hast Du auch nicht anders verdient." Hingegen fehlt diese scharfe Botschaft weitgehend beim Ärgerausdruck in Form einer bloßen Unmutsäußerung; beim Empfänger kommt sie vielleicht eher als eine Selbstkundgabe an („X hat schlechte Laune").

Aggressives Verhalten hat aber vielfach auch den Akzent auf dem Appellaspekt („wozu ich Dich veranlassen will"). Das gilt besonders für instrumentelle, auf Nutzeffekte gerichtete Aggression. Schon voraggressive Verhaltensweisen des kleinen Kindes, wie etwa das Schreien, sind unter anderem ein Signal an die Umwelt („kümmere dich um mich!"). Doch auch bei voll entwickelten Aggressionsformen, die z. B. auf Beachtung oder Durchsetzung abzielen, liegt für den Sender sozusagen das Hauptgewicht auf der Appellseite. Möglicherweise nimmt der Empfänger allerdings auch hier primär den Beziehungsaspekt wahr („Wie behandelt der mich?"), fühlt sich bedrängt, herabgesetzt und genötigt und ist eben deshalb nicht bereit, auf den Appellaspekt einzugehen – es sei denn, die Macht des Aggressors lässt ihm keine andere Wahl. [..]

Entscheidend für die Reaktion des Empfängers und damit für den Fortgang der Interaktion ist stets die empfangene und nicht die vom Sender gemeinte Botschaft. Es kommt vor, dass auch nichtaggressives Verhalten des Senders als aggressive, zumindest „ärgerliche" Botschaft empfangen wird. Selbst eine noch so sachlich gemeinte Kritik kann bekanntlich Groll auslösen, wenn der Empfänger sie eben nicht „sachlich", sondern „persönlich" nimmt. Und manche Menschen neigen dazu, allzu oft Äußerungen und Handlungen anderer als „böse Absicht", als „Feindseligkeit", als „Missachtung" usw. zu interpretieren – mit der Folge eigener aggressiver Reaktion. [...]

Die Neigung feindselige Absichten wahrzunehmen, wo keine sind, ist insofern ein echtes Kommunikationsproblem, als hier das Verhalten anderer Personen buchstäblich „missverstanden" wird. Aus Signalen werden Botschaften entnommen, die nicht gemeint waren und von anderen Menschen auch nicht so empfangen werden. So wird aus einer sachlichen Bemerkung eine persönliche Abwertung, [...] aus einem Lachen ein Auslachen usw.

(Nolting, S. 140–142)

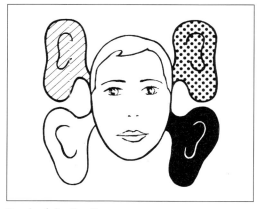

Der vierohrige Empfänger

(Aus: Friedemann Schulz von Thun: Miteinander reden. Bd. 1: Störungen und Klärungen. rororo 1490: Reinbeck 1998, S. 45)

> Ein Ehemann sagt zu seiner Frau: „Ich gehe heute abend ins Theater. Du brauchst nicht mitzukommen."
> 1 Formulieren Sie in Ich-Form die vier Botschaften dieser Aussage nach Schulz von Thun.
> 2 Welche Missverständnisse liegen nahe?

In Kapitel 7.1 finden Sie Kommunikationsübungen, die genau diese Problematik betreffen.

2.2.6 Unterschiede zwischen individueller und kollektiver Aggression

Ist die Erklärung für kollektive Aggression im Prinzip dieselbe wie für individuelle? Ist kollektive Aggression als Summe individueller Aggression zu verstehen? Sicherlich nicht. Denn die Faktoren, die das Handeln jedes Einzelnen bestimmen, haben bei kollektiver Aggression eine andere Gewichtsverteilung als bei individueller. Die Situationsfaktoren erhalten ein viel größeres Gewicht, weil jeder einzelne Angreifer von den anderen Mitgliedern seines Kollektivs „umgeben" ist. Unter ihrem Einfluss begeht er vielleicht Handlungen, die er als Einzelner nicht begangen hätte. Man denke daran, dass manche Aggressionserscheinungen überhaupt nur in kollektiver Form vorkommen. Ein einzelner Fußballfan zettelt ebenso wenig eine Schlägerei an, wie ein einzelner Soldat einen Krieg zu veranstalten sucht.

Individuelle Aggression wird nicht nur von einzelnen ausgeübt, sondern richtet sich gewöhnlich auch gegen einzelne Menschen: gegen ein Kind, gegen den Ehepartner, einen Arbeitskollegen usw. Nur wer sich sehr stark fühlt (z. B. Lehrer gegenüber der Schulklasse), wird als Einzelner gegen eine Mehrzahl aggressiv auftreten. Weiterhin werden im sozialen Nahraum die Beteiligten meist persönlich miteinander bekannt sein, was je nach Qualität ihrer Beziehung die Aggression emotional aufladen oder auch hemmen kann.

Kollektive Aggression kann sich zwar auch gegen Einzelne richten (Klassenkloppe, Bestrafung eines «Verräters» usw.), doch die folgenreichsten Formen kollektiver Aggression richten sich meist gegen ein anderes Kollektiv („Wir" gegen „Die").

Das heißt: Andere Personen werden einfach deshalb angegriffen, weil sie zu dem bekämpften Kollektiv gehören. Man sieht dies z.B. in Kriegen, bei Gewalt zwischen rivalisierenden Banden, Fußballfan-Gruppen usw. Kennzeichen der Gruppenzugehörigkeit (z. B. Hautfarbe, Kleidung) wirken daher bei einer Begegnung häufig als „aggressiver Hinweisreiz" [...|, als Signal zum Losschlagen. So können sich im politischen Bereich Terrorakte gegen Büros von Fluggesellschaften, Firmen usw. richten, wenn sie nur irgendwie mit der Nationalität des Gegners „zu tun" haben. In all diesen Fällen geht es nicht um Beziehungen zwischen Einzelnen, sondern um Inter-Gruppen-Beziehungen [...]. Der Einzelne denkt, fühlt und handelt hier als Gruppenmitglied und sieht auch die Angegriffenen nur als Mitglied der gegnerischen Gruppe und nicht als Person.

Innerhalb der eigenen Gruppe ist der einzelne Akteur einer Reihe von situativen Einflüssen ausgesetzt, die bei individueller Aggression fehlen:
- Das Vorbild der anderen. Direkte Aufforderungen und Befehle, Anerkennung und manchmal handfeste Belohnungen fürs Mitmachen sowie Missbilligung, Verachtung und manchmal physische Bestrafung fürs Nicht-Mitmachen – dies alles kann das aggressive Handeln motivieren.
- Gleichzeitig können Aggressionshemmungen vermindert werden durch das Gefühl der Anonymität, durch die Verteilung der Verantwortlichkeiten, durch Gruppenkonsens und Rechtfertigungspropaganda.

[...]

All diese Unterschiede führen zu dem Fazit, dass individuelle Aggression und die Beteiligung an kollektiver Aggression psychologisch nicht gleichzusetzen sind! Wer bei kollektiven Handlungen nur auf den einzelnen Folterer, Terroristen oder Skinhead schaut („Was sind das nur für Menschen?"), ohne sich mit den Gruppenprozessen zu befassen, wird solche Handlungen nicht hinreichend verstehen können.

(Nolting, S. 166–168)

> Stellen Sie die Unterschiede zwischen individueller und kollektiver Aggression tabellarisch gegenüber.

2.2.7 Das integrierende Erklärungsmodell

Nolting stellt aus dem Frustrations-Aggressionsmodell und den Lerntheorien ein „integrierendes Erklärungsmodell zur Aggression" und einen „Leitfaden zur Analyse von Fallbeispielen" zusammen.
Das Modell orientiert sich an dem bereits behandelten Überblick über grundlegende Aspekte der Verhaltenserklärung. Erläuterungen dazu finden sich bei Nolting auf den Seiten 191 und 194.
Der „Leitfaden" eignet sich zur Analyse von Fallbeispielen, er kann auch z. B. zur Analyse von Filmen herangezogen werden.

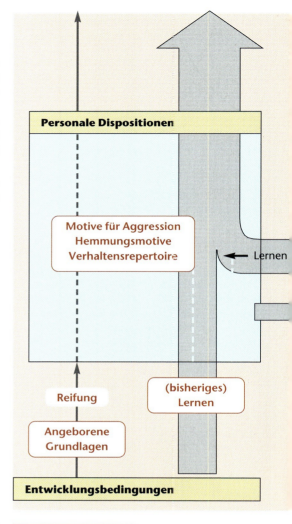

Entwicklungsbedingungen
(z. T. erfragbar oder beobachtbar,
z. T. Vermutungen)

- Auf welchen Erfahrungen können die Dispositionen beruhen? Aversive Erfahrungen, Modelle, Aggressionserfolge, Belehrungen, Einsichten u. a.?
- In welchen Umwelten? Durch welche selbstinitiierten Lernprozesse?
- Welcher alterstypische Reifungsstand, welche Anlagen könnten bedeutsam sein?

Personale Dispositionen
(nicht beobachtbar, z. T. erschließbar,
z. T. Vermutungen)

- Neigt zu Verärgerung? Sieht böse Absichten? Strebt nach Durchsetzung, Gewinn u. a.?
- Hat moralische Normen gegen Aggression? Ist ängstlich in Bezug auf Strafrisiko
- Hat eingeschliffene aggressive Gewohnheiten? Beherrscht aggressive Fertigkeiten gut? Hat intellektuelle, kommunikative Defizite für alternatives Verhalten?

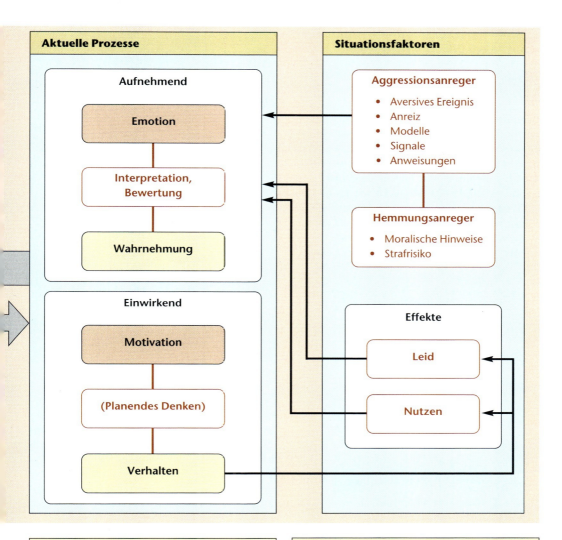

Aktuelle Prozesse (Verhalten beobachtbar, innere Prozesse z. T. erschließbar oder erfragbar)	Situationsfaktoren (zum Gutteil beobachtbar oder erfragbar)
• Was sieht, was übersieht die Person? • Wie interpretiert und bewertet sie das Ereignis? • Was fühlt sie? • Was ist ihr Ziel? Welche Befriedigung sucht sie? • Ist Verhalten geplant oder impulsiv? • Verhalten: Was genau tut (auch Mimik, Gestik) oder sagt die Person?	• Welche aversiven Ereignisse, Anreize und Gelegenheiten, Modelle usw. regen das Verhalten an? • Welche Effekte ruft es in der Umwelt hervor (Nachgeben o. a.)? • Welche gegenläufigen Faktoren (z.B. Strafandrohung, Appelle) gibt es? • Gegenüber welchen Personen tritt das aggressive Verhalten auf? • Gemeinsam mit wem wird die Aggression ausgeübt? Im Beisein von wem?

2.3 Der soziologische Erklärungsansatz nach Wilhelm Heitmeyer

2.3.1 Vorbemerkung und erster Überblick

Gewaltentstehung lässt sich nach Heitmeyer weder allein aus veränderten gesellschaftlichen Bedingungen noch ausschließlich mit Defiziten in der Persönlichkeitsentwicklung erklären. Entscheidend ist ein Erklärungsansatz, der Bedingungen und Faktoren auf verschiedenen Ebenen betrachtet und deren Wechselwirkungen analysiert. Die Ebenen sind:
- die gesellschaftliche oder strukturelle Ebene
- die soziale oder interpersonale Ebene
- die intrapsychische oder Persönlichkeitsebene.

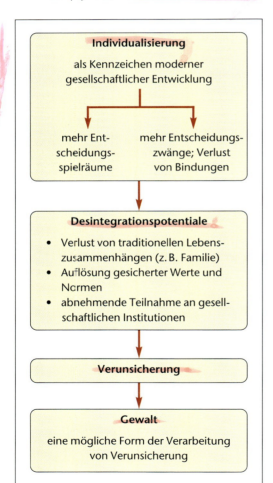

Bucheinband

Diese und die folgenden Ausführungen basieren auf Untersuchungen der Bielefelder Forschungsgruppe um W. Heitmeyer zu gravierenden Problemen des Aufwachsens von Kindern und Jugendlichen; dargestellt in: Wilhelm Heitmeyer u.a.: Gewalt. Schattenseiten der Individualisierung bei Jugendlichen aus unterschiedlichen Milieus. Juventa Verlag: Weinheim, München 1998.

Mit der folgenden Grafik möchten wir zu Ihrer Orientierung einen Überblick über die Argumentationsstruktur in Heitmeyers Erklärungsmodell geben:

Formulieren Sie Fragen zu dieser Grafik, wie z. B.
- Welche „Entscheidungsspielräume" können gemeint sein?
- Über welche Werte und Normen gibt es heute – im Unterschied zu den 50er/60er-Jahren keine gesellschaftliche Übereinstimmung mehr? (Beispiel: Sex vor der Ehe)
- Welche anderen Möglichkeiten des Umgangs mit Verunsicherung kann es außer Gewalt geben?

2.3.2 Das sozialisationstheoretische Konzept

Heitmeyer orientiert sich an folgendem Sozialisationsbegriff:

Das Subjekt verhält sich gegenüber der Realität teils aktiv gestaltend, teils ausweichend bzw. selektiv suchend, teils auch passiv hinnehmend. Als Folge dieser Tätigkeit verändert sich zunächst die reale Situation des Subjektes, wobei anzunehmen ist, dass die sich real herstellende neue Situation nicht vollständig und genau der antizipierten Situation entspricht. Als Folge der Tätigkeit verändert sich außerdem das Subjekt selber, dies ist seine Sozialisation" (Geulen 1981, 553) Es wird mithin ein „produktiv realitätsverarbeitendes Subjekt" (Hurrelmann 1983) unterstellt, wobei der Aufbau von Orientierungsmustern und Handlungsweisen sich als Ergebnis eines Verarbeitungsprozesses von Erfahrungen vollzieht.

(Heitmeyer, S. 31)

Dies wird in folgendem Sozialisationmodell verdeutlicht:

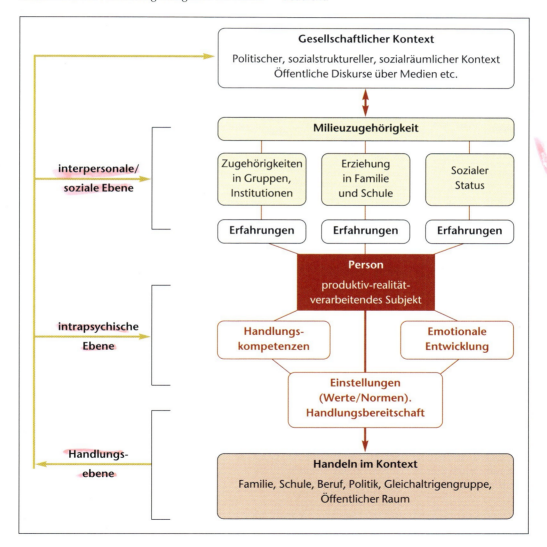

Unter dieser sozialisationstheoretischen Perspektive können die Orientierungen nicht als feststehende, dauerhafte Einstellungen, etwa als Persönlichkeitsmerkmale betrachtet werden. Vielmehr sind sie Ergebnisse der Auseinandersetzung des Individuums mit zum Teil dauerhaften, zum Teil auch wechselnden gesellschaftlichen Bedingungen, d. h. sie stehen im Zusammenhang mit politischen Ereignissen und sozialen Veränderungen.
(Heitmeyer, S. 33)

Die zentralen Merkmale des hier benutzten Sozialisationsbegriffs treten zu Tage, wenn man zum Vergleich ein altes Sozialisationsverständnis (aus dem Jahre 1972) heranzieht:
„Sozialisation lässt sich (dementsprechend) als das Erlernen äußerer und innerer, gesellschaftlich bedeutsamer Verhaltensmuster bezeichnen. Mit Sozialisation meint man also einen sozialen Eingliederungs- und Prägungsprozess. Er bewirkt, dass ein Individuum sich in die sozial bedeutsamen Normen und Ordnungen einer Gesellschaft und Gruppe einfügt, wobei es zugleich zur Regulierung des Verhaltens und zur Formierung von Haltungen kommt."
(aus: Erich Weber (Hg.): Pädagogik. Eine Einführung. Bd. I. Grundfragen und Grundbegriffe, Donauwörth 1972, S. 40)

> Stellen Sie die Merkmale des von Heitmeyer verwendeten Sozialisationsbegriffs heraus. Erläutern Sie diesen an einem selbst gewählten Beispiel.

2.3.3 Individualisierung

Das zentrale Merkmal der gesellschaftlichen Veränderungen insbesondere seit den 60er Jahren ist die Individualisierung.

Individualisierung bedeutet in diesem Sinne, dass die Biografie des Menschen aus vorgegebenen Fixierungen herausgelöst, offen, entscheidungsabhängig und als Aufgabe in das individuelle Handeln jedes Einzelnen gelegt wird. Die Anteile der prinzipiell entscheidungsverschlossenen Lebensmöglichkeiten nehmen ab und die Anteile der entscheidungsoffenen, selbst herzustellenden Biografien nehmen zu. Individualisierung von Lebensläufen heißt also hier […]: Sozial vorgegebene Biografie wird in selbst hergestellte und herzustellende transformiert, und zwar so, dass der Einzelne selbst zum „Gestalter seines eigenen Lebens" wird und damit auch zum „Auslöffler der Suppe, die er sich selbst eingebrockt hat".
(Heitmeyer, S. 34)

Die „Motoren" für diese Entwicklung sind:

1. „die enorme Steigerung des materiellen Lebensstandards" (S. 34), die mehr Konsum und individuelle Lebensstile ermöglicht.
Unterstützt wird diese „Pluralisierung" von Lebensstilen durch den Anstieg erwerbsarbeitsfreier Lebenszeit im Zuge von wachsender Lebenserwartung und sinkenden Arbeitszeiten.
(Heitmeyer, S. 34)

2. „die gestiegene soziale und geografische Mobilität der Bevölkerung" (S. 34), die vor allem auf Wandlungen in der Berufsstruktur und die zunehmende Berufstätigkeit von Frauen zurückzuführen ist.
[Sie] löst die Individuen ebenfalls aus traditionalen Lebenswelten und Lebenszusammenhängen heraus, mischt die ehedem klassen- und schichtspezifisch getrennten sozialen Kreise und wirbelt eingefahrene Lebenswege und biografische Planungen durcheinander. In diesem Zusammenhang sorgt vor allem die wachsende Frauenerwerbstätigkeit dafür, dass die gesellschaftlichen Individualisierungsschübe auch in den Familien verstärkt werden: Sowohl die Steuerung der geografischen Mobilität der Familie durch die Berufskarriere des Mannes als auch hierarchische Formen der geschlechtsspezifischen Arbeitsteilung weichen nun neuen Chancen auf gleichberechtigte Beziehungsmuster, in denen die je anstehenden Lösungen ohne Rückgriff auf traditionelle Vorbilder stets aufs Neue ausgehandelt werden müssen.
(Heitmeyer, S. 34)

3. [die] Bildungsexpansion. Der „Massenkonsum" höherer Bildung und die längere Verweildauer im Bildungssystem begünstigen

Jung, schön, hip...

Selbstfindungs- und Reflexionsprozesse, die allemal auf eine Infragestellung traditionaler Orientierungen und Lebensstile hinauslaufen. Auch individuelle Leistungsmotivation und Aufstiegsorientierung, die im Bildungssystem gefördert werden, sind dazu geeignet, den eigenen Lebensweg nicht als Ausdruck klassen- und milieuspezifischer Zugehörigkeiten, sondern als Resultat eigener Leistungsbeiträge zu interpretieren.
(Heitmeyer, S. 34)

Die soziale Ungleichheit wird durch diese Veränderungen allerdings nicht aufgelöst, sondern vielmehr „individualisiert".
Denn neben den alten Ursachen sozialer Ungleichheit (Macht, Geld, Prestige, Bildung) haben andere Kategorien zunehmend an Bedeutung gewonnen:

Arbeitsbedingungen, Freizeitbedingungen, Wohn- bzw. Wohnumfeldbedingungen, soziale Sicherheit, Beziehungen und soziale Ungleichbehandlungen.
(Heitmeyer, S. 36)

Das bedeutet: Nicht mehr die Zugehörigkeit zu einer bestimmten Schicht oder Klasse ist grundlegend für soziale Unterschiede, typisch ist vielmehr, „ein Nebeneinander von Privilegien und Deprivation".
(Heitmeyer, S. 37)

Auf der interpersonellen Ebene zeigen sich die Individualisierungsprozesse in der Auflösung traditioneller Lebenszusammenhänge (Familie, Verwandtschafts-, Nachbarschaftsbeziehungen) und im damit einhergehenden Verlust traditioneller Sicherheiten (in Bezug auf religiöse Orientierungen, Handlungswissen, leitende Normen).
Auf der individuellen Ebene können die Individualisierungsprozesse zu Problemen bei der Identitätsentwicklung führen.

Da die Kategorie der Identität auf die Entwicklung der „gesamten" Persönlichkeit bezogen werden soll, umgreift sie in unserem Verständnis sowohl Bewusstsein (von sich „selbst") und damit auch emotionale Sicherheit, die z. B. Selbstwertgefühle beinhalten, als auch Handlungsfähigkeiten (als Kompetenz) und Handlungssicherheit in den verschiedenen Handlungsbereichen.
[…]

Nicht das Streben nach Handlungsfähigkeiten zum sicheren Agieren in den vielfältigen, widersprüchlichen Situationen steht hier im Vordergrund, sondern die Suche bzw. Reaktivierung von Gewissheiten, um auf deren Basis „sicher" handeln zu können. Insgesamt ist anzunehmen, dass Jugendliche den „Übergang" zu einer autonomieorientierten Identität nicht schaffen, weil sie nicht in ausreichendem Maße Ressourcen und Bezugspunkte der Identitätsbildung zur Verfügung haben, eher gewaltförmigen Handlungsweisen und entsprechenden Legitimationen zustimmen könnten, weil diese plausible Erklärungen für die eigenen Handlungsprobleme liefern, indem sie die Betonung von Normkonformität, Normdurchsetzung und Ablehnung von Autonomie in den Vordergrund rücken und eine soziale Verortung im Sinne einer „sozialen Heimat" suggerieren.
(Heitmeyer, S. 45/46)

Fazit:
Individualisierung bedeutet also Zunahme von Entscheidungsfreiheiten und gleichzeitig Entscheidungszwängen.
Heitmeyer spricht in diesem Zusammenhang von der *Ambivalenz* der Individualisierung, die er als zentrales Lebensmerkmal bezeichnet.

Generell ergibt sich die Ambivalenz aus dem Zuwachs vermehrter Handlungsmöglichkeiten auf der einen Seite und gleichzeitig einsetzenden Gefährdungslagen und Risiken durch den Zwang zu einer Bewältigung von immer komplexeren Lebenaufgaben ohne den Rückhalt stabiler Vergemeinschaftungsformen.
Vor diesem Hintergrund ist anzunehmen, dass der Sozialisationsprozess von komplizierten *Suchbewegungen* gekennzeichnet ist, um
- Mitgliedschaften und soziale Beziehungen zu entwickeln und zu sichern,
- Statuspositionen zu erwerben,
- identitätsrelevante Handlungskompetenzen und emotionale Sicherheit zu gewinnen,

- Lebensplanungskonzepte aufzubauen, um in Bezug auf Familie, Schule, Gleichaltrigengruppe, Politik und Beruf handlungsfähig zu sein.

Gerade angesichts der Spannbreite der skizzierten Ambivalenzen ist mit ganz unterschiedlichen Bearbeitungsweisen zu rechnen, die bei Problemlagen von abwartenden und Hilfe suchenden bis zu autoaggressiven und gewalthaltigen Verhaltensweisen reichen.

(Heitmeyer, S. 50/51)

---

1 Erläutern Sie das 1. Zitat auf Seite 36 („Individualisierung") anhand von Beispielen, etwa aus den Bereichen Bildungschancen, Berufsfindung, Lebensformen.
2 Was kann das „Nebeneinander von Privilegien und Deprivation" (S. 38) für Jugendliche konkret bedeuten?
3 Vor welche „Entscheidungszwänge" (S. 38) sind Jugendliche heute gestellt? Inwiefern können diese Zwänge belastend wirken?

2.3.4 Das Desintegrations-Verunsicherungs-Gewalt-Konzept

Desintegration

Die Schattenseiten der Individualisierung lassen sich mit Heitmeyer als Desintegration bzw. Desintegrationspotentiale bezeichnen.
Desintegration kann konkrete Erfahrung sein, sie kann sich auch als bloße Befürchtung (Antizipation) äußern.
Heitmeyer stellt nun Desintegrationserfahrungen und -potentiale dar, die besonders bedeutsam für den Sozialisationsprozess sind:

a) Die Auflösung oder Gefährdung von sozialen Beziehungen und Vergemeinschaftungsformen
Zunächst wird im primären Sozialisationsfeld der Familie zumindest in vier Bereichen auf solche Desintegrationspotentiale hingewiesen: Zum ersten darauf, dass Instabilität und die Auflösung von selbstverständlicher sozialer Zugehörigkeit durch rapide Veränderungen in den Familienkonstellationen entstehen können […]. So sind heute für Kinder und Jugendliche vermehrt Probleme anzutreffen, weil sie vielfach erzwungenermaßen auf sich allein gestellt sind. Durch die Abwesenheit von Eltern oder Elternteilen – so wird häufig argumentiert – erhöhe sich der Autonomiespielraum. Es wird dabei aber übersehen, dass die Erhöhung des alltäglichen Entscheidungsspielraumes oft unter den Bedingungen von familiären Krisen stattfindet und für das einzelne Kind oder den Jugendlichen immer mehr Verantwortung für die Konsequenzen der Entscheidungen auftritt. Diese Ausweitung von Entscheidungsfreiheit hat also den Preis des Verlustes der Sorglosigkeit des Alltags.

Neben den äußeren Konstellationen spielen vor allem die Beziehungsqualitäten, gewissermaßen die emotionale Integration bzw. Desintegration eine zentrale Rolle. Denn es ist bekannt, dass die meiste Gewalt in der Familie erfahren und gelernt wird. So finden wir zuhauf selbstwertverletzende und instrumentalistische Umgangsweisen, die der Anstachelung zur Selbstdurchsetzung ebenso dienen wie der Statussicherung der Herkunftsfamilie. Dazu gehören beispielsweise:

- leistungsabhängige Unterstützung;
- willkürliche, also von Stimmungen und Kalkül abhängige Akzeptanz;
- materialisierte Beziehungen, also das Freikaufen von sozial-emotionalen Anstrengungen;
- statusabhängige Unterstützungen, wenn etwa nichtadäquate Freunde oder Partner auftreten;
- vor allem auch zeitabhängige Zuwendungen, wenn also jemand „mal da ist".

In diesen instrumentalistischen Umgangsweisen wird deutlich, dass es neben den offenen auch verdeckte, vor allem emotionale Desintegrationspotentiale gibt. Denn hinter den Fassaden „äußerlicher" Intaktheit verbergen sich u. U. Auflösungen sozialer Beziehungen, da instrumentalistische Umgangsweisen auf die Verfügung über andere hinauslaufen und nicht auf die Anerkennung des anderen und seiner Integrität. […]
Der große Gewinn von Individualisierung, also die Freisetzung aus unbefragten, z. T. die Individualität unterdrückenden Sozialbindungen, bringt für eine sozialverträgliche Entwicklung aber auch die Notwendigkeit mit sich, dass kein Anerkennungsvakuum auftritt.
Von besonders großer Bedeutung für die soziale

Integration ist die Gleichaltrigengruppe, deren Bedeutungszugewinn parallel zu den gesellschaftlichen Individualisierungsschüben verlaufen ist. Hier werden Anerkennungen und Positionen erworben, die über Leistung, Attraktivität und über Stärkedemonstration erfolgen können. Die Frage stellt sich, ob die Gleichaltrigengruppe dieses „Gewicht" aushalten, also Hoffnungen, die Jugendliche häufig mit ihr verbinden, auch tatsächlich erfüllen kann.
[...]
Der Bedeutungszuwachs der Gruppe der Gleichaltrigen erlaubt also noch keine Aussage über das innere Beziehungsgefüge von Jugendcliquen. Dabei dürften sich die genannten Hoffnungen auf die Gleichaltrigengruppe als trügerisch herausstellen, weil sie sich nicht jenen gesellschaftlichen Mechanismen entziehen kann, die über Konkurrenzbeziehungen für das Zerschmelzen der sozialkulturellen Milieus sorgen. Diese Konkurrenzbeziehungen lassen sich nicht aussetzen, sondern sie forcieren, weil sie lebenszeitlich immer früher einsetzen und durch den verlängerten Schulbesuch immer länger auf Dauer gestellt werden, trotz ausgedehnter zeitlicher Zuwendung zu den Gleichaltrigengruppen in der Freizeit den paradoxen Prozess der Vereinzelung in der Gruppe. Denn dort, wo noch Gemeinsamkeiten bestehen, werden sie – so Beck – im „Säurebad der Konkurrenz" aufgelöst, weil man unter Konkurrenzdruck nicht das Gemeinsame, sondern die Besonderheit der eigenen Leistung und Person herausstellen muss.

Hinzufügen lassen sich auch Faktoren, die sich aus der demographischen Entwicklung hin zum geschwisterlosen Aufwachsen ergeben. „Denn bisher galt vor allem die ‚Geschwisterrivalität' als psychologischer Lernort für die Fähigkeit, eigene Interessen zu verfolgen und gleichzeitig konkurrierende Interessen und damit auch die Integrität der anderen zu respektieren. Zuwendung und Liebe (der Eltern) teilen zu können, also Kompromisse zu schließen – Lernerfahrungen, die für das ‚soziale Klima' der Gesellschaft auf der Ebene mitmenschlicher Beziehungen unverzichtbar sind" (Münchmeier 1989, 15).

Ein weiterer Aspekt hängt damit zusammen. Erst in jüngster Zeit publizierte Langzeituntersuchungen über das Aufwachsen von Kindern aus Scheidungsfamilien zeigen langanhaltende soziale Bindungsängste auf; es entwickelt sich eine Latenzzeit für neue Desintegrationsentwicklungen, deren Dimensionen wir noch nicht kennen [...].

Desintegrationspotentiale sind auch dort zu verorten, wo inkonsistentes Elternverhalten auftritt und Kinder und Jugendliche gar nicht mehr wissen, „was los ist". Das bedeutet, dass sich gemeinsam geteilte Normen, etwa der Gewaltlosigkeit, kaum ausbilden können.

Die individuelle Verfügung über Zeit gehört zu den herausragenden Versprechungen von Individualisierungsprozessen. Was die individuelle Zeitrechnung anbetrifft, so scheint sie positiv auszufallen, aber sie ist mit einem zunehmenden Auseinanderfallen von Lebensrhythmus und ökonomischem Rhythmus durch neue Produktionsformen (etwa der just-in-time-production) verbunden. Die Folgen für das Aufwachsen von Kindern und Jugendlichen können darin bestehen, dass soziale Zeit durch Zerstückelung problematische Züge bekommt; die Probleme von Kindern und Jugendlichen, ihre Nöte und Wünsche geraten in die Gefahr, vorrangig in die von den flexibilisierten Erwachsenen übriggelassenen Zeitlücken hineingestopft zu werden. Vereinzelung und Vereinsamung können die Folgen sein. Problemlagen können sich anschließen, denn wenn die soziale Verankerung sich auflöst, müssen die Folgen des eigenen Handelns für andere nicht mehr sonderlich berücksichtigt werden.

(Heitmeyer, S. 62–65)

b) Auflösung oder Gefährdung der Verständigung über gemeinsame soziale Wert- und Normvorstellungen

Die Bedeutung gemeinsam geteilter sozialer Werte und Normen liegt darin begründet, daß es keinen sozialen Zusammenhang geben kann, wenn nicht ein Mindestmaß an Übereinstimmung und Ähnlichkeit gegeben ist. [...]
Jugendliche werden zum einen zu Trägern von Entscheidungen. Zum anderen werden die Kriterien für die Begründung von Entscheidungen immer subjektiver, weil immer weniger durch Tradition, Milieus, Glaubensvorschriften etc. vorweg festgelegt ist. Dadurch können sich die

„Der Sozialisationsprozess ist von komplizierten Suchbewegungen gekennzeichnet." (W. Heitmeyer)

(Aus: pädextra 718, 1993, nach einem Plakat von H. E. Ernst, Berlin; Foto: A. Will, Fulda)

immer auch in Individualisierungsprozesse eingelagerten Unsicherheitsgefühle erhöhen, weil sie u.a. nicht mehr an Traditionen anknüpfen können, da diese im Zuge der Modernisierung weitgehend aufgelöst oder zumindest entwertet sind.

(Heitmeyer, S. 66)

c) Auflösung oder Gefährdung der Teilnahmebereitschaft an gesellschaftlichen Institutionen
Die Auflösung von gemeinsamen Wert- und Normvorstellungen wirkt sich auf die faktische Teilnahme an gesellschaftlichen Institutionen aus. Die Abnahme der Teilnahme an politischen Wahlen bei Jüngeren oder die zunehmende Distanz gegenüber Jugendverbänden […] zeigen dies.
Besondere Ausstrahlungen auf die oben beschriebenen Desintegrationspotentiale haben die schulischen und beruflichen Desintegrationserfahrungen, weil die angestrebte gesellschaftliche Positionierung, die Anerkennung von Nützlichkeit und die Stützung des eigenen Selbstwertgefühls tangiert sind. […]

Dieses wird bedeutsam vor dem Hintergrund der Labilisierung kontinuierlicher Berufsperspektiven, angefangen mit der Schwierigkeit, einen Ausbildungsplatz am Übergang von der Schule in den Beruf zu finden, bis hin zur Übernahme auf einen dauerhaften Arbeitsplatz nach der Ausbildung. Daher können sich qualitativ unterschiedliche Arbeitsorientierungen entwickeln, etwa sachlich-inhaltlicher Art, um Befriedigung durch die Tätigkeit selbst zu erleben, oder instrumentalistischer Art, um die Positionierung gegen andere u. U. auch gewaltförmig durchzusetzen.

(Heitmeyer, S. 66/67)

1 Erarbeiten Sie diesen Text, indem Sie
- Schlüsselbegriffe markieren
- wichtige Begleitinformationen unterstreichen
- mithilfe Ihrer Notizen den Text zusammenfassen.

2 Nennen Sie je 3 Normen
- die weiterhin allgemein anerkannt sind
- die nicht mehr allgemein anerkannt sind.

3 (zu Text c) Zur Diskussion:
Schafft Schule nach Ihrer Meinung bzw. Erfahrung eher eine „sachlich-inhaltliche" Arbeitsorientierung oder eher eine „instrumentalistische"?

Verunsicherung
Obwohl anzunehmen ist, dass Ambivalenzen von Individualisierungschancen wie -anforderungen nicht zwangsläufig zu Verunsicherungen führen müssen, sondern „ausbalanciert" werden können durch Anpassungsleistungen, Opportunismus etc., bleibt gleichwohl ein wesentlicher Bereich, der zur Verunsicherung führen kann. Sie ist zum einen gekennzeichnet durch eine *emotionale* Komponente wie Zukunftsangst, niedriges Selbstwertgefühl und Unsicherheitsgefühle. Außerdem ist *Handlungsunsicherheit* die zweite Komponente mit den Elementen von Orientierungs-, Entscheidungs- und Wirksamkeitsproblemen.

Verunsicherung wird angenommen, wenn z. B.
- *Unlösbarkeit* („Ich weiß nicht mehr weiter"; Sackgassen-Gefühl) auftritt.

- eine Unberechenbarkeit von zukünftigen Ereignissen und Anforderungen wahrgenommen wird.
- *Unklarheit* über den eigenen Status (Achtung/Missachtung durch andere), z. B. in Familien oder peer-groups existiert.
- es *Diskrepanzen* zwischen Selbstwert und Erwartungen (z. B. von Eltern oder Institutionen) sowie zwischen Selbstwirksamkeit und Erwartungen gibt.
- *Inkonsistenz* zwischen eigener Erwartung, tatsächlicher Plazierung und dem Verhalten wichtiger anderer (z. B. Eltern) auftritt.
- stimmige *Erklärungen* für erlittene Verletzungen oder Ausgrenzungen fehlen (z. B. „Warum grenzen die mich aus?").
- *Ratlosigkeit* über die Orientierungsmarken existiert
- *Versagen* wahrgenommen wird als Ausdruck nicht erreichter Ziele oder nicht den Erwartungen entsprechender Leistungen oder Verhaltensweisen.

Es hängt dann vom Zusammenwirken mehrerer „äußerer" Faktoren und „innerer" Verarbeitungsmuster ab, welche Formen die Verunsicherung annimmt.

(Heitmeyer, S. 67)

Die Verunsicherung kann zu aktivem, konstruktivem Umgang mit den vorliegenden Problemen führen (stimulierende Verunsicherung), sie kann lähmen (paralysierende Verunsicherung) sie kann im negativsten Fall zu hilflosen, für Außenstehende sinnlosen Handlungsweisen führen, z. B. zu Gewalt.

> Zum Nachdenken und Gedankenaustausch:
> Wie sind Ihre Erfahrungen mit Verunsicherung?
> Orientieren Sie sich an der Auflistung im Zitat.
> Zu welchem Umgang mit Verunsicherung neigen Sie?

Gewalt – eine mögliche Form von Verunsicherung

Heitmeyer geht davon aus, dass Desintegrations- und Verunsicherungspotentiale zunehmen, die sowohl Gewalterfahrungen hinterlassen als auch gewaltförmiges Verhalten zu einer wichtigen Option der Bearbeitung solcher Problemlagen werden lassen. Dies basiert auf der schon angeführten zentralen Annahme, dass dort, wo sich das Soziale auflöst, die Folgen des eigenen Handelns für andere nicht mehr sonderlich berücksichtigt werden müssen. Die Gleichgültigkeit greift um sich, die Gewaltschwellen sinken und die Gewaltoptionen steigen.

(Heitmeyer, S. 69)

Heitmeyer unterscheidet 3 Motive bzw. Formen von Gewalt:

Eine erste Variante ist die *expressive Gewalt*. Sie gewinnt an Bedeutung im Zuge der Präsentation von Einzigartigkeit, über die das Individuum wahrgenommen werden will. Dazu ist das Medium Gewalt besonders geeignet, weil es zur Tabuverletzung dienen kann, die erhöhte Aufmerksamkeit sichert, damit die angebliche Einzigartigkeit unterstreicht und die Suche nach immer neuen Spannungszuständen befriedigt. Diese Variante ist auf die Person selbst zugeschnitten, die Opfer sind zweitrangig und beliebig. Deshalb wird diese Form zunehmend gefährlich, weil sie unkalkulierbar wird, nur dem Situationsgefühl ausgeliefert.

Kalkulierbarer ist die *instrumentelle Gewalt*, weil sie nach antizipierbaren Kalkülen ausgerichtet ist und vor allem auf die individuell definierten tatsächlichen oder angeblichen „Problemlösungen" zielt. Sie ist gewissermaßen die soziale Variante, weil es um Anschluss, Sicherung von Positionen und Aufstieg geht, die diese Gewalt stützen sollen. Diese Gewaltform ist eine Radikalisierung und Ausnutzung von Freiheitsräumen.

Eine kollektive Variante ist die *regressive Gewalt*, die so genannt wird, weil sie hinter den erreichten Stand der demokratischen Entwicklung zurückfällt. Ihr liegen politische Motive zugrunde, um unsicherheitsfördernde soziale, berufliche oder politische Desintegrationsprozesse durch eine kollektiv einbindende Gewalt aufzuheben, die an nationalen und ethnischen Kategorien ausgerichtet ist.

(Heitmeyer, S. 72)

> Erklären Sie die drei Formen von Gewalt mit eigenen Worten. Ziehen Sie Verbindungslinien zum Individualisierungs-Desintegrations-Verunsicherungs-Zusammenhang.

Empirische Ergebnisse

Heitmeyer kommt bei seinen empirischen Untersuchungen der Zusammenhänge von Desintegration und Verunsicherung bei Jugendlichen zu folgendem Ergebnis:

Aus unseren Ergebnissen zum Zusammenhang von Desintegration und Verunsicherung lassen sich problematische Entwicklungslinien aufzeigen.
Als wichtigster Einflussfaktor für die Verunsicherung Jugendlicher erweisen sich eine fehlende Unterstützung durch Familie und Freunde sowie starker Konformitätsdruck durch die Freundesgruppe.
Ein unterstützendes Familienklima hat besonders hohe Zusammenhänge zum Selbstwert der Jugendlichen und zu dem Gefühl, sozial akzeptiert zu sein. Damit prägt es jeden Kontakt der Jugendlichen mit anderen Personen entscheidend mit. Als Kennzeichen einer individualisierten Gesellschaft haben wir die Zunahme von Verhaltensoptionen für Jugendliche beschrieben. Dies bedeutet aber auch, dass immer mehr individuell entschieden werden muss, ohne dass Jugendliche auf kollektive Muster zurückgreifen können. Erst ein positives Selbstwertgefühl und Sicherheit in sozialen Situationen ermöglichen es Jugendlichen, offen für neue Erfahrungen zu sein und unabhängig von den Vorgaben der Eltern ihren Lebensweg zu finden. Je weniger Jugendliche auf kollektive Lebenslaufgestaltungsmuster zurückgreifen können, umso wichtiger wird es, dass Jugendliche lernen, auf sich selbst zu vertrauen. Ein Familien- und Freundschaftsklima, das dies gewährleistet, ist durch Aufmerksamkeit, Hilfeleistungen, unbedingte Zuneigung und Verlässlichkeit gekennzeichnet. Als hinderlich erweisen sich durch Konformitätsdruck geprägte Freundschaftsbeziehungen. Diese führen dazu, dass Jugendliche anderen mit Misstrauen und Abwehr begegnen. Zudem müssen eigene Erfahrungen abgespalten werden, wenn sie den Gruppenregeln widersprechen. Jugendliche, die hohem Konformitätsdruck ausgesetzt sind, begegnen sich selbst und anderen nicht mit Offenheit. Damit ist es ihnen nicht mehr möglich, Erfahrungen als Grundlage der eigenen Entwicklung und als Entscheidungshilfe zu nutzen. Durch den Versuch, das eigene Verhalten streng nach kollektiven Mustern zu organisieren, werden Individualisierungschancen zugunsten klarer Orientierung aufgegeben.
Die Mehrheit der Jugendlichen nutzt das Erfahrungswissen der älteren Generation. Dieser Rückgriff auf Erfahrungswissen verringert die Verunsicherung.
Integrationserfahrungen durch Mitgliedschaften in Vereinen und Organisationen erweisen sich nicht als verunsicherungsrelevant. Mitgliedschaften scheinen keine integrative Bedeutung für Jugendliche mehr zu haben. Dagegen reagieren Jugendliche verunsichert, wenn ihr aktueller und erwarteter Status in Gefahr ist oder sie unzufrieden mit ihrer materiellen Ausstattung sind. Dies verweist darauf, dass Integration zunehmend über Status, Leistung und Konsum geregelt wird.

(Heitmeyer, S. 161)

Welche im Text genannten Faktoren führen zur Verunsicherung, welche wirken ihr entgegen?
Fertigen Sie eine Tabelle oder ein Schaubild an.

Abschließend schlagen wir Ihnen einige Aufgaben zur Auswahl vor, mit denen Sie den Gesamtzusammenhang des Erklärungskonzepts von Heitmeyer in den Blick nehmen können:

1 Nehmen Sie die Fragen wieder hervor, die Sie zur Grafik auf S. 34 formuliert haben und beantworten Sie diese (in Gruppen).

2 Formulieren Sie – schriftlich – Fragen zu Begriffen und Zusammenhängen des Konzepts und beantworten Sie die Fragen im Kurs. Variationen:
- in Gruppen Fragen entwickeln und von anderen Gruppen beantworten lassen;
- in Einzel- oder Partnerarbeit Fragen entwickeln, auf je einem Blatt notieren; die Fragen werden von den Kursteilnehmern gezogen und beantwortet.

3 Sie sind als Experte zu einem kurzen Vortrag über Gewaltentstehung in die örtliche Volkshochschule eingeladen worden.
Erstellen Sie auf einem DIN A 4-Blatt ein Konzept (Stichwortzettel) zu Ihrem Vortrag.

Bilden Sie Vierer-Gruppen, zwei durch Zufallsprinzip (s. u.) ausgewählte Teilnehmer halten den Vortrag, die beiden anderen geben dazu Rückmeldungen.

Zum Schluss ein Hinweis zur Zufallsauswahl. Wichtig ist:
Es kann jeden „treffen". Alle bereiten sich also auf den „Ernstfall" vor.

Die Auswahlmöglichkeiten sind vielfältig: wer als letzter Geburtstag hatte, der größte, zweitgrößte, älteste, jüngste, Schüler der Gruppe …

Hinweis:
Einen Lösungsvorschlag für die hier behandelte Problematik von Individualisierung-Desintegration-Verunsicherung bietet Hurrelmanns „Plädoyer für die Ganztagsschule" (Kap. 4 2)

3. Wie Aggression entsteht – empirische Vertiefungen

3.1 Kriminologische Forschungsergebnisse:
- „Jugendgewalt ist männlich"
- „Die Gesellschaft als Winner-Loser-Kultur"

Die Thesen zur Jugendgewalt der Wissenschaftler Christian Pfeiffer und Peter Wetzels vom Kriminologischen Institut Niedersachsen lassen zweierlei erkennen: Zum einen eine wachsende Ethnitisierung der Gewaltkonflikte, zum anderen familiäre Gewalt als Quelle jugendlicher Gewaltbereitschaft.

Das Kriminologische Forschungsinstitut Niedersachsen führte im Jahr 1998 drei umfangreiche Untersuchungen zum Thema Jugendgewalt durch:
- Eine Repräsentativbefragung von Jugendlichen neunter Klassen zu ihren Gewalterfahrungen und -handlungen. Mittlerweile liegen Daten von 12 882 Befragten vor.
- Des Weiteren eine Analyse aller Akten der Jahrgänge 1990, 1993 und 1996 der Staatsanwaltschaft Hannover, die unter 21-Jährige betreffen, die als Tatverdächtige von Gewaltdelikten polizeilich registriert worden sind.
- Und schließlich eine Untersuchung der Kriminalitätsentwicklung junger Menschen anhand von Statistiken der Polizei, Staatsanwaltschaften und Gerichte auf Bundes- und Landesebene. Die zentralen Befunde dieser drei Forschungsprojekte werden in Thesenform vorgestellt und erläutert.

1. Der Anstieg der Jugendgewalt fällt in Wirklichkeit schwächer aus, als die polizeilichen Daten es signalisieren.

Nach der Tatverdächtigenstatistik hat sich die polizeilich registrierte Gewaltkriminalität von Kindern und Jugendlichen seit 1984 in Westdeutschland um das 3,3-fache erhöht. Bei den Heranwachsenden ist sie um etwa vier Fünftel angestiegen. Ausgeblendet bleibt bei diesen Daten, was sich im Dunkelfeld der nicht bekannt gewordenen Straftaten getan hat. Wenn nun die Anzeigequote steigt, erhöht sich nur die Sichtbarkeit der Jugendgewalt, nicht ihr Gesamtvolumen – ganz ähnlich wie bei einem Eisberg, der sich weiter aus dem Wasser heraushebt. Nach den Daten unserer Schülerbefragung wird bei der früher dominierenden Täter-Opfer-Konstellation Max gegen Moritz – also zwei jugendliche Deutsche unter sich – jede fünfte Gewalttat angezeigt. Wenn aber Ahmend den Moritz zusammengeschlagen oder beraubt hat, dann wird fast jeder dritte Fall der Polizei gemeldet. Da nun in den letzten zehn Jahren die gewalttätigen Auseinandersetzungen unter den Angehörigen der verschiedenen ethnischen Gruppen stark zugenommen haben, hat sich insgesamt gesehen die Anzeigequote der Jugendgewalt erhöht. Eine weitere Folge der beschriebenen Entwicklung ist, dass die Angehörigen von „fremden" ethnischen Gruppen in der Tatverdächtigenstatistik stärker repräsentiert sind, als es ihrem tatsächlichen Anteil entspricht.

2. Die polizeilich registrierten Gewalttaten junger Menschen sind in den letzten Jahren nicht brutaler geworden. Die durchschnittliche Deliktsschwere hat vielmehr abgenommen.

So ist die durchschnittliche Tatschwere bei den in Hannover untersuchten Fällen von Jugendgewalt seit 1990 stark zurückgegangen. Einer deutlichen Abnahme von Raubdelikten mit hohem Schaden oder Körperverletzungen mit stationärer oder ambulanter Behandlung des Opfers steht eine starke Zunahme von leichten Delikten und des Anteils der Ersttäter gegenüber. Beides ist offenkundig die Folge davon, dass sowohl Täter wie Opfer immer jünger geworden sind. Für die These, dass es diese Entwicklung auch bundesweit gegeben hat, sprechen zum einen ein starker Rückgang der Anklagequote von 14- bis unter 21-jährigen Tatverdächtigen der Gewaltkriminalität. 1984 wurde noch jeder Zweite von ihnen vor Gericht gestellt, 1996 dagegen nur noch knapp jeder Dritte.

3. Die Zunahme der Jugendgewalt steht in engem Zusammenhang damit, dass unsere Gesellschaft immer mehr zu einer Winner-Loser-Kultur wird. Vor allem junge Migranten geraten dabei in ein soziales Abseits.

So ist beispielsweise in Hannover die registrierte Jugendgewalt zu etwa vier Fünfteln Jugendlichen und Heranwachsenden zuzurechnen, die sozialen Randgruppen angehören. So hat sich unter den jungen Angeklagten, die nicht mehr Schüler sind, der Anteil der Arbeitslosen im Verlauf der sechs Jahre von 38,2 Prozent auf 60,4 Prozent erhöht. Mehr als drei Viertel der jungen Gewalttäter weist ein niedriges Bildungsniveau auf (maximal Hauptschulabschluss), das ihnen im Berufsleben nur schlechte bis mäßige Perspektiven eröffnet. Die Schülerbefragung hat für diesen Zusammenhang einen klaren Befund erbracht: Vergleicht man für die verschiedenen ethnischen Gruppen die Zahl der selbstberichteten Gewaltdelikte pro 100 Jugendliche, dann liegt sie für solche 14- bis unter 18-Jährigen, die die Sonderschulen, Hauptschulen oder das Berufsgrundschuljahr besuchen, durchweg um das Drei- bis Vierfache über den Vergleichszahlen der Gymnasiasten.

4. Der Anstieg der Jugendgewalt ist überwiegend jenen jungen Migranten zuzurechnen, die sozial nicht integriert werden konnten. Eine besondere Problemgruppe sind solche jungen Zuwanderer, die seit längerem in Deutschland unter Bedingungen sozialer Benachteiligungen aufwachsen.

Junge Zuwanderer, die seit mindestens fünf Jahren in Deutschland leben oder hier geboren sind, haben in der Schülerbefragung zwei- bis dreimal mehr Gewalttaten zugegeben als einheimische Deutsche oder solche jungen Aussiedler und Ausländer, die erst seit wenigen Jahren in Deutschland leben. Die seit 1990 in Hannover zu beobachtende, sehr starke Zunahme der Angeklagten aus nichtdeutschen Ethnien beruht zu fast 90 Prozent auf Jugendlichen und Heranwachsenden, die vor mindestens fünf Jahren nach Deutschland gekommen oder hier geboren sind. Junge Migranten sind offenbar eine Zeitlang bereit, anfängliche Eingliederungsprobleme als unvermeidbar hinzunehmen. Wenn sich daraus jedoch dauerhafte soziale Nachteile ergeben, wächst unter ihnen im Laufe der Jahre die Tendenz, sich zu delinquenten Gruppen zusammenzuschließen. Sie haben gewissermaßen „deutsche Ansprüche" entwickelt, denen keine „deutschen Chancen" gegenüberstehen.

5. Jugendliche, die in ihrer Kindheit oder aber auch als Jugendliche von ihren Eltern massiv geschlagen oder misshandelt wurden, werden erheblich häufiger selber gewalttätig als nicht geschlagene junge Menschen.

Fast jeder sechste der von uns befragten Schülerinnen und Schüler ist im letzten Jahr Opfer massiver elterlicher Gewalt (Prügelstrafen oder Misshandlungen) geworden. Zum Vergleich: Außerhalb der Familie hatten in dieser Zeit „nur" zwölf Prozent eine gravierende Körperverletzung mit oder ohne Waffen erlebt. Letztere wurde der Polizei zu etwa einem Sechstel bekannt, die Misshandlungen durch Eltern dagegen nur zu 2,2 Prozent. Ferner hat sich gezeigt, dass die von Arbeitslosigkeit oder Sozialhilfe betroffenen Eltern ihre Kinder mehr als doppelt so oft misshandelt haben. Damit steht im Zusammenhang, dass sich im Vergleich der ethnischen Gruppen große Unterschiede ergeben. Das eine Extrem bilden die türkischen Jugendlichen, von denen 1997 fast jeder Fünfte Opfer einer Misshandlung geworden ist. Auf der anderen Seite stehen die einheimischen Deutschen mit einer Opferrate von 5,5 Prozent. Solche familiären Gewalterfahrungen erhöhen beträchtlich die Wahrscheinlichkeit, dass die betroffenen Jugendlichen selber Gewalt ausüben.

6. Jugendgewalt ist männlich; das Übergewicht junger männlicher Täter hat sich seit Mitte der 80er-Jahre sehr verstärkt.

„Kopflos". Zeichnung von Linus Neumann. 3. Preis beim Wettbewerb „Comics gegen Gewalt" (1999/2000)

Im Vergleich von 1984 zu 1997 hat sich der Anteil der männlichen Jugendlichen, die als Tatverdächtige einer Gewalttat registriert wurden, von 0,5 Prozent auf 1,7 Prozent erhöht, der der Mädchen ist dagegen nur von 0,1 auf 0,3 Prozent angewachsen. Entsprechendes gilt auch im Hinblick auf die Opfer der Jugendgewalt, bei denen abgesehen von den Sexualdelikten durchweg die männlichen Jugendlichen im Vordergrund stehen. Die Dunkelfeldbefragung hat diese Befunde weitgehend bestätigt. Die Jungen dominieren danach vor allem bei den Mehrfachtätern, die im letzten Jahr mindestens fünf Delikte begangen haben. Die Untersuchung hat ferner gezeigt, dass für diese geschlechtsspezifischen Unterschiede auch die Erziehung maßgeblich ist. Gewalthandlungen von Mädchen werden von den Eltern erheblich deutlicher abgelehnt als solche von Jungen. Ferner werden Mädchen stärker zu einer konstruktiven Konfliktregulierung angeleitet. Schließlich wird im Vergleich der verschiedenen ethnischen Gruppen deutlich, dass die Geschlechtsunterschiede der Jugendgewalt bei denen besonders krass ausfallen, deren Kultur von männlicher Dominanz geprägt ist.

7. Das Risiko der Entstehung von Jugendgewalt erhöht sich drastisch, wenn mindestens zwei der folgenden drei Faktoren zusammentreffen:
a) die Erfahrung innerfamiliärer Gewalt,
b) gravierende soziale Benachteiligung der Familie,
c) schlechte Zukunftschancen des Jugendlichen selbst aufgrund eines niedrigen Bildungsniveaus.

Von den einheimischen deutschen Jugendlichen wachsen 48,3 Prozent in der privilegierten Situation auf, dass sie von keinem dieser drei Merkmale betroffen sind, das heißt, sie besuchen mindestens die Realschule, ihre Eltern sind weder Sozialhilfeempfänger noch arbeitslos und sie sind von innerfamiliärer Gewalt verschont geblieben. Das andere Extrem stellen die türkischen Jugendlichen dar, von denen nur 14,4 Prozent unter derart privilegierten Bedingungen aufwachsen.
Diese ungleichen Ausgangsvoraussetzungen ha-

ben auf das Gewaltverhalten der Jugendlichen erhebliche Auswirkungen. Unterprivilegierte Jugendliche, das heißt solche, die mindestens zwei der beschriebenen Belastungsmerkmale erfüllen, haben im Jahr 1997 im Vergleich zu Jugendlichen, die privilegiert aufwachsen, drei- bis viermal so oft andere Jugendliche erpresst, beraubt oder mit Waffen bedroht. Angesichts dieser Befunde überrascht es nicht, dass sowohl nach den Angaben der Täter wie der Opfer beträchtliche Unterschiede zur Jugendgewaltrate der verschiedenen ethnischen Gruppen auftreten. Am höchsten sind die türkischen Jugendlichen und solche aus dem ehemaligen Jugoslawien belastet, am niedrigsten die einheimischen Deutschen.

8. Junge Menschen, die Opfer innerfamiliärer Gewalt waren, schließen sich signifikant häufiger in Gewalt befürwortenden Gleichaltrigengruppen zusammen. Auf Jugendliche aus solchen devianten Gruppen entfällt der überwiegende Anteil der Jugendgewalt. Die Mitgliedschaft in devianzgeneigten Cliquen hat zusätzlich zu den innerfamiliären Gewalterfahrungen einen das Risiko aktiver Gewalttätigkeit steigernden Effekt.

In unserer Dunkelfeldbefragung wurden die Jugendlichen nach den Aktivitäten ihrer Cliquen in vier Gruppen eingeteilt: Fast die Hälfte der Jugendlichen waren nicht in einer festen Clique, 16,3 Prozent waren in einer Gruppe, die kaum Normen übertreten. 24,2 Prozent waren Cliquen, die wir als die „normalen" bezeichnen. Sie übertreten gelegentlich Normen, aber sie prügeln sich kaum mit anderen Gruppen. In Gruppen, die oft Gewalt praktizieren und gehäuft mit anderen Gruppen verfeindet sind, finden sich 10,6 Prozent aller Jugendlichen. Von dieser letzteren Gruppe werden 57,3 Prozent aller von den befragten Schülerinnen und Schülern für 1997 berichteten Gewalthandlungen begangen. Von den männlichen Jugendlichen, die in ihrer Kindheit häufiger von den Eltern misshandelt wurden, finden sich 27,6 Prozent in solchen „devianten Cliquen". Die Jugendlichen haben insgesamt die Tendenz, sich gerade solchen Gruppen, Gleichaltrigen anzuschließen, deren Normen zu Gewalt und deren Gewaltverhalten mit ihren Kindheitserfahrungen sowie den elterlichen Einstellungen in Einklang stehen. Das heißt, auch in den Cliquen reproduziert sich ein in der Familie angelegtes biografisches Muster.

> **1** Erarbeiten Sie die 8 Thesen und ihre Erläuterungen.
> Verfahrensvorschlag: Die Hälfte des Kurses übernimmt die Thesen 1–4, die andere Hälfte die Thesen 5–8.
> **2** Welche Bezüge zu den Erklärungstheorien von Nolting (Kap. 2.2) und Heitmeyer (Kap. 2.3) lassen sich herstellen?
> **3** Versuchen Sie aus den 8 Thesen Maßnahmen zur Gewaltprävention abzuleiten.

3.2 Familienerziehung und Aggression: Gewalttätiges Verhalten Jugendlicher – eine „klare" Reaktion auf „unklare" Erziehung?

Dieses Kapitel beschäftigt sich mit der Frage, wie sich unterschiedliche elterliche Erziehungsstile darauf auswirken, ob Jugendliche sich gewalttätig verhalten oder nicht. Dabei werden vor allem drei Aspekte des Erziehungsverhaltens und ihre unterschiedlichen Kombinationen betrachtet:
- die Konsistenz/Inkonsistenz des Elternverhaltens,
- die Strenge der Erziehung,
- die Dominanz von Mutter oder Vater in der Familie.

Zusätzlich werden diese Bereiche noch zu der emotionalen Unterstützung durch die Familie in Beziehung gesetzt.

Inkonsistentes Elternverhalten: „Was du auch tust, es ist nicht das, was wir von dir wollen!"

Unter inkonsistentem Elternverhalten verstehen wir zum einen einen Erziehungsstil, bei dem keine Kontingenz, also kein Zusammenhang zwischen dem Verhalten des Kindes und dem Verhalten der Eltern besteht: Wenn das Kind mehrfach das gleiche Verhalten zeigt, reagieren die Eltern nicht gleich, sondern unterschiedlich. So wird das Kind z. B. einmal für eine Regelübertretung bestraft, ein anderes Mal wird sie ignoriert. Wenn das Kind unterschiedliche Verhaltensweisen ausprobiert, reagieren die Eltern darauf nicht unterschiedlich, sondern gleich, z. B. wird das Kind aggressiv behandelt, egal, wie es sich verhält. Das Kind kann keinen Zusammenhang zwischen seinem eigenen Verhalten und den Reaktionen der Eltern herstellen, es erlebt Belohnungen und Bestrafungen als unvorhersagbar und unkontrollierbar.

Eine zweite Form inkonsistenten Erziehungsverhaltens besteht darin, dass die Inkonsistenz oder Widersprüchlichkeit im Elternverhalten nicht im zeitlichen Nacheinander, sondern gleichzeitig auftritt: Entweder sendet ein Elternteil in sich widersprüchliche Botschaften oder beide Eltern sind sich uneinig, indem jeweils ein Elternteil die Forderungen des anderen zunichte macht, sodass das Kind, egal was es tut, immer einem der beiden Eltern ungehorsam wird. […]

Erlernte Hilflosigkeit:
„Was ich auch tue, es ist zwecklos"

Seligman […] beobachtete […] bei Tieren und Menschen, die zuvor unangenehmen Reizen ausgesetzt waren, auf die sie keinerlei Einfluß hatten, ein erstaunliches Phänomen: Auch in nachfolgenden Versuchsanordnungen, bei denen durchaus einflussmöglichkeiten bestanden, waren diese Individuen nicht in der Lage, diese zu erkennen und zu nutzen. […] Seligman bezeichnete dieses Phänomen als „erlernte Hilflosigkeit".

Der Grundstein seiner Theorie besteht in der Annahme, dass Individuen lernen, dass eine Konsequenz von ihren eigenen willentlichen Reaktionen unabhängig ist, dass Reagieren also zwecklos ist. Entscheidend ist dabei der Aufbau einer subjektiven Unkontrollierbarkeits-Erwartung durch das Individuum, nicht die tatsächliche Kontingenz. Bei menschlichen Versuchsteilnehmern genügt es beispielsweise ihnen zu sagen, dass sie den Lärm nicht per Knopfdruck abstellen können, um sie hilflos zu machen: Selbst wenn sie ihn in Wirklichkeit abstellen könnten, probieren sie es nicht mehr aus und zeigen auch in späteren Versuchsanordnungen Passivität. […]

Was hat nun diese Theorie der erlernten Hilflosigkeit mit inkonsistentem Elternverhalten und gewalttätigem Verhalten Jugendlicher zu tun? Wenn, wie oben beschrieben, keine Kontingenz zwischen dem Verhalten des Kindes und dem Verhalten der Eltern besteht, das Kind also durch seine Reaktionen keinen Einfluss auf mögliche Konsequenzen seitens der Eltern nehmen kann, lernt das Kind, dass es zwecklos ist sein eigenes Verhalten an dem Verhalten der Eltern auszurichten. Wenn das Kind beispielsweise für einen Elternteil ein Objekt ist, um seine Aggressionen abzureagieren, und je nach Stimmung des Elternteils verprügelt oder anderweitig bestraft wird, unabhängig davon, ob es sich an die Ge- und Verbote der Eltern gehalten hat, wird es für das Kind sinnlos sich danach zu richten.

Double bind: „Tu nicht, was du tun sollst!"

Eine typische Form des double bind besteht […] in Diskrepanzen zwischen der verbalen Mitteilung und den sie begleitenden nonverbalen Signalen, z. B. wenn eine positive Aussage durch einen feindseligen Gesichtsausdruck disqualifiziert wird. Auf Erziehungsverhalten bezogen ist hier ein typisches Muster, dass das Kind verbal für eine Regelübertretung gerügt wird, während der Elternteil gleichzeitig nonverbal durch Schmunzeln etc. zeigt, dass das Verhalten gleichzeitig auch gutgeheißen wird, beispielsweise weil das „schwierige Kind" mit seinem Verhalten in der Familie eine wichtige Funktion erfüllt. […] Eine weitere Form des double bind sind Varianten der „Sei spontan!"-Paradoxie, also Aufforderungen, die prinzipiell nicht erfüllbar sind, weil es sich um Spontanverhalten handelt, das bereits durch die Aufforderung gestört wird. Beispiele dafür sind Anweisungen wie „Du solltest mich lieben" oder „Du solltest selbstständiger sein", die neben der unbefolgbaren Aufforderung auch noch den versteckten Vorwurf enthalten, dass der Adressat eben das Geforderte von sich aus noch nicht tut. […] Bezeichnend ist, dass solche doppelbindende Kommunikation für den Empfänger keine Informationen enthält, wie er sich zu verhalten hat; klare Unterschiede verschwimmen.

Gespaltene Beziehungsfalle: „Gehorche mir und nicht dem anderen Elternteil!"

Der Begriff des „double bind" wurde als „Beziehungsfalle" ins Deutsche übersetzt (Simon/Stierlin 1984). Eine besondere Form dieses Kommunikationsstils, die „gespaltene Beziehungsfalle", beschreibt Schweitzer (1987) als charakteristisches Muster in den Familien dissozialer Jugendlicher. Es zeichnet sich dadurch aus, dass die Eltern sich in ihren Handlungsanweisungen an das Kind nicht einig sind, sondern widersprüchliche Aufforderungen geben. Ein Elternteil macht die Botschaften des anderen zunichte. So wird das Kind, egal wie es sich verhält, immer einem der beiden Eltern ungehorsam und muss mit Sanktionen rechnen. Die beiden Seiten der „Inkonsistenz" oder Ambivalenz im Erziehungsverhalten, die Doppelbotschaft des double bind werden hier nicht im zeitlichen Nacheinander oder gleichzeitig von derselben Elternperson ausgedrückt, sondern interaktional zwischen beiden Eltern aufgespannt. Jugendliche, die mit diesem Dilemma konfrontiert sind, versuchen häufig es durch „aus dem Felde gehen" zu lösen, z.B. indem sie von zu Hause weglaufen oder sich hauptsächlich auf der Straße aufhalten. Auch gewalttätiges Verhalten kann eine Lösung sein, da es die Chance bietet von beiden Eltern als so massive Regelverletzung angesehen zu werden, dass es für den Jugendlichen möglich ist seine zerstrittenen Eltern damit gemeinsam gegen sich aufzubringen und somit zu einen. Gewalttätiges Verhalten Jugendlicher kann somit eine „Beziehungsarbeit" an der zu scheitern drohenden Ehe der Eltern darstellen.

(Aus: Birgit Collmann, in: Heitmeyer u.a. S. 315–319)

Empirische Ergebnisse

a) Einfluss von Inkonsistenz und Strenge kombiniert (Mädchen Ost)

Anteil der Jugendlichen mit gewalttätigem Verhalten

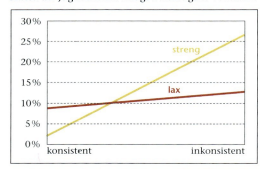

b) Einfluss von Inkonsistenz und Strenge kombiniert (Jungen Ost)

Anteil der Jugendlichen mit gewalttätigem Verhalten

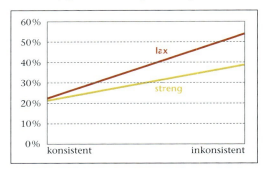

c) Einfluss von Inkonsistenz und Strenge kombiniert (Mädchen West)

Anteil der Jugendlichen mit gewalttätigem Verhalten

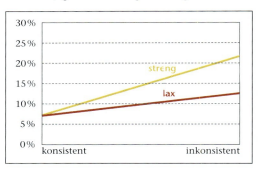

d) Einfluss von Inkonsistenz und Strenge kombiniert (Jungen West)

Anteil der Jugendlichen mit gewalttätigem Verhalten

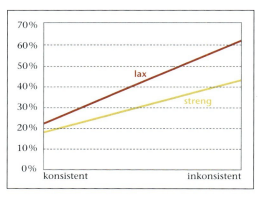

Wird die Dominanz von Mutter, Vater oder keinem Elternteil noch einmal in Kombination mit den beiden bereits behandelten Aspekten des Erziehungsstils betrachtet, so ergibt sich ein recht komplexes Bild. Exemplarisch gibt Tabelle 1 für die männlichen Jugendlichen im Osten an, wie viel Prozent der jeweiligen Gruppe im letzten Jahr Gewalt gegen Menschen ausgeübt hat:
Die Tabelle 1 zeigt beeindruckende Unterschiede zwischen den verschiedenen Erziehungsstil-Kombinationen: Die Rate der Jugendlichen in Ostdeutschland, die sich gewalttätig verhalten haben, reicht von 10% in der Gruppe der streng und konsistent erzogenen, die keinen Elternteil als dominant empfinden, bis zu 70% in der Gruppe der lax und inkonsistent erzogenen bei Dominanz des Vaters.

(Birgit Collmann, in: Heitmeyer u. a., S. 328)

Fazit

Die Befunde zum Einfluss verschiedener Aspekte des Erziehungsstils auf Gewalteinstellungen und Gewalttätigkeit von Jugendlichen lassen sich wie folgt zusammenfassen: Jugendliche, die beide Eltern in der Familienhierarchie als gleichgestellt sehen, weisen niedrigere Gewaltwerte auf als diejenigen, die einen Elternteil als dem anderen gegenüber dominant erleben. Das wohl interessanteste Ergebnis ist die ambivalente Wirkungsweise von Strenge: Auf Jungen hat die von ihnen wahrgenommene Strenge hinsichtlich Gewaltprophylaxe generell einen positiven Einfluss, bei Mädchen wirkt sie sich jedoch dann negativ aus, wenn sie zusammen mit einem inkonsistenten Erziehungsstil auftritt. Den stärksten Effekt der drei betrachteten Aspekte des Erziehungsstils im Hinblick auf hohe Gewaltwerte hat ein inkonsistenter Erziehungsstil. Besonders zwischen Strenge und Inkonsistenz treten auch Wechselwirkungen auf. Unsere Daten deuten darauf hin, dass zur Prävention von Gewalt befürwortenden Einstellungen und gewalttätigen Verhaltensweisen von Jugendlichen ein Erziehungsstil optimal wäre, bei dem *die Eltern konsistente, klare Forderungen im Hinblick auf Regeleinhaltung stellen und mit Strenge durchsetzen, während sie gleichzeitig die notwendige emotionale Unterstützung für ihre Kinder bieten und ihnen in ihrer Beziehung untereinander ein demokratisches Modell vorleben.*

(Birgit Collmann, in: Heitmeyer u. a., S. 330f.)

1 Erklären Sie mit eigenen Worten:
- Was bedeutet „erlernte Hilflosigkeit"?
- Welcher Zusammenhang besteht zwischen dieser Theorie und Gewalttätigkeit?
- Was bedeutet der Satz: „Tu nicht, was du tun sollst!"?
- Finden Sie weitere Beispiele für Double binds.
- Wie sollten sich Eltern verhalten, die sich in bestimmten Erziehungssituationen oder -fragen nicht einig sind, um „gespaltene Erziehungsfallen" zu verhindern?

2 Welche Informationen lassen sich den Grafiken (S. 52) entnehmen? Formulieren Sie in kurzen Sätzen.
Hilfen für die Auswertung:
- Welches Erziehungsverhalten führt zu den niedrigsten/höchsten Gewalttätigkeitsraten?
- Welche geschlechtsspezifischen Unterschiede lassen sich erkennen?
- Welche Dimension des Erzieherverhaltens wirkt sich am stärksten aus?

3 Welche Informationen lassen sich der Tabelle 1 entnehmen?

4 Vergleichen Sie das Fazit mit den Ergebnissen Ihrer Arbeit an den Grafiken.

Tabelle 1: Jugendliche, die sich gewalttätig verhalten haben			
Erziehung	keiner dominant	Mutter dominant	Vater dominant
lax + konsistent	20%	21%	32%
streng + konsistent	10%	44%	23%
lax + inkonsistent	50%	57%	70%
streng + inkonsistent	11%	25%	59%

3.3 Gleichaltrigengruppe und Aggression

Die Clique als Teil jugendlicher Lebensformen

Dass Freundschaftsgruppen einen großen Stellenwert im Lebenszusammenhang Heranwachsender haben, kommt deutlich genug in den Befunden der vorliegenden Untersuchung zum Ausdruck. Dies gilt für die Jugendlichen in den alten und auch in den neuen Bundesländern. 71% der Jugendlichen aus dem Westen und 62% der Ost-Jugendlichen wissen sich einer Freundesgruppe zugehörig. Wenn auch nicht so deutlich wie zu erwarten, so sind es doch überwiegend männliche Jugendliche, die einer Clique angehören (vgl. Tabelle 2, S. 54)

Die Freizeitgruppen Jugendlicher in Ost und West sind von ihrer Geschlechterstruktur überwiegend heterogen zusammengesetzt und von daher keineswegs als eine Domäne der männlichen Jugendlichen anzusehen. Annähernd 82% der Jugendlichen in Ost- und Westdeutschland, die einer Clique angehören, gaben an, dass sich in ihrer Freizeitgruppe Mädchen und Jungen treffen. [...]

Die erhobenen Befunde legen nahe, dass wir nur in bedingtem Maße auf die Abhängigkeit der Gruppenzugehörigkeit von Alter und Bildung und überhaupt nicht auf eine Abhängigkeit von der sozialen Herkunft schließen können. Dieses Ergebnis deutet darauf hin, dass sich soziale Herkunftsbedingungen und Cliquenzugehörigkeit zunehmend entkoppeln. Weiterhin zeigt sich keinerlei Zusammenhang zwischen dem Ausmaß an Desintegration und Verunsicherung der Jugendlichen einerseits und Cliquenzugehörigkeit andererseits. Dies alles deutet darauf hin, dass die Clique ein Teil jugendlicher Lebensformen schlechthin ist. Die überwiegende Mehrheit der Jugendlichen in den alten und neuen Bundesländern leben in Cliquenbeziehungen, die nicht als Konkurrenz zu den familiären Beziehungen gesehen werden, sondern einen gleichberechtigten Platz im Beziehungsgeflecht der Jugendlichen einnehmen.

Der Zusammenhang zwischen Cliquenmitgliedschaft und Gewaltbereitschaft

Die in den Tabellen 3 und 4 wiedergegebenen Befunde zeigen deutlich, dass der Unterschied zwischen dem Agieren in Gruppen- und Nicht-Gruppen-Zusammenhängen bei allen untersuchten Gewaltformen eine Bedeutung für deren Erklärung hat.
Sowohl in den alten als auch in den neuen Bundesländern finden sich unter den männlichen Gruppenmitgliedern signifikant mehr gewalttätige Jugendliche als unter den männlichen Jugendlichen, die keiner Clique angehören. Bei den Mädchen und jungen Frauen zeigt sich demgegenüber kein Zusammenhang zwischen Gewalthandlungen und Gruppenzugehörigkeit.

Renate Möller, Wolfgang Kühnel, Ingo Matuschek, in: Heitmeyer u.a., S. 384 ff.)

Wie lassen sich diese geschlechtsspezifischen Unterschiede beim Zusammenhang von Cliquenzugehörigkeit und Gewaltbereitschaft erklären?
Die Antwort der Autoren lautet: Die Gruppen weisen unterschiedliche Charakteristika und Strukturen auf.

Tabelle 2: Zugehörigkeit zu einer Freundschaftsgruppe						
	Jugendliche in den alten Bundesländern			Jugendliche in den neuen Bundesländern		
	männlich	weiblich	gesamt	männlich	weiblich	gesamt
wir treffen uns oft	77,4%	65,6%	71,3%	66,7%	57,9%	62,1%
keinem Freundeskreis zugehörig	22,6%	34,5%	28,7%	33,3%	42,1%	37,9%

Der Zusammenhang von Cliquencharakteristika und Gewaltbereitschaft

Es zeigt sich, dass männliche und weibliche Befragte das Ausmaß an Konformitätsdruck und Gruppenhierarchie in ihren Cliquen unterschiedlich beurteilen.

Unter dem Begriff Gruppenkonformität lassen sich zwei Aspekte subsumieren: Einerseits Konformität, die auf Abwehr zielt, d.h. Kritik innerhalb und an der Gruppe wird von den Gruppenmitgliedern nicht akzeptiert, andererseits Konformität, die auf Identifikation zielt, d.h. zwischen den Gruppenmitgliedern soll eine Atmosphäre der Gleichheit aufgebaut werden. Beiden Aspekten wird signifikant häufiger von männlichen Jugendlichen bei der Beschreibung ihrer Gruppen zugestimmt als von weiblichen Jugendlichen.

Ebenfalls charakteristisch für die Cliquen der männlichen Befragten sind nicht diskursive Interaktionsformen. Männliche Cliquenmitglieder stimmen signifikant häufiger als weibliche Cliquenmitglieder dem Item zu, Diskussionen würden die Gemeinschaft stören.

Zur Hierarchie innerhalb der Gruppen bleibt zu

Tabelle 3: Gewalttätigkeiten bei Jugendlichen in den alten Bundesländern

	männliche Jugendliche		weibliche Jugendliche	
	Clique (n = 598)	keine Clique (n = 171)	Clique (n = 534)	keine Clique (n = 284)
Körperverletzung	28,9 %	18,2 %	6,3 %	8,1 %
Sachbeschädigung	16,8 %	9,9 %	5,2 %	3,5 %
Drohung	12,8 %	6,5 %	4,3 %	4,6 %
Raub	11,2 %	8,8 %	4,7 %	4,6 %
Erniedrigung von Fremden	13,2 %	7,0 %	4,9 %	4,9 %
Körperverletzung von Fremden	15,1 %	4,1 %	2,4 %	1,4 %

Tabelle 4: Gewalttätigkeiten bei Jugendlichen in den neuen Bundesländern

	männliche Jugendliche		weibliche Jugendliche	
	Clique (n = 466)	keine Clique (n = 240)	Clique (n = 474)	keine Clique (n = 344)
Körperverletzung	31,7 %	18,7 %	8,0 %	5,8 %
Sachbeschädigung	20,3 %	6,7 %	4,9 %	2,9 %
Drohung	15,5 %	8,0 %	4,0 %	4,7 %
Raub	15,3 %	6,7 %	4,9 %	3,5 %
Erniedrigung von Fremden	17,1 %	6,6 %	3,4 %	1,2 %
Körperverletzung von Fremden	21,8 %	7,9 %	4,0 %	0,9 %

Zerstörung aus Langeweile? (Foto: Klaus Becker, Frankfurt)

sagen, dass sich in den neuen Bundesländern deutliche Unterschiede zwischen den Einschätzungen männlicher und weiblicher Gruppenmitglieder finden, während in den alten Bundesländern nur wenig mehr junge Männer als junge Frauen ihre Clique als hierarchisch beschreiben. Eine weitere Differenz zwischen männlichen und weiblichen Gruppenmitgliedern markiert das emotionale Engagement in der und für die Gruppe. Weiblichen Jugendlichen ist der emotionale Rückhalt in der Gruppe wichtiger als männlichen Jugendlichen und sie finden auch mehr emotionale Unterstützung in ihren Gruppen als die männlichen Befragten.

Diese Ergebnisse deuten an, dass deutlich mehr junge Männer als junge Frauen ihre Freizeit in Gruppierungen verbringen, die durch Konformitätsdruck, eine hierarchische Ordnung und nicht diskursive Kommunikationsformen gekennzeichnet sind. Gleichzeitig erfahren die jungen Männer geringeren emotionalen Rückhalt in ihren Freundesgruppen und halten diese Unterstützung für weniger wichtig als junge Frauen. Verkürzt könnte man sagen, dass bei überdurchschnittlich vielen jungen Männern Gruppenzusammenhalt über Konformität generiert wird, während bei den jungen Frauen Aspekte der emotionalen Integration eine größere Rolle für den Gruppenzusammenhalt spielen. [...]

Es zeigt sich, dass Jugendliche, die untereinander, also innerhalb ihrer Clique gewaltförmig kommunizieren, signifikant häufiger an Gewalthandlungen beteiligt sind als Jugendliche, die innerhalb ihrer Gruppe keine Gewalterfahrungen gemacht haben. „Schlagen" und „Geschlagen werden" werden damit für einige Jugendliche zu normalen Interaktionserfahrungen, da sie nicht nur Mittel in Auseinandersetzungen mit so genannten „Feinden" sind, sondern auch Gruppenmitgliedern gegenüber eingesetzt werden.

Vor diesem Hintergrund kommt auch einem Gruppenklima, in dem Diskussionen, also die verbale Auseinandersetzung als störend empfunden werden, eine gewaltfördernde Wirkung zu. Stehen den Jugendlichen keine auf Symbolik und Rhetorik beruhenden Problemlösungsstrategien zur Verfügung, dann werden sie in Konfliktsituationen auf die ihnen vertrauten physischen Auseinandersetzungsformen zurückgreifen.

(Renate Müller, Wolfgang Kühnel, Ingo Matuschek, in: Wilhelm Heitmeyer u. a., S. 345 f.)

Tabelle 5a: Alte Bundesländer
Männliche Jugendliche, die innerhalb der Gruppe mit Gewalttaten konfrontiert wurden

		Gewalthandlungen gegenüber Gruppenmitgliedern begangen		von Gruppenmitgliedern erniedrigt worden	
		ja	nein	ja	nein
„allgemeine" Gewalttaten begangen	ja (120)	42,2%	57,8%	50,6%	49,4%
	nein (448)	20,7%	79,3%	29,7%	70,3%
„fremdenfeindliche" Gewalttaten begangen	ja (237)	50,0%	50,0%	55,0%	45,0%
	nein (333)	24,3%	75,7%	33,9%	66,1%

Tabelle 5b: Neue Bundesländer
Männliche Jugendliche, die innerhalb der Gruppe mit Gewalttaten konfrontiert wurden

		Gewalthandlungen gegenüber Gruppenmitgliedern begangen		von Gruppenmitgliedern erniedrigt worden	
		ja	nein	ja	nein
„allgemeine" Gewalttaten begangen	ja (120)	43,0%	57,0%	36,0%	64,0%
	nein (448)	12,9%	87,1%	22,7%	77,3%
„fremdenfeindliche" Gewalttaten begangen	ja (237)	45,5%	54,5%	39,2%	60,8%
	nein (333)	18,1%	81,9%	24,0%	76,0%

1 Ermitteln Sie in Ihrem Kurs entsprechend der Tabelle 2 „Zugehörigkeit zu einer Freundschaftsgruppe" die für Ihren Kurs geltenden Werte.

2 Vergleichen Sie Ihre Ergebnisse mit denen der Tabelle 1.

3 Nehmen Sie an einem Tabellenquiz zu den Tabellen 3 und 4 teil:
- Wie viele (Anzahl, nicht Prozentsatz!) männliche Jugendliche in den alten Bundesländern, die keiner Clique angehören, haben in den letzten 12 Monaten einmal jemanden beraubt?
- Wie viele Jugendliche insgesamt in den neuen Bundesländern, die keiner Clique angehören, haben eine Körperverletzung begangen?

4 Stellen und beantworten Sie weitere Fragen nach diesem Muster, um das Verständnis der Tabelle sicherzustellen.

5 Listen Sie auf, worin die Unterschiede in der Beschreibung ihrer Clique bei Jungen und Mädchen liegen.

6 Besprechen Sie abschließend die Bedeutung der Clique in Ihrem eigenen Alltag. Mögliche Aspekte dazu:
- Gehen Sie davon aus, dass Sie von Ihrer Clique in Ihren Einstellungen/Normen beeinflusst werden (z. B. im Hinblick auf die Einstellung zu Gewalt, Schule, …)?
- Welche Bedeutung hat die Clique für Sie im Vergleich zur Familie?
- Hat sich die Bedeutung der Clique für Sie in den letzten Jahren verändert?

3.4 Die geschlechtsspezifische Sichtweise von Gewalt – empirische Ergebnisse

3.4.1 Einleitung

Das Geschlecht einer Person ist die erste und wichtigste Kategorie bei der Wahrnehmung von Personen [..].
Die Wahrnehmung einer Person als männlich oder weiblich führt zu unterschiedlichen Erwartungen an das Verhalten und Bewertungen des Verhaltens einer Person. Diese Erwartungen und Bewertungen sind in Geschlechtsrollenstereotypen manifestiert. So gelten verschiedene Eigenschaften und Verhaltensweisen als eher männlich bzw. weiblich und werden für das jeweils andere Geschlecht als unangebracht erachtet. Jedoch existieren nicht für alle Eigenschaften und Verhaltensweisen gleichermaßen starke Zuweisungen zu den Geschlechtern. Verhaltensweisen, die nicht zum einem der Geschlechtsrollenstereotype gehören, sind demnach neutrale Eigenschaften.
Für unsere Themenstellung ist die Geschlechterkategorie von besonderer Bedeutung, da unser zentraler Untersuchungsgegenstand, gewalttätiges Verhalten, eindeutig eine Nähe zum männlichen Geschlechtsrollenstereotyp aufweist. So wird die Ausübung von Gewalt bei Jungen und Mädchen unterschiedlich bewertet und hat in Folge auch als Verhalten zur Durchsetzung eigener Interessen sowie als Form expressiven Ausdrucks eine unterschiedliche Bedeutung für Frauen und Männer.
Gewalttätiges Verhalten ist gesellschaftlich unerwünscht und wird sanktioniert. Es spielt dennoch im männlichen Sozialisationsprozess eine wichtige Rolle. So gehören körperliche Auseinandersetzungen, wenn auch in der spielerischen Form von Prügeleien, zum „normalen" Verhaltensrepertoire heranwachsender Jungen, während es für Mädchen eher die Ausnahme bildet. Im Vergleich zu Mädchen lernen Jungen körperliche Auseinandersetzungen, sodass sie potenziell dazu in der Lage sind, Gewalt auszuüben.
Bereits im Grundschulalter lernen sie Risikoerfahrungen und Verletzungen mit dem eigenen Körper einzugehen, die oftmals in Banden erprobt werden […]

(Jutta Konrads, Renate Möller, in: Heitmeyer u. a., S. 265)

Jungen können in Jugendgruppen und Banden durch gewalttätiges Verhalten ihre „Männlichkeit" unter Beweis stellen und erhalten so soziale Anerkennung. Trotz der gesellschaftlichen Sanktionierung gewalttätigen Verhaltens ist es innerhalb bestimmter Subgruppen für Jungen anerkannt. Für Mädchen und Frauen ist dies gerade in gemischtgeschlechtlichen Gruppen nicht im gleichen Ausmaß der Fall. Sie handeln dem weiblichen Geschlechtsrollenstereotyp entgegen, wenn sie Gewalt ausüben, und berauben gleichzeitig männliche Jugendliche der Möglichkeit, „Männlichkeit" durch gewalttätiges Durchsetzungsvermögen zu beweisen. Ausdruck dieser Bedrohung und der mangelnden Fähigkeit, Frauen gleichzeitig als weiblich und stark wahrnehmen zu können, ist die Reduzierung und Disqualifizierung einzelner Frauen, die auch männliche Verhaltensweisen sichtbar werden lassen, auf „Mann-Weiber", mit der Bedeutung, dass es sich eigentlich nicht eindeutig um Frauen handelt. […]

(Jutta Konrads, Renate Möller, in: Heitmeyer u. a., S. 266)

1 Erklären Sie den Begriff „Geschlechtsrollenstereotyp".
2 Eher männlich – eher weiblich oder neutral? Ordnen Sie folgende Eigenschaften und Verhaltensweisen zu:
- durchsetzungsfähig
- passiv
- sensibel
- tolerant
- ängstlich
- geduldig
- intelligent

3 Vergleichen Sie Ihre Ergebnisse. Stellen Sie Vermutungen an über die Ursachen der Zuordnungsunterschiede, aber auch der Gemeinsamkeiten.
4 In Kapitel 6.1 finden Sie die Übung „Schildkröte-Maus-King-Kong. Diese Übung lässt sich auch unter geschlechtsspezifischer Fragestellung durchführen.

3.4.2 Frauen und Individualisierung

Die Auswirkungen von Individualisierung auf die Lebenswelten Jugendlicher haben wir als wichtigen Eckpfeiler für die Erklärung gewalttätigen Verhaltens von Jugendlichen beschrieben. Bei weiblichen Jugendlichen trifft die gesellschaftliche Individualisierung auf andere Lebenswelten und Voraussetzungen als bei männlichen Jugendlichen.
(Jutta Conrads, Renate Möller, in: Heitmeyer u. a., S. 266)

Was aber kennzeichnet die spezifisch weibliche Lebenssituation in einer individualisierten Gesellschaft und welche Hindernisse und Schwierigkeiten sind damit verbunden?
Die entscheidende Veränderung in der Lebenssituation von Frauen in den letzten drei Jahrzehnten liegt in der Öffnung des Bildungsbereichs für Mädchen und der damit einhergehenden Öffnung des Produktionsbereichs für Mädchen und Frauen. Die Aufnahme einer Berufstätigkeit ist für Frauen zur Selbstverständlichkeit geworden. Diese Veränderung bringt sowohl Schattenseiten als auch Sonnenseiten mit sich. Durch die Freisetzung aus ihrer traditionellen Frauen- und Mutterrolle entsteht erstmals ein Stück selbstbestimmtes eigenes Leben für Frauen [...]. Die durch eigene Erwerbsarbeit erzielte finanzielle Unabhängigkeit von ihrer Herkunftsfamilie und ihrem Ehepartner ermöglicht es Frauen, eigene Lebensentwürfe zu realisieren.

Frauen zwischen Beruf und Familie (zwischen Produktions- und Reproduktionsbereich)

Diese Vielzahl potentieller Freiheiten bei der Gestaltung des eigenen Lebenslaufes wird jedoch durch den Fortbestand von Diskriminierungen im Erwerbsarbeitsbereich begrenzt. Dort sind sie keineswegs mit ihren männlichen Kollegen gleichgestellt. Sie begegnen größeren Restriktionen beim Eintritt in Berufsfelder, und dies trotz gleich guter oder gar besserer Schulabschlüsse als männliche Jugendliche [...]. Diese Benachteiligungen treten vor allem dann hervor, wenn sich die Situation auf dem Arbeitsmarkt verschärft. Eine Folge ist, dass Mädchen und Frauen in sogenannten „Frauenberufen" arbeiten, die immer noch schlechter bezahlt werden als Berufe mit überwiegend männlichen Arbeitnehmern. Teilzeitarbeit, die oft von Frauen gewählt wird, um Erwerbs- und Familienarbeit zu verknüpfen, wird meist nur in Frauenberufen angeboten und geht mit dem Verzicht auf beruflichen Aufstieg einher. Da mit der höheren Bildung von Frauen die Legitimation der Ungleichbehandlung von Frauen und Männern im Erwerbsbereich verschwindet, entsteht bei Frauen ein bewusster Anspruch auf Gleichberechtigung [...]. Die Diskrepanz zwischen diesem Anspruch und der Erfahrung, die Frauen in unserer patriarchalen Gesellschaft machen, muss von ihnen als Verlust empfunden werden.
Die Reproduktion der Schlechterstellung von Frauen im Erwerbsarbeitsbereich ist aber nicht nur Produkt diskriminierender Praktiken von Arbeitgebern und Kollegen, sondern sie ist Folge der männlichen Prägung des Erwerbsarbeitsbereiches. Konkurrenz, Leistung, Mobilität und Autonomie sind wichtige Prinzipien im Erwerbsarbeitsbereich. Diese stehen den „weiblichen" Prinzipien des Reproduktionsbereichs entgegen. Reproduktionsarbeit ist gekennzeichnet durch Sorge für andere und Abhängigkeit. Frauen, die zum überwiegenden Teil in Reproduktionsbereich *und* Produktionsbereich tätig sind, sind oftmals nicht bereit, sich dem „männlichen" Berufsmenschentum [...] unterzuordnen oder anzupassen. So verzichten sie zum Teil auf Karriere, um dem Zwang der Arbeitsmarktdynamik zu Konkurrenz und Mobilität sowie dem Verzicht auf eine Familie zu entgehen.
Beschränkungen für Frauen bei der Realisierung von Lebenschancen entstehen zudem durch die von ihnen geleistete Verknüpfung von Erwerbsarbeit und Reproduktionsarbeit. Diese wird von der Mehrzahl der Frauen gewünscht und stellt zudem eine gesellschaftliche Notwendigkeit dar, ohne die auch die Produktion zusammenbrechen würde. Reproduktionsarbeit wird, trotz ihrer gesellschaftlichen Relevanz, immer noch als Privatsache an Frauen delegiert. Diese gewährleisten die Reproduktionsarbeit durch private, individuelle Regelungen.
Aufgrund der alleinigen Verantwortung für den Reproduktionsbereich, die nicht durch institutionelle Regelungen gesichert oder zumindest

Frau und Beruf

flankiert wird, erfährt der durch Individualisierung entstandene Zuwachs von Freiheiten erhebliche Einschränkungen.

Die freie Gestaltung des Lebenslaufes von Frauen beinhaltet immer die Aufgabe, Familien- und Erwerbsarbeit zu verbinden. Dies geschieht ohne Rollenmodelle, da aufgrund der schnellen Veränderung der weiblichen Normalbiografie die Biografien von Müttern und Töchtern weit auseinanderklaffen.

So streben Frauen individuelle Lösungen an, die von einer nur vorübergehenden Erwerbsarbeit und anschließendem Eintritt in die Hausfrauen- und Mutterrolle, über Teilzeitarbeit bis zu einer ausschließlichen Entscheidung für die Berufstätigkeit reichen. Gerade diese Vielzahl der Lebensformen, in denen Frauen heute leben, erschwert ihre Solidarisierung im Kampf um mehr Gleichheit und um institutionelle Regelungen für frauenspezifische Problemlagen.

Die Verantwortung der Frauen für den Reproduktionsbereich, und oftmals auch nur die unterstellte Verantwortung für den Reproduktionsbereich, macht sie im Erwerbsarbeitsbereich zu nicht gleichberechtigten Kolleginnen. Infolgedessen haben Frauen nur beschränkt Zugang zu Ressourcen, die über Produktionsarbeit vermittelt werden. Gerade finanzielle und materielle Ressourcen erleichtern aber wiederum die Verknüpfung von Reproduktions- und Produktionsbereich und stellen ein wichtiges Mittel dar, um Individualisierungschancen zu nutzen.

Veränderungen im Reproduktionsbereich

Aber nicht nur die Veränderung der Bedeutung des Produktionsbereichs und die Probleme bei der Verbindung von Reproduktions- und Produktionsbereich kennzeichnen die Lebenssituation von Frauen unter Individualisierungsbedingungen. Auch der Reproduktionsbereich selbst ist von Individualisierung betroffen. So ist durch Möglichkeiten der Empfängnisverhütung Familienbildung planbar geworden. Sie wird der Frau zur individuellen Planung übergeben. Diese neue Chance für Frauen wird zunehmend zum Planungszwang, da die Arbeit im Reproduktionsbereich alleine für Frauen keine existentielle Sicherung mehr bietet. Frauen können nicht nur, sie müssen heute auch finanziell unabhängig sein. Dies war in früheren Generationen nicht der Fall.

Die Übernahme von Reproduktionsarbeit durch Männer findet nur in geringem Umfang statt und verringert sich zudem mit der Geburt von Kindern [...]. Der Reproduktionsbereich bietet Männern größtenteils immer noch Regeneration und Erholung. Für Frauen, die die Regeneration ihrer Männer gewährleisten, werden Familie und Partnerschaft dadurch zu einem zweiten Arbeitsplatz. Eine Veränderung dieser Situation obliegt den Frauen durch individuelle Aushandlungen mit ihrem Partner. Teilzeitarbeit, die den Frauen einerseits die gewünschte Verbindung von Reproduktions- und Produktionsarbeit ermöglicht, führt andererseits auch dazu, dass Männer weiterhin von der Übernahme häuslicher Arbeiten entlastet bleiben, und sie zugleich von weiblicher Konkurrenz im Kampf um Aufstiegspositionen befreit werden.

Die Arbeit, die Frauen im Reproduktionsbereich leisten, hat sich zudem verändert. Aufgrund der Auflösung normativer Bindungen können private Lebensform und soziale Netze stärker selbst gestaltet werden [...]. Wo früher die Großfamilie selbstverständlich Unterstützung anbot, wird diese heute durch Freundschaften ersetzt, die aber hergestellt und gepflegt werden müssen. Hierin liegt die Freiheit, Menschen, mit denen man umgehen möchte, selbst auszuwählen. Die Verwirklichung dieser Freiheit bedarf aber auch Fähigkeiten und Anstrengungen. Frauen, die stärker als Männer durch die Freisetzung aus normativen Bindungen profitieren, werden durch diese Freisetzung aber auch besonders gefordert, neue Unterstützungssysteme aufzubauen und aufrechtzuerhalten.

(Jutta Conrads, Renate Möller, in: Heitmeyer u.a., S. 267–269)

1 Nennen Sie die beiden Kennzeichen für die veränderte Lebenssituation von Frauen.

2 Legen Sie eine Liste an:
Vorteile der veränderten Lebenssituation ...
Schwierigkeiten und Hindernisse ...

3 Alternativ zu Aufgabe 2 könnten Sie den Text in einer mind-map zusammenfassen.
Ausgangsbegriff: Frauen und Individualisierung.

3.4.3 Ergebnisse der empirischen Forschung

Die folgenden Ergebnisse orientieren sich an Heitmeyers Konzept: Individualisierung – Desintegration – Verunsicherung – Gewalt (vgl. Kap. 2.3).

Desintegration
Zusammenfassend ergibt der Vergleich der Geschlechter in ihren Desintegrationspotentialen, dass Mädchen aufgrund ihrer größeren Unterstützung durch Freunde zunächst geringer desintegriert erscheinen. Werden sie jedoch mit Störungen in Beziehungssystemen konfrontiert, auf die sie keinen Einfluss haben, so belastet sie dies deutlich stärker als männliche Jugendliche. Desintegrationsgefahren im Ausbildungsbereich empfinden sie gleich belastend wie ihre männlichen Kollegen. Von Schwierigkeiten, einen Ausbildungsplatz zu finden, sind sie nicht signifikant häufiger betroffen. Auch sind Statuserwartungen und der Vergleich ihrer Leistung mit der Leistung von Freunden nicht von denen männlicher Jugendlicher verschieden. Jedoch haben Status und das Ziel, „mehr zu erreichen als Freunde", eine geringere Bedeutung für Mädchen. Dies korrespondiert mit den Ergebnissen zu den Freundschaftsbeziehungen der Geschlechter, die darauf verweisen, dass das Verhältnis von Mädchen zu ihren Freunden nicht durch Konkurrenz, sondern durch gegenseitige Unterstützung geprägt ist. [...]

Diese Unterschiede, die nicht sehr ausgeprägt sind, deuten aber dennoch auf eine höhere Wichtigkeit von Leistung und Status für Männer hin. Vor allem das Verhältnis zu Freunden ist bei männlichen Jugendlichen stärker durch Konkurrenz geprägt als bei weiblichen Jugendlichen. Eine hohe Konkurrenzorientierung ist gerade unter Individualisierungsbedingungen eine wichtige Voraussetzung für beruflichen Erfolg. Wenn Frauen die Chancen der Individualisierung für eine Besserstellung im Erwerbsarbeitsbereich nutzen, so ist damit zu rechnen, dass auch ihre Konkurrenzorientierung zunehmen wird.
In der Sicherheit, den beruflichen Status der Eltern zu erreichen, und dem Vergleich zwischen der eigenen Leistung und der Leistung von Freunden unterscheiden sich die Geschlechter nicht [...].

(Jutta Conrads, Renate Möller, in: Heitmeyer u. a., S. 274)

Verunsicherung
Der Vergleich der Verunsicherung von Frauen und Männern ergibt ein ähnlich uneindeutiges Bild. [...] Betrachtet man jedoch Teilbereiche der Verunsicherung, so wird deutlich, dass die Verunsicherung der Geschlechter sich in unterschiedlichen Bereichen äußert. Während Frauen stärker ausgeprägte manifeste Angst zeigen, äußern Männer mehr Misstrauen gegenüber anderen Personen. [...]
Diese Unterschiede sind insbesondere interessant, da wir [...] gerade für Misstrauen und Kritikabwehr einen starken Zusammenhang zu Gewalteinstellungen und Gewalthandeln nachweisen konnten.

(Jutta Conrads, Renate Möller, in: Heitmeyer u. a., S. 275)

Gewalt
Trotz höherer Integrationserfahrungen in Familie und Freundeskreis zeigen die weiblichen Befragten höhere Verunsicherungswerte als die jungen Männer. Das kann einerseits darüber begründet werden, dass Frauen gerade aufgrund ihrer emotionalen Integration durch belastende Lebensereignisse stärker persönlich betroffen sind. Andererseits kann eine Erklärung jedoch auch auf der strukturellen Ebene ansetzen, da sich für Frauen durch den Prozess der Individualisierung deutlichere Veränderungen des Lebenskontextes und der Lebensperspektiven ergeben. Gerade der gesellschaftliche Aspekt, d. h. die Konfrontation der jungen Frauen mit den diskrepanten Handlungsanforderungen Hausfrau und Mutter versus Vollintegration in das Berufsleben scheint uns eine Ursache für die höheren Verunsicherungswerte der Frauen zu sein, wobei sich ein Gefühl von Überforderung insbesondere in Form von Angst ausdrücken kann. Demgegenüber zeigen Frauen geringere Werte in den aus Konkurrenzmustern erwachsenen Verunsicherungsaspekten wie Misstrauen und Kritikabwehr.
Bleibt also die Frage zu beantworten, ob Frauen aufgrund ihrer höheren Belastung durch Verun-

sicherung gewaltaffinen bzw. Gewalt befürwortenden Einstellungen stärker zustimmen als Männer und ob sie auch auf der Handlungsebene häufiger gewalttätig werden. (Die) Tabelle zeigt, dass zumindest Letzteres offensichtlich nicht zutrifft.

(Jutta Conrads, Renate Möller, in: Heitmeyer u. a., S. 276)

Dieser scheinbare Widerspruch zu der Desintegrations-Verunsicherungs-Gewalt-Hypothese lässt sich auflösen, wenn man neben aggressiven, nach außen gerichteten Gewaltformen auch autoaggressive, nach innen gerichtete Gewaltformen beachtet. […]

Männer vertreten signifikant häufiger Gewalt befürwortende Einstellungen als Frauen. […]

Sucht man nach Gründen für Gewalt befürwortende Einstellungen bei Männern und Frauen, dann erweisen sich die Faktoren Misstrauen, externale Kontrollüberzeugungen, Abwehr von Kritik und Gleichgültigkeit als signifikant. Nur bei männlichen Befragten spielt auch eigene Gewalterfahrung bei der Herausbildung Gewalt befürwortender Einstellungen eine Rolle. Da jedoch auch junge Frauen nicht ohne Gewalterfahrungen aufgewachsen sind, ist zu befürchten, dass Frauen diese Demütigungen in autoaggressiven Formen und selbstschädigendem Verhalten bearbeiten. […]

Konzentrieren wir uns auf die tatsächlich gewalttätig gewordenen jungen Frauen und vergleichen sie bezüglich der Konstrukte Desintegration und Verunsicherung mit den nicht gewalttätigen jungen Frauen.

Als entscheidendes Kriterium für Gewalthandlungen kristallisiert sich die emotionale Unterstützung durch die Familie heraus. Dies gilt für junge Frauen in den alten und in den neuen Bundesländern und wir finden auch beim Vergleich zwischen gewalttätigen und nicht gewalttätigen jungen Männern, dass gewalttätige Jugendliche signifikant schwächer in ihre Familie integriert sind als nicht gewalttätige Jugendliche.

Eine weitere Differenz gewalttätiger gegenüber nicht gewalttätigen jungen Frauen ist ihr mangelndes Selbstwertgefühl. Je ausgeprägter das Selbstwertgefühl der jungen Menschen, umso weniger sind sie zu Gewalthandlungen bereit. Aber gerade in einer Situation erschwerter Arbeitsmarktbedingungen und steigender schulischer Anforderungen wächst die Gefahr, dass die Jugendlichen an sich und ihrer Leistungsfähigkeit zweifeln. Interessant ist, dass beide Einflussfaktoren – Desintegration in der Familie und mangelndes Selbstwertgefühl – bei männlichen und weiblichen Jugendlichen gleichermaßen stark ausgeprägt sind und zwar hoch bei gewalttätigen und niedrig bei nicht gewalttätigen Jugendlichen.

Deutlich geschlechtsspezifischer Natur ist die Differenz im Ausmaß von Angst. Frauen zeigen signifikant höhere Angstwerte als junge Männer. Gleichzeitig leiden gewalttätige und nicht gewalttätige junge Frauen gleichermaßen unter Angst, sodass die Vermutung naheliegt, dass nach außen gerichtete Aggression für Frauen nur eine Option zum Abbau oder zur Verdrängung eigener Ängste ist.

(Jutta Conrads, Renate Möller, in: Heitmeyer u. a., S. 276–278)

Tabelle 6: Prozentsätze der Jugendlichen, die im letzten Jahr gewalttätige Verhaltensweisen ausgeführt haben

	männlich	weiblich	gesamt
Sachbeschädigung	15,5 %	4,8 %	10,0 %
Körperverletzung	15,5 %	9,3 %	12,3 %
Drohung	11,2 %	4,3 %	7,7 %
Raub	11,2 %	4,8 %	7,9 %
Erniedrigung von Fremden	11,9 %	4,8 %	8,3 %
Körperverletzung von Fremden	12,8 %	2,3 %	7,4 %

Cartoon: Wössner/CCC, www.c5.net

1 Stellen Sie in knapp formulierten Thesen die wesentlichen Forschungsergebnisse dar.
2 Formulieren Sie mit eigenen Worten die Ergebnisse aus der Tabelle von S. 62.
3 Nennen Sie „autoaggressive, nach innen gerichtete Gewaltformen".
4 Ziehen Sie zum Vergleich die Thesen von Pfeiffer und Wetzels aus Kapitel 3.1 hinzu.

3.4.4 Ausblick

In einem Zeitschriftenartikel wagte Wilhelm Heitmeyer eine Prognose:

Und auch die geschlechtsspezifischen Differenzen werden sich verändern. Das heißt, dass die Gewalt gegen sich selbst bei Frauen abnehmen und die Gewalt gegen andere durch Frauen zunehmen wird. Zwar kommen die Individualisierungsprozesse vor allem den Frauen zugute, weil Gewalt bisher in den traditionellen weiblichen Sozialisationsgeschichten des Leidens eingekapselt war. Damit wurde auch das Ausagieren gegen andere gebremst und zuförderst gegen sich selbst umgelenkt. […]
Wenn nicht alles täuscht, werden die gegenwärtigen geschlechtsspezifischen Unterscheidungslinien zukünftig durch diese Entwicklung überlagert werden, sodass die ausbleibende Sensibilisierung von Männern durch eine De-Sensibilisierung von Frauen verstärkt werden wird.

(Wilhelm Heitmeyer: Freigesetzte Gewalt. Gewalt als Bearbeitungsform einer neuen Unübersichtlichkeit. In: Pädagogik 6/94, S. 39 f.)

Wie kommt Heitmeyer zu dieser Vermutung? Leiten Sie mögliche Begründungen aus dem Kapitel „Frauen und Individualisierung" her.

3.5 Medien und Aggression – Ergebnisse der Medienwirkungsforschung

Die Wirkung von Gewaltdarstellungen in den Medien ist in den letzten Jahren sehr intensiv untersucht worden.
Es liegen ca. 5000 Studien aus der nationalen und internationalen Wirkungsforschung vor. Die folgenden 3 Texte fassen die Ergebnisse der Studien mit unterschiedlichen Schwerpunkten zusammen.

3.5.1 Ulrich Eicke, Wolfram Eicke: Aggressiv, phantasiearm, träge: Die Medienkinder

„Es stimmt nicht, dass sich die Forschungsergebnisse der letzten Jahrzehnte widersprechen [...] Niemand behauptet noch ernsthaft, Gewaltsendungen gingen spurlos an einem Kind vorbei",
5 bilanziert Medienexperte Jo Groebel den neuesten Erkenntnisstand. Die einzige noch zu diskutierende Frage lautet: *Wie* wirkt Fernsehgewalt?
Fünf Aspekte zeigen, dass Mediengewalt eine ganz neue Dimension erreicht hat und zur Be-
10 drohung geworden ist.
Erstens verfügen schon viele Kinder über eigene Fernsehapparate und Videorecorder, und ihre Zahl erhöht sich täglich. Da gerade Kinder aus Problemfamilien oft und viel alleine fernsehen,
15 hat sich der Mediengewalt und -obszönität eine breite Schneise in die Kinderzimmer geöffnet. Da man mit einem Videorecorder Filme unabhängig vom Sendetermin sehen kann, ist das Jugendschutzgesetz endgültig zur Farce geworden.
Es gibt keinen Fernsehfilm mehr, der Kindern 20 vorenthalten werden könnte. Außerdem ist Video ein starker Multiplikator. Eine einzige Kassette genügt, um ganze Gruppen von jungen Leuten zu versorgen. Da man einzelne Szenen wiederholen und auch verlangsamen oder an- 25 halten kann, übertreffen auch die Betrachtungsintensität und die Eindrucktiefe diejenige des Fernsehens um ein Mehrfaches.
Die gesteigerte Gefährlichkeit von Gewalt- und Horrorvideos ergibt sich zweitens auch aus der 30 Perfektion von Maskenbildnern und Trickspezialisten. Sie finden immer raffiniertere Methoden, um das Zerstückeln von menschlichen Körpern, das Zerplatzen eines Kopfes, das Durchschneiden einer Kehle und spritzendes 35 Blut oder das Herausquellen von Eingeweiden „lebensecht" darzustellen.

Gute Geschäfte mit der Brutalität

„Liberalisierung" des Fernsehens und die Über- 40 tragung des Wettbewerbsprinzips auf die neuen Medien haben *drittens,* eine milliardenschwere „Gewaltindustrie" mit marktwirtschaftlichen Strukturen entstehen lassen.
Viertens muss man sich die inhaltliche Qualität 45 der Videokassetten vor Augen führen. Was die Gewaltindustrie an Schamlosigkeiten, Widerwärtigkeiten und Abscheulichkeiten produziert, ist unglaublich. Die Drehbuchautoren von Horrorfilmen machen sich nicht einmal die Mühe 50 eine sinnvolle Handlung zu erfinden, sondern

(touché, taz vom 11.9.1996)

begnügen sich mit zusammenhanglosen Aneinanderreihungen scheußlichster Folter- und Tötungsszenen. Der Horrorr ereignet sich auf der Straße, im Reihenhaus, in der Schule, in der Kirche, auf dem Campingplatz, im Krankenhaus und auf vielen anderen Schauplätzen des Alltags. So erscheint das Geschehen wirklichkeitsnah und lässt die eigene Lebenswelt als höchst bedrohlich erscheinen.

Die Gewaltindustrie hat fünftens auch auf Video-, Computer- und Telespiele übergegriffen und sich in den letzten drei Jahren einen neuen, rasant wachsenden Milliardenmarkt für Spielgeräte und -kassetten erschlossen. Wiederum zeigt sich, dass eine mächtige Industrie keinerlei Skrupel hat, brutalste Gewalt und Greueltaten zu Konsumartikeln für Kinder und Jugendliche zu machen Die Zahl der Spielprogramme mit Krieg- und Kampfhandlungen wir auf 10 000 geschätzt.
(Psychologie heute, April 1994, S. 24)

> Fassen Sie kurz die fünf Aspekte zusammen, die nach Einschätzung des Autors das Gefährdungspotential der Medien erhöhen.

3.5.2 Ergebnisse der Medienwirkungsforschung nach Bründel/Hurrelmann

Der Medienexperte Michael Kunczik hat 1993 den Stand der Wirkungsforschung zum Thema Gewalt im Fernsehen zusammengefasst. Dabei hat sich herausgestellt, dass kaum ein Bereich nach Zahl der Publikationen so intensiv untersucht worden ist wie die Wirkung von fiktiven Gewaltdarstellungen.

Die Studien konzentrierten sich dabei auf personale Aggression, also die beabsichtigte physische und/oder psychische Schädigung einer Person durch eine andere. [...]

Es besteht Einigkeit darüber, dass im Fernsehen zu viel Gewalt gezeigt wird. Im US-amerikanischen Fernsehen sollen es jährlich etwa 10 000 Morde und 60 000 Mordversuche sein. Die letzte in Deutschland durchgeführte Untersuchung von 1991 kommt zu dem Ergebnis, dass auf den deutschen Fernsehkanälen täglich etwa siebzig Menschen „ermordet" werden. [...]

Übereinstimmung besteht auch darüber, dass es nicht die Häufigkeit der Gewalt ist, die über die zu erwartenden Wirkungen entscheidet, und auch kein mechanischer Zusammenhang zwischen der Fernsehbotschaft und dem Verhalten der Zuschauer besteht. Alle Medienforscher sind sich einig, dass die Auswirkung einer bestimmten Sendung mit Gewaltdarstellungen abhängig ist vom Inhalt (der dramaturgischen Gestaltung, dem Handlungskontext, der Art und Weise der Gewaltdarstellung), der Persönlichkeit des jeweiligen Zuschauers (Alter, Geschlecht, Intelligenz, soziale Position und Integration, Persönlichkeitsmerkmale wie schon vorhandene Aggressivität und Depressivität) und der Situation, in der gesehen wird (allein, mit Freunden, in der Clique, mit Eltern). Um den Einfluss des Fernsehens auf Kinder abschätzen zu können, müssen im Einzelfall die Rahmenbedingungen eruiert und folgende Fragen gestellt werden. Was sehen die Kinder? Wann sehen sie fern? Warum sehen sie fern? Mit wem sehen sie fern? Wie lange sehen sie fern? In welchem Alter sehen sie fern? Was tun sie sonst noch? Wird mit ihnen anschließend darüber gesprochen? Erfahren sie Gewalt in ihrem täglichen Leben?

Und noch einen Konsens gibt es in der Forschung: Gewalttätiges Verhalten in den Unterhaltungssendungen wird in der Regel als normale, alltägliche Verhaltensstrategie gezeigt, auf die alle Charaktere zurückgreifen. Mithilfe illegitimer Mittel (Gewalt) werden als legitim erkannte Ziele (Wohlstand, Macht, Prestige) erreicht. [...] Alle Untersuchungen sind sich darin einig: Gewalt, so wird gezeigt, lohnt sich, Gewalt wird erfolgreich eingesetzt, und Gewalt wird positiv bewertet. In den Medien erfüllen also die meisten Gewaltdarstellungen die Voraussetzungen, um als positives Modell zu wirken.

Dennoch aber gehen an dieser Stelle die Einschätzungen in der Fachliteratur auseinander. Man ist sich uneins über die Wirkungen von Gewalt. Bekanntlich gibt es eine Vielzahl von Hypothesen, wie die Wirkung verlaufen könnte: Es gibt die Katharsisthese, wonach Gewaltdarstellungen Aggressionen beim Zuschauer abbauen; die Inhibitionsthese, wonach Gewaltdarstellungen eher die eigene Aggression aus Angstgefühlen heraus hemmen; die Habitu-

(Karikatur: Nik Ebert)

alisierungsthese, wonach Fernsehgewalt Abstumpfung gegenüber realer Gewalt bewirkt; die Suggestionsthese, wonach Mediengewalt zu Nachahmungstaten führt; die Erregungsthese, wonach Fernsehgewalt die allgemeine emotionale Erregung steigert und damit auch das Aggressionspotential erhöht; die Rechtfertigungsthese, wonach Mediengewalt zur individuellen Legitimierung von Aggression und Verbrechen beiträgt, und viele andere mehr.

Mit der empirischen Forschung zum Beleg der einen oder anderen Hypothese ist es leider nicht weit her. Die Fachdiskussion kommt natürlich nicht weiter, wenn sie auf der Ebene des Schlagabtausches zwischen den verschiedenen Hypothesen verbleibt. Letztlich ist kaum eine der Hypothesen falsch, aber sie sind zu einseitig angesetzt, weil sie im Zweifelsfall von einer einseitigen, monokausalen Beziehung zwischen Gewaltdarstellung und Wirkung ausgehen. Diese Annahme ist aber falsch und vernachlässigt das Zusammenspiel von Inhalt, Persönlichkeits- und Situationsmerkmalen. Genau dies drückt das Kumulationsmodell aus: Es geht von ungünstigen psychischen und sozialen Bedingungen der Person aus, die die Medien konsumiert, sowie von ihrer Bereitschaft, Gewaltmodelle, die von den Medien präsentiert werden, zu übernehmen und in das eigene Verhaltensrepertoire zu integrieren.

Eine Studie des Medieninstituts Ludwigshafen hat gezeigt, dass viele Zuschauer von den negativen Folgen des Fernsehens für andere überzeugt sind, aber glauben, selbst davor gefeit zu sein. Sie vertreten dabei eine Strategie der „Selbstimmunisierung": Sie lehnen Gewaltsendungen aus Vernunftsgründen ab, schauen sie sich aber tatsächlich gern an.

Unserer Meinung nach sollte die weitere Forschung in diesem Bereich sich deswegen ausdrücklich darauf konzentrieren, die Zusammenhänge zwischen Inhalt, Persönlichkeit und Situation herauszuarbeiten [...]. Wir meinen, dass Jugendliche mit bestimmten Persönlichkeitsmerkmalen in angebbaren Situationen von Gewaltinhalten besonders stark fasziniert und geprägt werden. Nicht in jeder Situation und nicht bei jedem Jugendlichen hinterlassen Gewaltdarstellungen Spuren, sondern nur bei bestimmten Jugendlichen in bestimmten Situationen. In einer solchen Konstellation kann der Konsum gewalthaltiger Sendungen die

„Kanns mir mal erklärn, wie unser Kleiner neuerdings auf so'n Stuss kommt?
(Karikatur: LUFF)

Wahrscheinlichkeit des aggressiven Verhaltens erhöhen oder doch zumindest die aggressiven Einstellungen und aggressiven Phantasien bestärken.

Für diejenigen Jugendlichen, die zum Beispiel in ihrem eigenen Umfeld in Familie, Nachbarschaft, Freundeskreis und Freizeitbereich ein hohes Ausmaß von Aggression und Gewalt real erfahren, sind solche Medienbotschaften Bestärkung und Unterstützung. Sie wirken zugleich modellbildend, weil sie zeigen, wie man sich in bestimmten Situationen „aus der Affäre ziehen" kann. Diese Jugendlichen sind zum Teil auch diejenigen, die schon durch ihre sozial unterprivilegierten Lebenslage mit einer Anhäufung von Frustrations- und Versagenserfahrungen ein hohes Aggressionspotential haben und deswegen aktiv auch solche Sendungen auswählen, die einen Aggressionsinhalt haben.

Eigenes Aggressionsniveau und die Zuwendung zu aggressiven Medieninhalten schaukeln sich gegenseitig hoch. Jugendliche, die eine unausgeglichene Lebensperspektive vor sich haben, ein niedriges Selbstwertgefühl besitzen und in sozialer Isolation in Familie und Freundeskreis leben, können ebenfalls zu denen gehören, bei denen aggressive Darstellungen besonders attraktiv und wirksam sind. Gewaltdarstellungen, die auf die Mehrheit der Jugendlichen kaum einen bewegenden Einfluss ausüben, können bei diesen Jugendlichen Spuren hinterlassen und starke Wirkungen zeigen.

(Aus: Heidrun Bündel, Klaus Hurrelmann: Gewalt Macht Schule. Wie gehen wir mit aggressiven Kindern um? Droemersche Verlagsanstalt Th. Knaur Nachf.: München 1994, S. 194–197)

1 Welche Merkmale der Inhalte, Personen und Situationen werden im Text genannt? Zeichnen Sie die folgende Grafik ab und vervollständigen Sie sie.

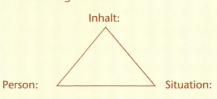

2 Die Autoren nennen verschiedene Hypothesen zur Wirkung von Gewaltdarstellungen. Listen Sie die Hypothesen auf und erläutern Sie sie.

3.5.3 Jo Groebel:
Der Stand der Diskussion

Auf einem Vortrag auf einer medienpädagogischen Fachtagung im Februar 1992 zum Thema „Gewalt im Fernsehen – (k)ein Thema für Kindergarten und Schule" fasste Jo Groebel den Stand der Diskussion thesenhaft zusammen.

1. Nahezu keine neuere Studie belegt den *Abbau* von Aggressionen durch Mediengewalt.
2. Kaum ein Medienangebot allein allerdings führt *zwangsläufig* zu aggressiven oder gar kriminellen Verhaltensweisen.
3. Dennoch können Medien in *Interaktion* mit sozialen und persönlichen Faktoren beim Zustandekommen von Angst und Aggression eine wichtige Rolle spielen, Verhaltensmuster anbieten, den Gebrauch von Aggression als selbstverständlich oder gar legitim erscheinen lassen, eine ängstlichere Weltsicht zumindest in den Bereichen erzeugen, in denen eigene Erfahrungsmöglichkeiten weitgehend fehlen, bei einzelnen Szenen auch Schocks hervorrufen.
4. Ein biologisch sinnvolles, *natürliches* Bedürfnis des Menschen nach Gewalt nach dem Motto „Früher Hinrichtungen, heute Mediengewalt!" lässt sich wissenschaftlich nicht belegen. Das Anschauen von Gewalt mag verschiedenen Funktionen dienen, z. B. Identifikation mit starken Helden, doch gibt es kein Mindestquantum an täglicher Aggression, das psychologisch notwendig wäre. [...]
5. Auf kurzfristiges Befragen können Kinder recht gut wiedergeben, was ihnen an Medienaggressionen gefällt, was sie stärkt, was ihnen Angst einjagt. Nicht erfassbar sind damit allerdings mögliche längerfristige Prägungen aggressiver oder ängstlicher Weltbilder, bei denen eigene und Medienerfahrungen sich miteinander vermischen, so wie selbst Erwachsene häufig nicht eindeutig rekonstruieren können, woher ihre Umwelterfahrungen im Einzelnen herstammen.
6. [...]
7. Auch wenn schädliche Wirkungen von Mediengewalt nicht pauschal beweisbar sind: Es gibt auf den verschiedenen Ebenen immer noch bedeutend mehr Indikatoren für ein *Wirkungsrisiko* als für generelle Harmlosigkeit oder gar Nützlichkeit aggressiver Darstellungen.

Von daher ist Programmverantwortlichen, seien es die Vertreter der Öffentlich-Rechtlichen oder der Privaten, nur zuzustimmen, wenn sie das Thema für aktuell halten, gar eine „Abrüstungsdebatte" fordern.

(Vortrag auf einer medienpädagogischen Fachtagung im Februar 1992 zum Thema „Gewalt im Fernsehen – (k)ein Thema für Kindergarten und Schule. Landesanstalt für Rundfunk in NRW, Düsseldorf. Zit. nach: Thema Gewalt, 36 Arbeitsblätter für einen fächerübergreifenden Unterricht. Klett: Stuttgart 1993)

Vergleichen Sie Groebels Thesen mit den Aussagen Hurrelmanns.

Aufgaben zum Kap. 3.5 insgesamt:

1 Sie sind als Experte zu einer Arbeitstagung von Fernsehsendern eingeladen. Thema: „Die Wirkung von Gewaltdarstellungen auf Jugendliche – Konsequenzen für die Sender." Bereiten Sie einen 5-minütigen Redebeitrag vor.

2 Die örtliche Volkshochschule veranstaltet einen Informationsabend für Eltern zum Thema „Gewalt in den Medien – Gefahren für unsere Kinder?!
Bereiten Sie einen 5-minütigen Redebeitrag vor, in dem Sie die Eltern über die Gefahren informieren und Hinweise für einen verantwortungsvollen Umgang mit den Medien geben.
Die beiden Übungen lassen sich in Gruppen durchführen, anschließend könnten 2 Redner für das Plenum ausgelost werden.
Es bietet sich auch an, die Beiträge in Einzel- oder Partnerarbeit vorbereiten und anschließend im Doppelkreis halten zu lassen. (Außen referiert, Innen hört zu, dann Platzwechsel und Wiederholung mit umgekehrter Aufgabenverteilung.)

3 Informieren Sie sich über den Jugendmedienschutz, d. h. über die gesetzlichen Grundlagen und die in diesem Bereich tätigen Institutionen (Bundesprüfstelle, FSK, Jugendschutzbeauftragte der Sender ...)

Literaturhinweis:
Stefan Aufenanger u. a., Gutes Fernsehen – Schlechtes Fernsehen? Denkanstöße, Fakten und Tips für Eltern und Erzieher/innen zum Thema Kinder und Fernsehen, München 1996.

3.6 „Sündenbock-Phänomene"

(Schülerzeichnung)

Beschreiben und interpretieren Sie diese Karikatur.

Immer wieder kommt es vor, dass bestimmte Menschen oder Gruppen von Menschen als Zielscheibe für Aggressionen herhalten müssen. Sie dienen als „Sündenböcke", denen die Schuld für Missgeschicke zugeschoben wird. Gewalt ihnen gegenüber erscheint dann als legitim.

3.6.1 Die Entlastungsfunktion des Vorurteils

Bei allen Völkern findet man seit frühester Zeit die Vorstellung, dass Schuld und alles Leid auf ein anderes Lebewesen oder eine andere Person übertragen werden können. Dem Gedankengut des Primitiven scheint das Abwälzen schuldhafter Verantwortung oder das Übertragen von Sorgen durchaus vernünftig und richtig, denn der primitive Mensch wirft im allgemeinen Körperliches und Gedankliches durcheinander. Wenn ein Kasten Holz zum Beispiel vom Rücken eines Mannes auf den eines anderen aufgeladen werden kann, warum nicht auch ein Kasten voll Schuld oder Sorgen? Der primitiv Denkende schließt daraus, dass ein solches Umladen nicht nur möglich, sondern auch ganz natürlich ist. Heutzutage wird eine solche Übertragung gewöhnlich von einem Menschen zum anderen vorgenommen, in früheren Zeiten suchte man sich dazu ein lebendes Tier. In den rituellen Gebräuchen der Hebräer finden wir das berühmteste Beispiel solcher Zeremonien, beschrieben im 3. Buch Mose. Am Tage des Versöhnungsfestes wurde ein lebender Bock durch das Los bestimmt und der Hohepriester, in leinene Gewänder gehüllt, legte seine beiden Hände auf das Haupt des Bocks und beichtete über dem Bock die Missetaten der Kinder Israels. Nachdem die Sünden der Bevölkerung auf diese Weise symbolisch auf das Tier übertragen worden waren, wurde es in die Wildnis hinausgeführt und seinem Schicksal überlassen. Das Volk fühlte sich gereinigt und bis zur Zeit der Zeremonie frei von Schuld.

Überall sehen wir, wie unsere menschliche Tendenz dahin geht, auf diese primitive Stufe des Denkens wieder zu verfallen und einen Sündenbock zu suchen – irgendein Objekt oder ein Tier, oft genug aber auch irgendein unglückliches menschliches Wesen –, dem man die Schuld für unser eigenes Missgeschick oder die eigenen Sünden aufladen kann. „Kultur"völker sind immer noch primitiv in ihrem Denken.

Obgleich das Suchen nach einem Sündenbock ein immer vorhandenes und universelles Phänomen (allgemeine Erscheinung) darstellt, werden besonders in Zeiten der Depression – bei Krieg, Hungersnot, Revolution, schlechter Geschäftslage – die Beweggründe, einen Sündenbock zu suchen, verstärkt und die Jagd auf Sündenböcke nimmt zu. Wenn wir schon in normalen Zeiten die plötzliche Regung verspüren, andere für unser eigenes Missgeschick verantwortlich zu machen, so wächst dieser Impuls in Zeiten heftiger sozialer Spannungen ins Gigantische.

(Aus: G. Allport, K. Knudsen: Treibjagd auf Sündenböcke, zit. nach: Thema: Gewalt. Ernst Klett Verlag: Stuttgart 1993, A 9/M2)

3.6.2 Briefträger – Ein kabarettistischer Beitrag

Heutzutage ist der Ausländer ja scheinbar an allem Schuld. An der Arbeitslosigkeit, an der Wohnungsnot, am Finanzchaos, an der vermurksten Wiedervereinigung, […]. Jetzt rufen sie „Deutschland den Deutschen". Dann stellen wir uns mal vor, sagt der Ausländer auf einmal: „Jut, wenn ihr uns hier nicht haben wollt, dann gehn wir eben, Tschöö!"

Dä, jetzt sind die Ausländer weg, und die Probleme sind immer noch da. Sogar noch ein paar ganz beträchtliche dazu. Isset doch der Deutsche schuld. Aber wer? Lassen wir mal gerade überlegen, wen nehmen wir jetzt?

Der Behinderte. Der Behinderte ist schuld. Die nehmen uns die Arbeitsplätze weg, die nehmen uns die Rollstühle weg, die nehmen uns die Parkplätze weg. Diese ganzen Behindertenparkplätze. Und das bei dieser Parkplatznot. Man kann doch so einem Behinderten keinen Parkplatz geben, wenn man selber keinen hat.

Jut, sagen die Behinderten, gehen wir eben woandershin, macht euren Scheiß alleine. Dä, Sündenbock weg, Feindbild kapott, Probleme immer noch da. Wat machemer? Kapott, en neu! Der Briefträger? Genau! Der Briefträger ist ja von Natur her gar nicht vorgesehen, dat merkt man ja schon an den Hunden, die bellen sofort, die beißen den; wenn sich schon die Natur dagegen wehrt, muss der raus. Ist ja völlig unnatürlich.

Außerdem bringt der ja alles Schlechte, alles Böse alles Schlimme, das kommt ja alles vom Briefträger. Die Mahnbescheide, die Entlassungen, die Rechnungen, die Todesanzeigen, wer die Nachricht überbringt, ist auch Täter. Die Briefträger, das sind ja auch ne ganz andere Kulturs, die passen ja janich hierhin. Sie müssen mal gucken, wenn die morgens da ausschwärmen, mit ihren blauen Taschen und komischen Karren, das sind ja quasi Nomaden. Ich hab sogar gehört, die pinkeln teilweise ins Gebüsch. Ich mein, ich habs jetzt persönlich nicht gesehen, aber die sollen auch schon mal auf den Bürgersteig kacken. Ich hab das selbst noch nicht gesehn, aber sagt man. Das kann ja auch nicht alles von den Hunden kommen.

Ich mein, die sind ja auch den ganzen Tag unterwegs, ist ja klar, dass da mal die Notdurft kommt. Aber dann dürfen sie sich auch nicht wundern, dass der Bürger hinterher sagt, dass das so nicht geht. Ich bin nicht briefträgerfeindlich, ich kenne einen, der ist sogar ganz nett, aber wenn das jeder machen würde, wo kämen wir denn da hin. Wir sind kein Zustellerland. Der Briefkasten ist voll.

Da sind ja auch viele Scheinbriefträger dabei. Müssense mal gucken, was die zum Teil für Scheine in der Tasche haben. Die wollen ja in Wirklichkeit nur hier arbeiten und ihr Geld verdienen.

Gucken Sie mal in ihren Briefkasten, der ist doch überflutet von Scheinpost, Werbesendungen, Pseudobriefen. Da wird doch auch viel Missbrauch getrieben. Und eben deshalb ist das richtig, dass jetzt endlich das Grundgesetz geändert wird. Weil da auch Missbrauch mit betrieben wird, schaffen wir gleich die ganze Post ab […]

(Der Kölner Kabarettist: Jürgen Becker zusammen mit Didi Jünemann in: „Arsch huh, Zäng ussenander. Kölner gegen Rassismus und Neonazis". Verlag Kiepenheuer & Witsch: Köln 1992, S. 85/86)

Wie funktioniert der „Sündenbock"-Mechanismus? Erläutern Sie ihn anhand von Beispielen (mögliche Bereiche: Nationalsozialismus, Familie, Sportvereine).

Übrigens 1:
Vielleicht findet sich ein Freiwilliger, der Jürgen Beckers „Briefträger" als kabarettistische Einlage vorträgt?

Übrigens 2:
Weitere Informationen über „Sündenbock"-Phänomene finden Sie in Nolting, S. 143–146.

Übrigens 3:
Wir empfehlen Ihnen das Planspiel „Belagerte Stadt" (siehe Kapitel 7.1.11). Es bietet Ihnen die Möglichkeit, sich in Opfer- und Täterrolle hineinzuversetzen.

4. Wege zur Verminderung von Aggression

4.1 Verminderung aggressiven Verhaltens nach Nolting

Nolting nennt verschiedene Ansätze zur Aggressionsminderung, die alle den Schwerpunkten der Entstehungstheorie entsprechen, das heißt, sie beziehen sich auf die Veränderung der Situationsbedingungen oder auf die Veränderung persönlicher Faktoren wie Wahrnehmung und Bewertung. Es hängt von den jeweiligen Umständen ab, welcher Ansatz jeweils realisiert werden kann. Wir stellen im Folgenden Noltings Lösungsrichtungen vor. Für die Bearbeitung empfehlen wir ein arbeitsteiliges Verfahren (Gruppenarbeit, Referate). Im Sinne des Erwerbs von Handlungskompetenz sollten Sie sich in jedem Fall mit der „Lösungsrichtung 5: Alternatives Verhalten lernen" auseinandersetzen.

4.1.1 Aggressionen abreagieren – geht das?

Lösungsrichtung 1

1. Ventil-Theorie
Eine verbreitete Idee zur Aggressionsverminderung besagt, dass man aggressive Impulse „abreagieren" solle, und zwar in möglichst harmlosen, erträglichen Formen, und früh genug, um einen gefährlichen „Stau" zu vermeiden. Der Gedanke ist, dass man aggressive Bedürfnisse an einer Stelle befriedigen kann, um ihre Äußerung an einer anderen Stelle zu verhindern.
[...]
Manche Erzieher oder Therapeuten ermuntern Kinder, ihre „Aggressionen auszuleben", und lassen sie dazu beispielsweise Schießspiele machen oder Lehmklumpen zerquetschen, damit die Affekte sich „austoben" und in schöpferische Kanäle fließen können [...]. Erwachsenen wird vorgeschlagen, für kurze Zeit einander anzuschreien oder mit wattierten Schlägen zu prügeln. [...]
Nicht nur eigener auch beobachteter aggressiver Aktivität wird zuweilen eine „aggressionsabführende" Wirkung zugeschrieben. Da mag man z. B. an das Anschauen von Wildwestfilmen oder Boxkämpfen denken; und so hat denn diese Annahme zeitweilig auch in der Debatte um die Gewalt in den Medien eine Rolle gespielt.
(Nolting, S. 197/198)

Die hier zugrundeliegenden Vorstellungen werden in der Psychologie mit dem Begriff „Katharsis-Hypothese" bezeichnet, der auf die Wirkungen des Aggressionsabbaus und der emotionalen Erleichterung verweist.

2. Wissenschaftliche Untersuchungen
Den wissenschaftlichen Untersuchungen zum Katharsis-Problem ist gemeinsam, dass sie zwei Gruppen von Versuchspersonen in Bezug auf ihr aggressives Verhalten miteinander vergleichen, von denen die eine vorher Gelegenheit hatte, Aggressionen in einer der genannten Formen „auszuleben", die andere nicht (s. Tabelle).
(Nolting, S. 200)

Hier einige Beispiele:
a) In einer weiteren Untersuchung [...] (1971) wurde bei Besuchern eines amerikanischen Footballspiels sowie einer Gymnastikvorführung die aggressive Stimmung (mittels eines Fragebogens) ermittelt. Bei den Football-Besuchern war ein Anstieg der aggressiven Stimmung festzustellen, unabhängig davon, ob ihre Mannschaft gewonnen oder verloren hatte: bei der Kontrollgruppe der Gymnastikbesucher gab es keinen Anstieg.
(Nolting, S. 203)
b) Bei Zillmann u. a. (1972) hatten verärgerte Versuchspersonen kräftig in die Pedale eines

Heimtrainers zu treten. Dies steigerte (!) ihre Neigung, den Provokateur in einem anschließenden „Lernexperiment" mit Elektroschocks zu bestrafen (im Vergleich zu einer Gruppe mit ruhiger Tätigkeit).

c) In einem Experiment von Ryan (1970) machte es in den verbleibenden Aggressionswerten (Erteilen von Elektroschocks, eigene Ärgereinschätzung) keinen Unterschied aus, ob die Versuchspersonen vorher in einer Art Haut-den-Lukas-Spiel kräftig dreinschlagen konnten oder nur still gesessen hatten.

d) In einer größeren Studie von Peper (1981) wurden Schüler (ca. 15 Jahre alt) während einer Sportstunde bei einem Ballspieltest durch einen Sporthelfer provoziert und um ihre Punkte gebracht. Anschließend machte ein Teil der Schüler Übungen, die Kraft und heftige Bewegung erforderten. Die Vergleichsgruppe machte Geschicklichkeitsübungen. Eine motorische „Abreaktion von Aggressionen" durch den Kraftsport war weder am beobachtbaren Verhalten noch an anderen Aggressionsindizes (Bildgeschichten, Befragung) festzustellen.

e) In einer Untersuchung von Stützle-Hebel (1993) verminderte Skigymnastik die durch eine Provokation entstandenen aggressiven Gefühle nicht stärker als gleich langes Warten. Als wirksamer erwies sich dagegen eine Konzentrationsaufgabe (Geschicklichkeitstest). Nach Ansicht der Autorin spricht dies für einen Ablenkungseffekt.

f) Ebbesen u. a. (1975) beschäftigten sich mit etwa 200 Ingenieuren und Technikern, die von einer kalifornischen Firma vorzeitig entlassen worden waren und allen Grund hatten darüber verbittert zu sein. Sie hatten an einem vom Verteidigungsministerium finanzierten Projekt gearbeitet, das drei Jahre dauern sollte, aber schon nach einem halben Jahr beendet wurde; und sie hatten dies zuerst aus der Zeitung erfahren. Vor ihrem Ausscheiden wurden sie zu einem Gespräch in die Personalabteilung gebeten. Dabei stellte der Interviewer Fragen, die Gelegenheit gaben, (A) sich ärgerlich über die Firma zu äußern (z. B. „Hat die Firma Ihnen geholfen, neue Arbeit zu finden?") oder (B) Über ihren Vorgesetzten (z. B. „Hat er Sie mal unfair behandelt?"). Einer Kontrollgruppe (C) wurden neutrale Fragen gestellt („Wie fanden Sie die Cafeteria?"). Nach dem Interview füllten sie noch einen Fragebogen aus, in dem sie erneut zu Firma und Vorgesetzten Stellung nehmen konnten.

Ergebnis: Sie äußerten sich besonders aggressiv zur Firma (aber nicht zum Vorgesetzten), wenn sie dazu schon im Interview animiert worden waren. Hatten sie vorher schon aggressiv über den Vorgesetzten geredet, bewerteten sie ihn (aber nicht die Firma) auch im Fragebogen äußerst negativ. Die neutral befragte Kontrollgruppe bewertete weder Firma noch Vorgesetzte besonders schlecht. Offenbar wurde durch das Gespräch der Ärger nicht „abgeladen", sondern gesteigert.

g) Bohart (1980) bat Studenten, sich vorzustellen, dass ihnen der Provokateur gegenübersitzt, und dann ein bis zwei Minuten zu schimpfen. Nach dem Verfahren fühlten die Teilnehmer mehr Groll auf den Provokateur als vorher: An-

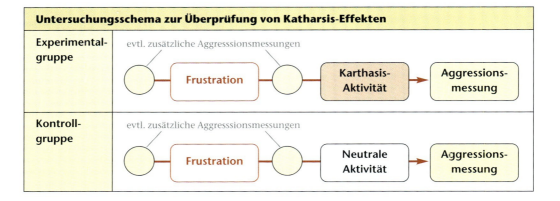

dere Vorgehensweisen hingegen, wie z. B. das Nachdenken über die eigenen Gefühle oder das Sprechen mit einem verständnisvollen Zuhörer, wurden dagegen als Ärger mindernd empfunden.
(Nolting, S. 202–207)

> **1** Welchem der drei Erklärungsansätze zur Entstehung von Aggression ist die Ventiltheorie am ehesten zuzuordnen? Begründen Sie!
> **2** Beschreiben Sie möglichst exakt Aufbau und Durchführung der in a) genannten empirischen Untersuchung. Nehmen Sie das Schema von S. 74 zu Hilfe.
> **3** Welche Schlussfolgerungen lassen sich aus den Ergebnissen dieses Experiments ziehen?
> **4** Listen Sie auf, mit welchen (empirischen) Verfahren in den unter a) bis g) genannten Beispielen Aggression gemessen wird!
> **5** Bei welchen der genannten Messverfahren sehen Sie Probleme in der Zuverlässigkeit?

Die Antwort auf die Ausgangsfrage „Aggressionen abbauen – geht das?" lautet:

Wie die vorangehende Bestandsaufnahme zeigt, ist ein kathartisches Abreagieren kein Weg zur Aggressionsverminderung.

1. Als einziger gesicherter Katharsiseffekt ist übriggeblieben, dass die *Vergeltung* am Provokateur (eigene oder beobachtete) häufig zu einem „besseren Gefühl" führt und eventuell auch die Aggressionstendenz beendet. Unabhängig davon, wie wahrscheinlich solche Effekte sind bzw. wie oft stattdessen Selbststimulierungen und Eskalationen auftreten – die Vergeltung ist und bleibt eine Aggression.

2. Unter dem Aspekt der Aggressions*verminderung* sind daher ohnehin nur *Ersatzwege* des „Auslebens" von Interesse. Und hierzu sind die Forschungsergebnisse eindeutig negativ: Gleichgültig, ob man das Anschauen von aggressiven Kämpfen, das Produzieren aggressiver Phantasien, aggressives Reden, aggressive Spiele oder quasi-aggressive körperliche Aktivitäten wählt – es ist weder möglich, dadurch vorbeugend ein „Aggressionsreservoir" abzusenken, noch ist es möglich, auf diese Weise akuten Ärger „loszuwerden". Ein unspezifisches Aggressionreservoir, aus dem man Energien ablassen kann, gibt es nicht. Und auch *Ärgergefühle sind nicht so unspezifisch, dass man sie durch „irgendeine" Aggression gegen irgendwen oder irgendwas abbauen könnte.* Den Groll auf den Ehepartner am Punchingball wieder „loszuwerden" ist eine völlig unrealistische Vorstellung!

3. Auch wenn es kein Weg zur Verminderung echter Aggression ist, *so mag es doch angenehm und harmlos sein,* pseudo-aggressive Aktivitäten gegen leblose Objekte oder als Ritual zu praktizieren. Man muss nur aufpassen, dass es harmlos bleibt! Spiel kann zuweilen in Ernst umschlagen (z. B. im Fußball„spiel"), und manche Formen des subjektiven „Abreagierens", wie etwa ausgiebiges Schimpfen, heizen den Ärger oft eher noch an.

4. *Unterschiedlichste Aktivitäten können zumindest vorübergehend eine gereizte Stimmung mildern.* Das können auch solche sein, die vielleicht wie ein „Abreagieren" aussehen (z. B. Kraftsport, aggressive Filme). In vielen Untersuchungen haben sich allerdings die zum Vergleich herangezogenen *„neutralen" Aktivitäten* als günstiger oder ebenso wirksam erwiesen (z. B. nichtaggressive Filme, Spiele, Denkaufgaben, Witze hören). Das lässt sich leicht in Alltagserfahrungen wiederfinden. Manche Menschen schalten Musik an, manche gehen spazieren, manche nehmen eine

Dusche, manche lösen Kreuzworträtsel. Alles kann helfen. Auch wer kräftig in die Klaviertasten schlägt oder einen Waldlauf macht, mag die gereizte, ärgerliche Stimmung vertreiben – aber nicht, weil dabei „Aggressionen abreagiert" werden, sondern weil es diesem Menschen hilft, eine andere Stimmung zu erzeugen. Entscheidend ist offenbar, das Brüten über das Ärgernis zu beenden und/oder den körperlichen Zustand zu verbessern. Es geht also um *Ablenkung*, es geht darum, Gedanken und Gefühle herbeizuführen, die gerade nichts mit Verdruss oder Ärger zu tun haben. Die Empfehlung lautet also: *Tu etwas, was Dir Spaß macht*.

5. Wenn hinter gereizter Stimmung ein *ungelöstes Problem* steckt, kann Ablenkung allenfalls eine Hilfe für den Augenblick sein. Das Problem muss gelöst werden. Hat es mit der Beziehung zu Mitmenschen zu tun, so ist es wichtig, Unmut und Groll nicht ständig für sich zu behalten und mit einer guten Miene zu kaschieren. Gefordert ist, zumindest in engeren Beziehungen, *offene Kommunikation* – auch über die eigenen Gefühle! Aber ein solches Mitteilen von Gefühlen ist etwas ganz anderes als das so genannte Abreagieren durch Anschreien und Beschimpfen, und sei es nur in Form eines Rituals.

6. Bei Menschen, die hinsichtlich des Ausdrucks von Gefühlen sehr *gehemmt* sind, kann es dennoch sinnvoll sein, dass sie unter dem Schutz von Spielregeln oder Ritualen einmal mit Körper und Stimme darstellen, wie ihnen zumute ist – allerdings *als Hilfe zur Selbstdiagnose, zum Erkennen eigener Gefühle*, nicht als Weg zur Aggressionsverminderung. Um bei gehemmten Menschen die Furcht vor neuen und ungezwungenen Verhaltensweisen abzubauen, mag es vielleicht auch hilfreich sein, sie zu spielerisch-ungestümen Verhaltensweisen zu ermuntern, wozu beispielsweise auch das Werfen mit Lehm oder eine Rauferei gehören kann. Auch dies sollte man aber wiederum nicht als ein „Abreagieren von Aggressionen" missverstehen.

7. Es ist also wichtig zu sehen, dass die Einwände gegen die Ventiltheorie *nicht* bedeuten, man solle aggressive Gefühle unterdrücken oder gar aus dem Bewusstsein verdrängen. Unvermeidlich ist jedoch die Einsicht, dass man die *hilfreichen Prozesse* woanders suchen muss: zuweilen in bloßer Ablenkung, oft aber in bewusstem Nachdenken über die eigenen Gefühle und ihre Anlässe sowie in einer deutlichen Kommunikation über Empfindungen, Bedürfnisse und Problemlösungen.

Das Bild vom Ventil ist wirklich nur ein Bild – und zwar ein irreführendes! Noch einmal: *Gefühle ausdrücken heißt nicht Gefühle „loswerden"*. Gefühle kann man nicht „rauslassen" wie Wasserdampf aus dem Ventil und sie entschweben nicht durch die Lüfte. Auch wenn man sie „äußert" – sie bleiben „in uns drin".

(Nolting, S. 214–217)

> Reduzieren Sie die Aussagen des Textes auf maximal drei Sätze.

4.1.2 Die Anreger verändern – Lösungsrichtung 2

Anreger verändern, das bedeutet aggressionsfördernde Faktoren verändern. Ein Überblick:

1 Verminderung von Einengungen, Stressoren, Entbehrungen	2 Verminderung von Provokationen und Herabsetzungen
3 Verminderung aggressiver Modelle, Symbole, Instrumente	4 Förderung positiver Anreger

5 Anreizverlagerung auf alternatives Verhalten

Es folgen drei Gesichtspunkte zur Orientierung der Erziehenden beim „richtigen Umgang" mit Frustrationen.

1. Verminderung von Einengungen, Stressoren, Entbehrungen

Auch Hindernisfrustrationen, Umweltstressoren und Entbehrungen können Ansatzpunkte zur Aggressionsverminderung sein.

[...] und zwar in allen Lebensbereichen – von der privaten Welt über gesellschaftliche Bedingungen bis hin zur Weltpolitik. Dabei kann das private Leben selbstverständlich von „höheren" gesellschaftlichen Rahmenbedingungen (z. B. Armut, Arbeitslosigkeit) mitbestimmt sein. [...]
Eine psychologisch vernünftige Erziehung muss *zwei Ziele gleichzeitig* im Auge haben:
(1) Jeder Mensch muss lernen, mit Hindernissen, mit unerfüllten Wünschen und auch mit „Stress" angemessen fertig zu werden.
(2) Solche Bedingungen dürfen jedoch nicht zu psychischen Schäden führen.
(Nolting, S. 220)

Regeln und Grenzen sind zweifellos wichtig für die Prävention von Aggressivität [...]. Gemeint ist damit aber nicht eine Einengung durch allgegenwärtige Verbote und Anweisungen. Sie führt häufig zu Ängstlichkeit und Gehemmtheit, bei manchen Kindern auch zu aggressivem Aufbegehren („Reaktanz"), zuweilen erst im Jugendalter.
Es scheint mir wichtig, den eigentlichen Sinn von Grenzsetzungen im Auge zu behalten: Das Kind soll lernen, dass auch andere Menschen ihr Recht auf Selbstentfaltung haben, dass es deren Bedürfnisse ebenso achten muss wie die eigenen. Solche Konflikte im Zusammenleben von Menschen gibt es unvermeidlich in reicher Zahl. Man braucht sie also nicht durch „Erziehung" künstlich herzustellen, damit das Kind daran angemessene Bewältigungsformen lernen kann. Man kann die unvermeidlichen Konflikte so handhaben, wie man es auch gegenüber anderen Erwachsenen tun könnte (und sollte): indem man nämlich nicht die Erziehungsbedürftigkeit herausstellt, sondern die eigenen Rechte und Bedürfnisse, und zwar wiederum als „Ich-Botschaft": [...].
Beispiele:
- Statt „Du sollst mich nicht stören": „Ich möchte jetzt in Ruhe Zeitung lesen."
- Statt „Du darfst damit nicht spielen": „Ich fürchte, das geht kaputt, und ich will das nicht bezahlen."

Das schließt nicht aus, dass in besonderen Fällen (z. B. bei Gefahren oder Zerstörungen) direkte Eingriffe unausweichlich sind. Doch die Grundtendenz sollte, schlagwortartig ausgedrückt, lauten: *„Selbstbehauptung" statt „Erziehung"*. Ergänzt werden kann diese Form der Grenzsetzung dadurch, dass das Kind im Rahmen seiner Möglichkeiten die natürlichen Konsequenzen, die sich aus seinem Handeln ergeben, selbst zu tragen hat (z. B. durch Wiedergutmachung). Das Wichtige an all diesen Verhaltensformen ist, dass die „Hindernisfrustration" nicht mit einer Herabsetzung verbunden ist.
[...]
Wie beim sozialen Verhalten sind auch bei *Leistungsanforderungen* zwei Ziele zu verfolgen: Einerseits muss das Kind lernen, sachbedingte Misserfolge und Verzichte zu ertragen und konstruktiv damit fertig zu werden. „Konstruktiv" kann hier heißen: vermehrte Anstrengung, bessere Zeiteinteilung, andere Lerntechniken usw. zuweilen auch: eigene Schwächen akzeptieren oder das Anspruchsniveau senken.
Andererseits sind Anforderungen zu vermeiden, bei denen das Kind sich nur als „unfähig" erleben kann.
[...]
Als dritter erzieherischer Aspekt sei die emotionale Zuwendung erwähnt. In gewissem Maße

muss das Kind zwar auch in dieser Hinsicht mit Enttäuschungen fertig werden; denn selbst Eltern können nicht immer lieb und zugewandt sein. Aber *emotionale Entbehrungen* müssen um jeden Preis vermieden werden. Aus ihnen kann das Kind nichts lernen, was man als Erziehungsziel ansehen könnte. Und sie bedeuten immer eine Gefahr für die psychische Entwicklung. In Verbindung mit weiteren Faktoren kann die Entbehrung unter anderem auch aggressives Verhalten begünstigen, etwa dann, wenn das Kind auf diese Weise zwar keine warme Zuwendung, aber doch immerhin Beachtung erlangt.

Ein weiterer Bereich sind die sozioökonomischen Bedingungen.

Neben der Erziehung sei noch kurz auf die große Bedeutung gesellschaftlicher Lebensbedingungen hingewiesen. Auch schwere Entbehrungssituationen wie Armut und Hunger münden sicher nicht automatisch in Gewalt, sondern werden oftmals von großen Bevölkerungsgruppen passiv erduldet. Je mehr Menschen jedoch die Situation als ungerecht statt als schicksalhaft empfinden, Anspruch auf Verbesserung erheben und sich organisiert darum bemühen, umso mehr entsteht auch ein Boden für gewaltsame Aufstände. Das gilt nicht nur für arme Regionen der Welt, sondern zum Teil auch für wohlhabende Länder. Denn der durchschnittliche Lebensstandard sagt noch nichts über die innergesellschaftlichen Unterschiede. Allzu ungleicher Güterverteilung entgegenzuwirken ist daher in jedem Fall eine selbstverständliche Aufgabe – nicht nur, aber auch als Beitrag zur Aggressionsverminderung.

(Nolting, S. 220–223)

> Die Meinungen über den sinnvollen Umgang mit Frustrationen bewegen sich zwischen zwei Extremen:
> - Eine harte Erziehung ist die beste Vorbereitung auf das Leben in der Ellbogengesellschaft
> - Frustrationen sollten möglichst vermieden werden, um eine gesunde Persönlichkeitsentwicklung zu fördern. Diskutieren Sie diese beiden Positionen.

> Tipp: Die Diskussion lässt sich konkretisieren, z. B.:
> - Schule als Leistungsschmiede oder Kuschelecke im Klassenraum. Auf welche Schule würden Sie Ihr Kind schicken?
> - Mein Kind hat Talent zum Leistungssportler. Welche Entbehrungen durch Training, Wettkämpfe usw. können und müssen wir ihm zumuten?

2. Verminderung von Provokationen und Herabsetzungen

Von allen aversiven Erfahrungen sind „Provokationen" die wirksamsten Aggressionsanreger. Es sind Verhaltensweisen, die man als Verstoß gegen Regeln des Zusammenlebens bewertet („unfair", „unverschämt") und/oder die man gegen sich gerichtet sieht. Zu denken ist vor allem an physische und verbale Angriffe [...]. Ihre aggressive Wirkung beruht wohl zum Gutteil auf dem scharfen Beziehungsaspekt, der in ihnen enthalten ist. Er trifft den Empfänger an einer besonders empfindlichen Stelle – nämlich an seinem Selbstwertgefühl. Über die momentane Reaktion hinaus kann das wiederholte Erleben herabset-

(Zeichnung: Barbara Schumann, Berlin)

zender Beziehungsbotschaften leicht zu einem negativen Selbstbild führen [...], aus dem sich wiederum zahlreiche psychische Probleme, von Schüchternheit bis zu aggressiven Kompensationsversuchen, entwickeln können. [...]
Grundsätzlich kann es sicher nicht darum gehen, jedes Schimpfen [...] aus der Welt zu schaffen oder Tadel und Kritik stets so zu verpacken, dass niemand sich in seinem Selbstwertgefühl getroffen fühlt. Was aber vermieden werden sollte, sind Angriffe, die die Welt als bedrohlich und feindselig erscheinen lassen, sowie heftige persönliche Abwertungen. Hierzu gehört unter anderem, Menschen wegen eines Leistungsversagens lächerlich zu machen [...], Menschen wegen irgendwelcher Schwächen oder Andersartigkeiten zu hänseln und zu verspotten oder Menschen wegen eines Fehlverhaltens zu demütigen und herabzuwürdigen. Solche Verhaltensweisen sind nicht nur starke Aggressionsanreger, die auf die Dauer die Persönlichkeitsentwicklung schädigen können. Sie sind auch oft sachlich nicht gerechtfertigt, weil sie weit über die Anlässe hinausgehen. Statt dessen sind negative Botschaften möglich, die sich eng an die Anlässe halten. Sie kritisieren spezifisch das als „falsch" empfundene *Verhalten*, nicht pauschal die *Person*.
(Nolting, S. 218/219)

3. Verminderung aggressiver Modelle, Symbole, Instrumente

Durch das Beobachten aggressiver Modelle können neue Verhaltensweisen erworben oder bereits bekannte aktiviert werden [...].
Kein schlechtes Vorbild zu geben könnte doch zumindest in bestimmten Situationen ein guter Grund sein, aggressives Verhalten zu unterlassen. Zu wünschen wäre dies vor allem für „Orientierungspersonen", die große Chancen haben, als Modell zu wirken, also z.B. Eltern, Lehrer, Gruppenleiter oder „Prominente".
Wo aggressive Modelle nicht zu verhindern sind, können doch zuweilen *nicht aggressive Gegenmodelle* zur Wirkung kommen:
So zeigte sich in den Gehorsamsexperimenten von Milgram (1974) und Mantell (1971) [...], dass viel mehr Versuchspersonen abbrachen oder geringere Schockstärken erteilten, wenn sie vorher andere „Teilnehmer" (Helfer des Versuchsleiters) gesehen hatten, die sich weigerten, weiterzumachen.
[...]
Neben aggressivem Verhalten als Modell können auch *aggressive Signalreize* eine fördernde Wirkung haben [...]. Verschiedene Autoren [...] plädieren dafür, solche Reize, die unsere Aggressionsbereitschaft ansprechen und ein aggressives „Klima" verbreiten können, abzubauen.

Die Polizei trennt Hooligans (Foto: Brugarts, Hamburg)

Beispiele: Aggressive Symbole (z. B. geballte Faust), Parolen und Reizworte („zerschlagt die ..."), Waffen und aggressives Spielzeug, aber auch der „Anblick von Polizeibeamten, vor allem wenn sie Helme, Schilde und Gesichtsschutz tragen, von den Waffen jetzt einmal ganz abgesehen; Militärfahrzeuge, Soldaten im Kampfanzug, lautes Sprechen oder Brüllen, die Ausstattung des Kühlergrills bei manchen Automarken oder das Bild eines deutschen Schäferhundes neben Knickerbockerbeinen in schwarzen Stiefeln" [...].

Ein weiteres Beispiel, das ebenfalls solche Zweischneidigkeiten birgt, ist das so genannte *Kriegsspielzeug*. In guter Absicht möchten viele Eltern es ihren Kindern vorenthalten. Ich teile diese Tendenz, möchte aber zugleich vor Dogmatismus warnen. Denn die gute Absicht lohnt keine „Kämpfe" zwischen Eltern und Kind. Auch in dieser Angelegenheit sind Einfühlung, Geduld und Behutsamkeit gefragt.

Zu großer Besorgnis besteht ohnehin kein Anlass, wenn man die einschlägigen Forschungsergebnisse betrachtet. Kriegsspielzeug kann zwar momentan aggressives Spiel und aggressiveren Umgang untereinander anregen. Aber gewöhnlich sind sich die Kinder des Unterschieds zwischen Spiel und Realität voll bewußt [...], und schädliche Folgen für die Persönlichkeitsentwicklung allein durch das Spielzeug sind nicht zu befürchten [...]. Entscheidend ist sicherlich nicht, ob ein Kind so ein Spielzeug hat oder nicht hat, sondern welche Kommentare es dazu in seiner Umwelt hört! Wie bei den Filmen kommt es also nicht auf einen einzelnen äußeren Faktor an, sondern auf seine Einbettung im Sozialisationsmilieu. Im übrigen haben Eltern nicht nur das Recht, ihre Ansichten zu Gewalt und Waffen kundzutun. Sie können auch entscheiden, dass sie selbst jedenfalls solches Spielzeug weder kaufen noch schenken möchten. Dies entspräche dem oben beschriebenen Prinzip, die eigenen Überzeugungen und Rechte herauszustellen, statt die „falschen" Wünsche des Kindes austreiben zu wollen.

(Nolting, S. 223/224, 225)

4. Förderung positiver Anreger

Bei jeder Verhaltensänderung verdient ein Prinzip durchgehende Beachtung: Man sollte nicht nur fragen, wie man das unerwünschte Verhalten abbauen, sondern auch, wie man das erwünschte Verhalten fördern kann. Auf die Ebene der äußeren Anreger bezogen heißt dies: Kann man Situationen so gestalten, dass mit einiger Wahrscheinlichkeit alternatives Verhalten stimuliert wird?

[...]

[Ein] in Frankreich durchgeführte Experiment [...] beschäftigte sich mit Aggressionen in Telefonzellen, die weder funktionierten (erste Frustration) noch das Geld wieder rausgaben (zweite

Frustration). Es zeigte sich, daß sowohl „grobe" Handhabungen (Schläge auf den Apparat) als auch ausgesprochene Gewaltakte (Tritte und Schläge mit voller Kraft) wesentlich seltener auftraten, wenn in der Zelle gut sichtbar Hinweise zum Verhalten in solchen Störfällen ausgehängt waren (eine Straßenkarte mit weiteren Telefonzellen in der Nähe sowie Informationen zur Erstattung des Geldes).
Da hier die momentane Frustration allenfalls teilweise gemildert werden konnte, liegt der entscheidende Einfluss wohl in der Anregung positiver Handlungsweisen für die Bewältigung der Situation.
(Nolting, S. 227, 229)

5. „Anreiz-Verlagerung" auf alternatives Verhalten
Im erzieherischen Bereich kann man hier häufig einen „doppelten Anregungsfehler" beobachten. Viele Eltern und andere Erzieher provozieren zunächst aggressives Verhalten, indem sie das Kind z. B. durch unnötige Eingriffe verärgern oder seine leisen Bitten nicht beachten (Frustration als erster Anreger). Wenn das Kind aber nun schreit und tobt und jammert, machen sie eine Kehrtwendung, um dies schnell zu beenden: Sie belohnen das „nervige" Verhalten durch Beachtung und Nachgeben (zweiter Anreger: Anreiz für unerwünschtes Verhalten).
[…]
Die Bedürfnisse von Menschen sind eine Sache; das Verhalten, das sie zur Bedürfnisbefriedigung einsetzen, ist eine andere. Die Empfehlung lautet daher, den Blick auf die gewünschten Verhaltensweisen (wie etwa bitten, argumentieren, verhandeln) zu richten und sie mit Beachtung, Anerkennung, Zuwendung, Entgegenkommen usw. zu „belohnen". […]
(Nolting, S. 230/231)

Zahlreiche politische Demonstrationen haben gezeigt, dass dieselben Anliegen sowohl in friedliche als auch in gewaltsame Auseinandersetzungen münden können und dass die Verhinderung von Gewalt sehr von einer besonderen und geschickten Verhaltensplanung der Demonstranten wie auch der Polizei abhängt.
(Nolting, S. 224)

> 1 a) Welche Modelle und Signale bzw. Symbole können hier Aggressionen fördern? Differenzieren Sie zwischen Demonstranten und Polizei!
> b) Skizzieren Sie Elemente einer „besonnenen und geschickten Verhaltensplanung" seitens der Demonstranten und der Polizei!
> Alternativ: Rollenspiel
> Polizeiführung bzw. Demonstrationsleitung bei der Vorbereitung auf Protestaktionen. Legen Sie Demonstrationsziele und Rahmenbedingungen fest. Beispiel:
> Besuch eines Diktators in der Hauptstadt.

4.1.3 Die Anreger anders bewerten – Lösungsrichtung 3

Das Ziel dieser Lösungsrichtung ist es, die „Anregbarkeit" von Motiven für aggressives Verhalten zu schwächen, und geschehen soll dies sozusagen an der Eingangsseite eines Menschen: beim „Aufnehmen" von Umweltreizen. Es geht darum, wie man aversive Ereignisse, lockende Anreize, aggressive Modelle und Signale interpretiert und bewertet.
(Nolting, S. 232)

> In der folgenden Grafik sind fünf Wege hin zu einer Entdramatisierung dargestellt. Erläutern Sie diese Wege anhand von Beispielen.

4.1.4 Aggressionshemmungen fördern – Lösungsrichtung 4

Von allen Lösungsansätzen zur Aggressionsbewältigung wird das Erzeugen von Hemmungen faktisch wohl am häufigsten praktiziert. Eltern bestrafen ihre Kinder; Gerichte bestrafen Kriminelle – beide in der Hoffnung, dass die Bestraften „es nicht wieder tun". Oder Menschen werden belehrt, dass aggressives Verhalten etwas Schlimmes ist – in der Hoffnung, dass diese Bewertung übernommen und aggressives Verhalten unterlassen wird.

Die große Verbreitung solcher Versuche hat wohl mit der allgemeinen menschlichen Neigung zu tun, günstiges Verhalten als selbstverständlich hinzunehmen und erst bei „Störungen" aufmerksam zu werden. So lassen viele Eltern erwünschtes Verhalten ihrer Kinder unbeachtet, greifen aber ein, sobald sie sich gestört fühlen. Diese Vorgehensweise versucht also, den Menschen beizubringen, wie sie sich nicht verhalten sollen.

[…]

Alle Aggressionstheorien gehen davon aus, dass aggressives Verhalten durch Gegenkräfte gebremst oder unterbunden werden kann, wenngleich sie den Akzent nicht immer auf dieselbe Art von Hemmung legen. Im wesentlichen lassen sich unterscheiden:

„Wie oft habe ich dir schon gesagt, du sollst deine Schwester nicht schlagen?"
(Gerhard Mester/CCC, www.c5.net)

- Die Leid-induzierte Hemmung
- Angst vor Bestrafung bzw. negativen Folgen
- Moralische Hemmungen bzw. Werthaltungen.

(Nolting, S. 252/253)

Die Leid-induzierte Hemmung meint den Impuls, eine aggressive Handlung zu beenden, weil der Schmerz des Opfers als unerträglich empfunden wird.

Wer seinen Sohn liebt, der züchtige ihn.
(Karikatur: Marie Marcks)

Soll man aggressives Verhalten bestrafen?

Es kann kein Zweifel bestehen, dass Bestrafungen aggressives Verhalten hemmen *können:* Die Frage ist nur: Wie wirksam? Und zu welchem Preis? [...]

Allzuoft wird aggressives Verhalten nur vorübergehend unterlassen und tritt wieder auf, wenn Strafen ausbleiben; oder es wird dort unterlassen, wo es bestraft wird, nicht aber in anderen Situationen. Die Strafen unterdrücken das aggressive Verhalten, sie „löschen" es aber nicht. [...]

Zu beachten ist vor allem, dass viele Formen der Bestrafung (z. B. Schlagen oder Beschimpfen) ein aggressives Modell für den Umgang mit Konflikten bieten. Wird die Strafe als ungerecht empfunden, so weckt sie überdies heftigen Groll und Vergeltungswünsche und beeinträchtigt die Beziehung zu den Erziehungspersonen. All dies wirkt dem aggressiven Verhalten nicht entgegen, sondern fördert es eher. Manchmal allerdings führen sehr „massive" Bestrafungen auch zur gegenteiligen und ebenfalls problematischen Entwicklung, nämlich zu ausgeprägter Gehemmtheit.
[...]

Des Weiteren haben Bestrafungen eher eine dauerhafte Wirkung, wenn sie nicht bereits erworbene aggressive Gewohnheiten abbauen, sondern sie von vornherein verhindern sollen, wenn also die Bestrafungen „von Anfang an" erteilt werden [...]. So zeigen unter anderem die Längsschnittuntersuchungen von Kagan & Moss (1962), dass eine restriktive Erziehung in den ersten drei Lebensjahren von nachhaltigerem Einfluss ist als in späteren Entwicklungsabschnitten.

Will man in der Erziehung all die vorgetragenen Gesichtspunkte berücksichtigen, so ergeben sich folgende Konsequenzen für einen vernünftigen Umgang mit Strafen:

1. Die Bestrafung sollte eine wenig aggressive und wenig Angst erregende Form haben! Am besten geeignet sind daher „*natürliche Konsequenzen*" sowie der *Entzug* von Belohnungen und Vergünstigungen. Die Art der Strafe sollte in jedem Fall möglichst gut zur Art des Fehlverhaltens passen. Beispiele:
- Forderung nach [...] Schadenersatz
- Deutlicher Tadel
- Momentane Abwendung (z. B. gegenüber Nörgeleien oder Wutausbrüchen)
- Kurzfristiger Ausschluss („Strafbank")
- Abzug von Taschengeld, von Fernsehzeit

2. Die Bestrafung sollte sich nicht gegen die Person richten (Herabsetzung als „böses Kind"), sondern gegen ein *konkretes Verhalten* („Du sollst deine Schwester nicht schlagen").

3. Die Bestrafung sollte nach Möglichkeit *rechtzeitig* einsetzen, bevor das fragliche Verhalten zum Erfolg führt; zumindest sollte sie möglichst unmittelbar auf die „Tat" folgen (nicht etwa, „wenn der Papa nach Hause kommt"). Und sie sollte sofort wieder aufhören, sobald das Verhalten sich ändert [...] Überdies sollte sie möglichst regelmäßig erteilt werden, sodass mit ihr ziemlich fest zu rechnen ist.

4. Die Strafen sollten *begründet* werden, damit nicht blinde Fügsamkeit, sondern Einsichten in sinnvolle Verhaltensregeln erlernt werden.

5. Die Bestrafung sollte *nicht für sich allein* stehen, sondern mit Maßnahmen zum Aufbau des erwünschten Verhaltens verbunden sein, insbesondere mit Bekräftigungen (Zuwendung, Entgegenkommen usw.) sowie mit positiven Modellen (Vormachen) und Erläuterungen zu „vernünftigem" Verhalten.

Bestrafungen können also nie die „Hauptsache" sein, sondern allenfalls die „eigentlichen" aufbauenden Maßnahmen unterstützen! Man sollte bedenken, dass Strafen ja nur mitteilen, welches Verhalten *nicht* gezeigt werden soll, aber keinerlei Alternativen lehren.

Manchmal sind Strafen als Ergänzung zu solchen aufbauenden Interventionen kaum zu vermeiden. [...] In vielen Fällen aber, vor allem bei „normal"-aggressiven Kindern, können auch andere Maßnahmen helfen, aggressives Verhalten abzubauen.

(Nolting, S. 255–258)

Wenn die Volksseele kocht:
London, Lady-Di-Gedenktag...

(Cartoon: Burkhard Fritsche, Köln)

Ein Fallbeispiel: Memet, 16 Jahre, Schüler der 9. Klasse, schlägt seinen Mitschüler Peter, ebenfalls 16 Jahre und bricht ihm dabei das Nasenbein.
Memet begründet sein Verhalten damit, dass Peter sich an seine 14-jährige Schwester Betül „rangemacht" habe. Als Beschützer seiner jüngeren Schwester fühlt er sich im Recht, bedauert allerdings die Schwere der Verletzung.
Wie sollte die Schule auf diesen Vorfall reagieren? (Empfehlung: Gruppenarbeit):
1 Welche Zusatzinformationen sollten eingeholt werden? Wer sollte befragt werden?
2 Analysieren und bewerten Sie den Vorfall unter dem Aspekt der „moralischen Einstellungen (innere Normen)". Gehen Sie dabei insbesondere auf die Rechtfertigungen ein.
3 Welche Maßnahmen sollte die Schule ergreifen? Berücksichtigen Sie die Erkenntnisse über die Wirkungen von Strafen. Formulieren Sie möglichst konkret, welche Ziele die Schule dabei anstreben sollte/könnte.

Werthaltungen

Auch ohne die Gefahr von Strafen oder anderen Unerfreulichkeiten vermeiden Menschen aggressives Verhalten, wenn sie sich von Werthaltungen (Einstellungen, inneren Normen) leiten lassen, die es ihnen „verbieten". Wer nach eigenen Normen eine aggressive Handlung als „falsch" bewertet und sie tatsächlich unterlässt, wird mit sich zufrieden sein. Wer sie trotzdem ausführt, weil andere Kräfte stärker sind, bekommt Schuldgefühle („schlechtes Gewissen"). Anders als bei der Strafe ist also die *Selbstbewertung*, nicht die Fremdbewertung, der entscheidende Punkt.

Ein Schwachpunkt dieser Lösungsrichtung liegt nach Nolting in Folgendem:
Aber abgesehen davon, dass andere Kräfte die Hemmungen überwinden können (z. B. akute Affekte oder Befehle), lassen die moralischen Einstellungen *viele Ausnahmen* zu. […]
Die lange Liste der Rechtfertigungen umfasst vor allem folgende Typen: (1) Höhere Zwecke („Erziehung zu einem anständigen Menschen", „Heiliger Krieg"), (2) Schuld des Opfers („Gegengewalt", „gerechte Strafe"), (3) Minderwertigkeit des Opfers („Untermenschen", „Ungeziefer"), (4) Bagatellisierung der Konsequenzen („Eine Tracht Prügel hat noch niemandem geschadet"), (5) Vorteilhafte Vergleiche („Was hat denn der XY damals gemacht?"). In anderen Fällen wird nicht die Tat als solche verteidigt, sondern die eigene Verantwortung bestritten; verantwortlich ist z. B. der Vorgesetzte, „die Gruppe", „die Gesellschaft" usw.
(Nolting, S. 259/260)

Setzen Sie sich kritisch mit den o. g. Rechtfertigungen auseinander.
Halten Sie bestimmte Rechtfertigungen für legitim? Begründen Sie!
Sie können diese Problematik auch anhand folgender Themen diskutieren:
Todesschussbefehl an der DDR-Grenze,
KZ-Aufseher als Befehlsempfänger,
„Heiliger Krieg".

Aus alledem ergibt sich, dass man bei der Förderung von aggressionshemmenden Einstellungen zwei wichtige Ziele im Auge behalten muss:
1. Es ist wichtig, die *gängigen Rechtfertigungen zu durchschauen* und sich mit ihnen kritisch auseinanderzusetzen. Denn je mehr man davon akzeptiert, um so kleiner wird der tatsächliche Wirkungsbereich der hemmenden Normen.
2. Es ist wichtig zu lernen, sich mit seinen moralischen Einstellungen auch *gegen den Druck anderer Personen* zu behaupten.
[…]
Folgende Aspekte werden in der Literatur (s. o.) zu Aggressionshemmungen, zur Gewissensbildung allgemein oder zu prosozialem Verhalten durchgängig oder häufig genannt:
1. Eine *akzeptierende und liebevolle Grundhaltung*. Vermutlich ist ein warmes emotionales Klima eine wichtige Voraussetzung für die Wirksamkeit der anderen Faktoren. Aber: Liebe ist nicht „alles".
2. *Emotionale Erziehungsreaktionen* wie Lob und Zuwendung auf der einen Seite und Ausdruck von Enttäuschung, Missbilligung, vorübergehender Abwendung u. ä. auf der anderen Seite (dagegen wenig Gebrauch von „machtorientierten" Maßnahmen).

3. *Erläutern von Regeln,* die Orientierungen für das Verhalten geben und die Grenzen des Erlaubten markieren. Hierzu gehört auch, mit dem Kind über die Regeln zu diskutieren und Konflikte argumentierend zu bewältigen.

4. *Anleitung zur Einfühlung.*

5. *Opferbezogene Reaktionen bei Verstößen.* Damit ist gemeint, dass man die Aufmerksamkeit auf die Folgen lenkt, die das Verhalten für andere hat, etwa durch Hinweise auf deren Gefühle oder das Anregen von Entschuldigung und Wiedergutmachung.

6. *Ermunterung selbstverantwortlichen und eigenständigen Handelns* (z. B. durch Übertragen von Aufgaben mit Entscheidungsspielraum, Respektierung eigener Ansichten).

7. Wie schon so oft: Das *Vorbild* der Eltern bzw. anderer Personen für eine Orientierung an humanen Werten.

(Nolting, S. 261–263)

> Halten Sie den Versuch einer Erziehung zu aggressionsfreiem Verhalten – insbesondere durch den Aufbau möglichst starker Aggressionshemmungen – für erstrebenswert?

4.1.5 Alternatives Verhalten lernen – Lösungsrichtung 5

Die pädagogisch bedeutsamste Lösungsrichtung bei der Verminderung von Aggressionen liegt sicherlich darin, alternatives Verhalten zu lernen. Es geht also um den Erwerb eines nicht-aggressiven Verhaltensrepertoires für Situationen, in denen Aggressivität nahe liegt. In den Kapiteln 13 und vor allem 15 seines Buches stellt Nolting eine Reihe von Trainingsprogrammen und Verhaltensstrategien vor. Zu einzelnen dieser Programme geben wir in Kapitel 7.1 dieses Arbeitsheftes Anregungen für Übungen im Kurs.

Hier zunächst ein Überblick: (s. auch Grafik S. 87)

Entdramatisierung

Entdramatisierung einer Situation bedeutet, sich der eigenen Bewertung z. B. eines Frustrationsereignisses bewusst zu werden und möglicherweise zu einer anderen, weniger „schlimmen" Bewertung zu kommen.

Es wurden dazu verschiedene Trainingsprogramme und Therapieformen entwickelt, die neben einem Entspannungstraining kognitive Prozesse in Gang setzen sollen, z. B. in Form von Selbstinstruktionen wie:

„Es kann schwierig werden, aber ich vertraue mir selbst." – „Ich kann nicht erwarten, dass alle sich so verhalten, wie ich möchte." – „Kein Grund zur Aufregung." – „Nicht immer gleich das Schlimmste denken; such positive Seiten."
(Nolting, S. 235)

Einfühlungstraining

Feshbach und Feshbach veröffentlichten 1982/1983 ein Programm, das sich auf zwei Aspekte der Einfühlung bezogen:

„Nämlich (1) das Erkennen von Gefühlen und (2) das Einnehmen der Perspektive einer anderen Person. Für diese Ziele wurde eine breite Palette pädagogischer Mittel eingesetzt, von denen viele auch bei anderen Untersuchungen zu finden sind. Im einzelnen:

Das Training wurde in Gruppen von 4 bis 6 Kindern durchgeführt und umfasste 30 Sitzungen von 45 Minuten, verteilt über 10 Wochen. Selbstverständlich wurden die Lernvorgänge in einen interessanten und abwechslungsreichen Ablauf eingebettet.

Das Erkennen von Gefühlen wurde unter anderem geübt anhand von Fotos mit Gesichtern, Gesprächsszenen vom Tonband, pantomimischen Darbietungen im Videofilm sowie dem Darstellen und Erraten von Gefühlen im Rollenspiel. Das Betrachten von Dingen aus der Perspektive eines anderen sollte durch Aufgaben und Spiele wie die folgenden gefördert werden: Sich Vorstellen, wie die Welt aus einer anderen Wahrnehmungsperspektive aussehen würde (z. B. „wenn du eine kleine Katze wärst"), Nachdenken über die Vorlieben nahestehender Personen („Welches Geschenk würde deinem Vater, deiner Schwester usw. eine Freude machen?"), Nacherzählen von Geschichten aus den Blickwinkeln der darin vorkommenden Personen, Rollenspiele in mehreren Durchgängen mit Tausch der jeweiligen Rollen, Betrachten der eigenen Person „von außen" anhand von Video-Aufnahmen.

Das Trainingsprogramm führte zu einer deutlichen Verminderung von aggressivem und einer Steigerung von kooperativem und helfendem Verhalten (unter anderem nach dem Urteil von Lehrern und Mitschülern). Allerdings zeigte sich bei einer Vergleichsgruppe, die sich mit interessanten Sachproblemen beschäftigte, ebenfalls eine Aggressionsverminderung, wenn auch keine Zunahme des prosozialen Verhaltens. Das positive Gruppenerlebnis, so die Autoren, hatte offenbar auch schon eine gewisse Wirkung.
(Nolting, S. 243/244)

Immunisierung durch Training im Rollenspiel

Ganz direktes Verhaltenstraining ist die Immunisierung im Rollenspiel (häufig in Verbindung mit Selbstinstruktionen). Hierzu einige Varianten:

- Ein Trainer spielt mit einem einzelnen Kind kritische Situationen durch. Der Trainer provoziert, das Kind versucht, nicht aggressiv zu reagieren [...].
- Zwei Jugendliche spielen wechselweise die Rolle des Provokateurs und des Provozierten [...].
- Mehrere Kinder machen ein „Beschimpfungsspiel". Jeweils ein Kind setzt sich in die Mitte eines Kreises und soll Gelassenheit bewahren, während andere Kinder es mit Worten und Gesten aus der Ruhe bringen und verrückt machen sollen [...].
- [...]

In Trainings dieser Art können außer der Affektkontrolle auch verschiedene Handlungsmöglichkeiten eingeübt werden. Diese werden gewöhnlich vorher durchgesprochen, in Video-Szenen vorgemacht oder von den Lernenden selber vorgeschlagen.
(Nolting, S. 278)

Klassische Verhaltensmodifikation

[Die klassische Verhaltensmodifikation arbeitet] vorwiegend mit folgenden Methoden:
(1) Positives Bekräftigen (Belohnen) des erwünschten Verhaltens, (2) Nichtbekräftigung (Ignorieren) oder (3) leichte Bestrafung des unerwünschten Verhaltens sowie (4) Vormachen des erwünschten Verhaltens.

Die klassische Verhaltensmodifikation gewann in den sechziger Jahren zunehmend praktische Bedeutung in sozialpädagogischen und therapeutischen Arbeitsfeldern, nicht zuletzt wohl aufgrund ihrer Erfolge bei hartnäckigen Problemfällen.

Hierzu ein Beispiel:
Bostow & Bailey (1969) berichten von einem 7-jährigen Jungen, Dennis, dessen Aggressivität selbst durch Drogen nicht zu bremsen war und der deshalb in einer Heilanstalt lebte. Hier musste er angebunden werden, weil er unentwegt schlug, trat, biss und Möbel kaputt machte.
Dennis wurde nun im Rahmen der verhaltenstherapeutischen Behandlung bei jeder Aggression (Schlagen, Beißen usw.) gegen seine Ka-

---

Alternatives Verhalten lernen

1 Entdramatisierung durch Selbstbeeinflussung und Entspannung (Ellis, Noraco)	2 Einfühlungstraining (Feshbach)	3 Immunisierung im Rollenspiel	4 Klassisch Verhaltensmodifikationen
5 Kognitive Verhaltensmodifikationen (Petermann, Petermann)	6 Partnerzentrierte Gesprächsführung (Gordon, Rogers)	7 Konfliktlösungsstrategien (Gordon, Schwäbisch-Siems)	

meraden sofort wortlos in eine kahle Kabine gebracht. Nach 2 Minuten durfte er sie wieder verlassen und wurde dann, sobald er sich 2 Minuten lang nicht aggressiv verhielt, z. B. mit Sprudel oder Keksen belohnt. Die Gesamtzeit, die Dennis täglich mit anderen verbringen konnte, wurde von 30 Minuten immer weiter bis auf den ganzen Tag ausgedehnt. Die Aggressionen sanken von durchschnittlich 45 pro halbe Stunde(!) nach 11 Behandlungstagen auf fast null.

(Nolting, S. 293/294)

Kognitive Verhaltensmodifikation

Ein sehr differenziertes Training für aggressive Kinder von 7 bis 13 Jahren haben Petermann & Petermann (1994) entwickelt. Es kombiniert Einzel- und Gruppentraining und wird durch Elternarbeit ergänzt. In dem Programm [...] werden unter anderem folgende, größtenteils kognitive Methoden eingesetzt:

- Übungen zur Entspannung und motorischen Ruhe: Die Kinder lernen, sich durch bildhafte Vorstellungen (wie ruhiges Gleiten unter Wasser) körperlich zu entspannen.
- Differenziertes Wahrnehmen von Verhaltensabläufen: Das Kind schaut Videoszenen mit Konfliktsituationen an (Beispiel: Ein Kind zerstört das Bauwerk eines anderen) und soll möglichst genau wiedergeben, was passiert ist.
- Erkennen von Gefühlen, Einfühlung: Bei Filmszenen, Fotos oder in einem Rollenspiel sollen die vermutlichen Gefühle der Beteiligten eingeschätzt werden.
- Erkennen von Gründen für Ärger und Wut: Es werden z. B. Szenen mit Verboten, ungerechtfertigter Kritik usw. vorgespielt.
- Bewerten verschiedener Konfliktlösungen: Das Kind stellt sich vor, wie eine Video-Geschichte ausgehen könnte und sieht außerdem verschiedene Fortsetzungsversionen. Alle Lösungen werden miteinander verglichen, insbesondere werden die Konsequenzen des jeweiligen Verhaltens diskutiert.
- Ausdenken von Konfliktlösungen: Zu einem vorgegebenen oder selbst erlebten Konflikt sollen mehrere Lösungsideen genannt werden.
- Rollenspiele: Im Gruppentraining stellen die Kinder Überlegungen zu einem bestimmten Konflikt an, spielen ihn in mehreren Varianten durch, diskutieren unter verschiedenen Fragen (Wie hat es geklappt? Wie habt ihr euch gefühlt? Wie könntet ihr euch besser verhalten?) und übertragen das Spiel auf eine ähnliche selbst erlebte Konfliktsituation.
- Selbstinstruktionen:
Die Kinder suchen sich für ein Rollenspiel ein bebildertes Kärtchen aus, das Instruktionen zur Selbstberuhigung oder zu anderen Verhaltensaspekten (z. B. „ich motze nicht, sondern überlege, warum ich wütend bin") enthält.
- Selbstbeobachtung und Selbstkontrolle im Alltag:
Das Kind bekommt den Auftrag, in den Tagen zwischen den Trainingssitzungen auf bestimmte Verhaltensregeln zu achten und die Selbstbeobachtungen täglich auf einem besonderen Blatt („ich bin mein eigener Detektiv") zu notieren.
- Zusätzlich werden auch äußere Bekräftigungen eingesetzt. Neben Anerkennung, Lob usw. geschieht dies in der Weise, dass für erwünschtes Verhalten Pluspunkte verdient werden, die sich am Ende der Sitzung in Spielminuten für Lieblingsspiele eintauschen lassen.

Die Arbeit mit dem Kind selbst wird ergänzt durch eine intensive Elternberatung. Unter anderem macht sie die Eltern mit einigen Prinzipien vertraut, die auch zu Hause anzuwenden sind (z. B. genaue Verhaltensbeobachtung, richtiges Bekräftigen, Einrichtung eines Familienrates). Nach den bisherigen Untersuchungen, darunter in Einzelfällen Nachkontrollen über zwei Jahre hinweg, hat das Petermannsche Trainingsprogramm bei ca. 90 % der Kinder zu deutlichen und stabilen Verbesserungen geführt.

(Nolting, S. 297/298)

Partnerzentrierte Gesprächsführung (Gordon/Rogers)

Das Wesentliche daran ist, dass man die eigenen Gedanken zurückstellt und sich statt dessen auf das Erleben des Gesprächspartners konzen-

triert – auf seine Gefühle, Wünsche, Zweifel usw. Diese versucht man zu verstehen und in eigenen Worten wiederzugeben.
[...]
Eine Parallele zum aktiven Zuhören (zur Partnerzentrierung) sind übrigens die so genannte Ich-Botschaften, das Mitteilen der eigenen Empfindungen. [...]
(Nolting, S. 245)

> Nähere Informationen hierzu sowie Vorschläge für Übungen im Kurs finden Sie in Kapitel 7.1 dieses Arbeitsheftes.

Konfliktlösungsstrategien nach Schwäbisch & Siems

1. Anmeldung der Störung
Ein Partner oder beide äußern ihre Störung, und zwar indem sie ihre Gefühle direkt und ohne Vorwurf ausdrücken. Es soll dabei aufgefordert werden, gemeinsam über das Problem zu sprechen, und es soll deutlich gemacht werden, dass man für neue Lösungsmöglichkeiten offen ist.

2. Herausarbeiten der Hintergrundbedürfnisse
Beide Partner versuchen, ihre Bedürfnisse zu erforschen und zu klären. Beide Partner sollen dabei akzeptieren, dass sie verschiedene Interessen haben, und versuchen die Meinung des Konfliktpartners zu verstehen und nachzuvollziehen. Dabei ist es eine Hilfe partnerzentriert zu reagieren. [...]

3. Umformulierung der Störungen in Wünsche
Beide Konfliktpartner formulieren ihre Störungen oder ihren Ärger in konkrete Wünsche an den anderen um.

4. Brainstorming für mögliche Lösungen
Beide Partner sammeln Vorschläge für mögliche Lösungen. Diese Vorschläge sollen nicht diskutiert, sondern nur gesammelt werden. Dabei können auch unsinnige und sehr phantasievolle Vorschläge gemacht werden. Beide Partner vermitteln in dieser Phase dem anderen, dass sie sich um eine Lösung bemühen. Außerdem wird die Atmosphäre durch Heiterkeit und Spaß entkrampft.

5. Einigung auf die beste Lösung
Beide Partner einigen sich auf eine Lösung, die sie beide akzeptieren können und die den Interessen beider Seiten optimal entspricht. Beide prüfen mögliche Einwände gegen die Lösung und suchen so lange, bis sie die Lösung gefunden haben, zu der beide unumschränkt ja sagen können.
(Nolting, S. 286, Tafel 23: Konfliktregelung nach Schwäbisch & Siems [leicht gekürzt])

Weitere Informationen sowie Anwendungsbeispiele finden Sie in Kapitel 7.1 dieses Arbeitsheftes.

Nachbemerkung
Müssen die Alternativen zur Aggression wirklich „gelernt" werden? Könnte sich nicht jeder Mensch „alternativ" verhalten, wenn er nur wollte, wenn er die „richtige Einstellung" hätte und vernünftig genug wäre, um sich richtig zu entscheiden?

> Diskutieren Sie diese Frage, bevor Sie weiterlesen

Teilweise ist dies sicherlich richtig. Aber: Verhalten hängt nicht nur vom „guten Willen" ab. Man muss es auch „können". Auch beim besten Willen finden die meisten Menschen keine humorvolle Antwort auf eine Provokation, und manche verärgerten Menschen neigen dazu, entweder „nichts" zu sagen oder aber plötzlich aggressiv „loszuplatzen" – eben weil sie Verhaltensweisen „dazwischen" nicht beherrschen. Das heißt, man muss über die gewünschten Verhaltensweisen auch „verfügen". Dabei kann man mehrere Möglichkeiten der (Nicht)-Verfügbarkeit unterscheiden: Es ist möglich, (1) dass jemand bestimmte Alternativen, z. B. Ich-Botschaften, gar nicht „kennt"; oder (2) dass er sie zwar kennt, aber nicht ausführen kann; oder (3) dass er das Verhalten zwar prinzipiell ausführen kann, es ihm aber noch nicht zur Gewohnheit geworden ist und daher im kritischen Augenblick doch ausbleibt.
Dies sind die Gründe, weshalb alternatives Verhalten nicht nur gewollt, sondern auch gelernt werden muss, und sei es in Form eines Trainings. Lernen macht Verhalten „verfügbar".
(Nolting, S. 302)

4.2 „Eine gute Schule ist der beste Beitrag zur Jugendpolitik" – Plädoyer für die Ganztagsschule

Ausgangspunkt des folgenden Textes ist die zunehmende Gefährdung von Kindern und Jugendlichen sowohl in körperlicher wie auch in psychischer und sozialer Hinsicht. Damit ist auch aggressives Verhalten angesprochen. Die Ursachen sieht der Verfasser, Professor für Erziehungs- und Sozialwissenschaft an der Universität Bielefeld, in den sich wandelnden familialen und außerfamilialen Lebensverhältnissen.
Daraus leitet Hurrelmann die Forderung nach pädagogisch begründeten und gestalteten Ganztagsschulen ab.

Die Lebenssituation von Kindern und Jugendlichen ist durch eine eigentümliche Spannung gekennzeichnet: Einerseits sind auch schon für Kinder und Jugendliche heute die Freiheitsgrade für die Gestaltung einer eigenen individuellen Lebensweise sehr hoch. Andererseits werden aber diese „Individualisierungschancen" erkauft durch die Lockerung von sozialen und kulturellen Bindungen, vor allem im Familien-, Verwandtschafts- und Nachbarschaftsbereich. Wohl aus diesem Grund wächst auch bei Kindern trotz hohem Lebensstandard der Anteil mit sozialen Problemen, mit psychischen Störungen und mit körperlichen Krankheiten. Gesundheit als der Zustand des objektiven und subjektiven Befindens einer Person, der gegeben ist, wenn sie sich in physischen, psychischen und sozialen Bereichen ihrer Entwicklung in Einklang mit den eigenen Möglichkeiten und Zielvorstellungen und den jeweils gegebenen äußeren Lebensbedingungen befindet, ist trotz aller materiellen, medizinischen und sozialen Fortschritte unter heutigen Verhältnissen auch bei jungen Menschen stark gefährdet.

Gefährdung der Gesundheit von Kindern und Jugendlichen

Nur einige Indikatoren:
- Repräsentative Studien kommen im Durchschnitt zu der Schätzung, wonach etwa 10–12% der Kinder im Grundschulalter an psychischen Störungen in Leistungs-, Wahrnehmungs-, Gefühls-, Kontakt- und sonstigen Entwicklungsbereichen leiden. Im Jugendalter muss mit einer noch höheren Quote von etwa 15–20% gerechnet werden. Die Tendenz ist steigend. Die Belastung von Jungen ist nach den vorliegenden Unterlagen im Kindesalter deutlich höher als die von Mädchen, im Jugendalter gleichen sich die Werte an, kommt es sogar in vielen Bereichen zu höheren Belastungssymptomen bei Mädchen.
- Nach dem erfolgreichen Zurückdrängen der früher vorherrschenden Infektionskrankheiten und der klassischen Kinderkrankheiten hat sich das Krankheitsspektrum auch bei Kindern und Jugendlichen zu den so genannten chronischen Krankheiten hin verschoben. Etwa 7–10% aller Kinder und Jugendlichen sind von chronischen Krankheiten betroffen, die Tendenz ist auch hier steigend. Es handelt sich um Krankheiten wie etwa Allergien, Asthma, Bronchitis, Neurodermitis, angeborene Herzfehler, Epilepsie, Diabetes und Krebs, die über viele Jahre lang in mehr oder weniger bedrohlicher Weise das Handeln und Empfinden eines Kindes beeinflussen.
- Das Spektrum von psychosomatischen Beeinträchtigungen wird breiter, zugleich werden immer mehr Kinder und Jugendliche hiervon betroffen. In einer für das Bundesland Nordrhein-Westfalen repräsentativen Studie konnten wir bei 12- bis 17-Jährigen folgende Verbreitung vorfinden: 48% der Befragten berichteten häufig oder manchmal unter Kopfschmerzen zu leiden, 41% berichteten das von Nervosität und Unruhe, 37% von Kreuz- und Rückenschmerzen, 36% von Konzentrationsschwierigkeiten, 30% von Schwindelgefühl, 30% von Magenbeschwerden und 25% von Schlafstörungen. Auch Händezittern, Übelkeit, Appetitlosigkeit, Herzschmerzen und Atembeschwerden wurden häufig genannt.

Wie die einschlägige Forschung zeigt, hängen alle Symptome der Gesundheitsbeeinträchtigung ebenso mit akuten oder überdauernden Belastungssituationen im Lebensalltag wie mit körperlich-physiologischen Prozessen zusammen. Wie unsere Untersuchungen am Sonderforschungsbereich „Prävention und Intervention im Kindes- und Jugendalter" an der Universität Bielefeld zeigen, gehören Beziehungsprobleme und Konflikte mit den Eltern, familiale Auflösungsprozesse, Anerkennungsprobleme in der Gleichaltrigengruppe, moralisch-wertmäßige Orientierungsprobleme, Zukunftsunsicherheit und schulische Leistungsschwierigkeiten zu den häufigsten Belastungsfaktoren, die sich in sozialen, psychischen und körperlichen Auffälligkeiten niederschlagen können.

Wichtig ist festzuhalten: Es handelt sich hier um Symptome der Beeinträchtigung der normalen Entwicklung im sozialen, psychischen und körperlichen Bereich, die als Signale für erschwerte Verarbeitung von Lebensbedingungen angesehen werden müssen. Nicht nur aggressives Verhalten und Leistungsstörungen, nicht nur Überaktivität oder Konzentrationsschwierigkeiten, sondern auch psychosomatische Beschwerden und chronische Krankheiten können – zumindest teilweise – auf soziale und psychische Stressfaktoren zurückgeführt und dürfen nicht als rein körperlich-somatische Fehlfunktionen bewertet werden.

> **1** Wodurch ist die Lebenssituation von Kindern und Jugendlichen nach Hurrelmann gekennzeichnet? Stellen Sie den Zusammenhang mit den Analysen Heitmeyers (Kap. 2. 2) her. Hinweis: Sie finden im Text eine Definition des Begriffs Gesundheit, die zum Nachdenken und Diskutieren einlädt.
> **2** Welche Formen der Gefährdung von Gesundheit nennt Hurrelmann und worauf führt er sie zurück?

Familiale Lebensbedingungen von Kindern und Jugendlichen

Der Familie kommt zweifellos auch unter veränderten Bedingungen eine Schlüsselrolle zu – zum Guten wie zum Schlechten der Entwicklung von Kindern. Körperliche, psychische, sexuelle und soziale Misshandlungen von Kindern sind auch in unserer hoch zivilisieren Welt weit verbreitet. Über 3 % aller 11 Millionen Kinder und Jugendlichen unter 18 Jahren in der BRD sind betroffen. Berücksichtigen wir auch die in den offiziellen Registrierungen nicht enthaltenen Fälle von gravierender emotionaler Ablehnung, seelischer Quälung und psychosozialer Vernachlässigung, also der eklatanten Nichtbeachtung kindlicher Bedürfnisse und des bewussten und fahrlässigen Unterlassens ihrer gesundheitlichen oder psychischen Förderung, dann stoßen wir auf weitere 10 oder sogar 15% von jungen Menschen, die in ihren Familien unter Fehlhandlungen oder Misshandlungen leiden müssen.

Die Ursachen für Misshandlungen und Vernachlässigungen liegen in langanhaltenden Spannungen und Konflikten zwischen den Eltern, besonders im Vorfeld von Trennung und Scheidung und bei instabilen Partnerbeziehungen, in der sozialen Isolation der Familien in Verwandtschaft und Nachbarschaft, in desolaten Wohnbedingungen, in wirtschaftlichen Krisensituationen und in psychodynamisch nicht bewältigten emotionalen und erotischen Beziehungen zwischen Eltern und Kind, Stiefeltern und Stiefkind. Sozialer Stress, verursacht durch verschiedene Faktoren des modernen Lebensstils von Erwachsenen in der Rolle der Eltern und durch die zweckrational ausgerichtete Organisation des Alltagslebens, schafft die Ausgangsbedingungen für fortwährende und auch neuartige subtile Aggressionshandlungen gegen Kinder und Jugendliche. Eltern werden zu „Tätern", weil sie mit ihrem eigenen Leben wegen massiver Berufs-, Partner- und Selbstwertprobleme nicht zurechtkommen. Sie richten ihre aus der Ohnmacht und der eigenen Überforderung geborenen Aggressionen gegen die schwächsten Familienmitglieder, die Kinder.

Unsere Verfassung setzt voll auf die Verantwortung der Elternhäuser bei der Sicherung der Lebensbedingungen von Kindern und Jugendlichen. In Artikel 6 des Grundgesetzes heißt es dazu: „Pflege und Erziehung der Kinder sind das natürliche Recht der Eltern und die zuvörderst ihnen obliegende Pflicht. Über ihre Betätigung wacht die staatliche Gemeinschaft." Dieser Grundsatz wird äußerst problematisch, wenn unsere Familien nicht in der „Verfassung" sind, die unsere Verfassung unterstellt. […] Wie sieht die Realität der Familie heute aus?

Eines ist deutlich: Die traditionell strukturierte Familie mit Vater, Mutter und mindestens einem Kind, die als Denkmodell dem Grundgesetz zu Grunde lag, ist zwar immer noch eine sehr verbreitete, aber nicht mehr die vorherrschende Form der privaten Lebensführung in Industriegesellschaften. Das liegt an folgenden Ursachen:

(1) Die Eheschließungsziffer hat sich im Vergleich zu 1950 fast halbiert. Die Scheidungsziffer ist im gleichen Zeitraum deutlich angewachsen. Heute werden etwa 30 % aller Ehen durch Scheidung beendet, in den 50er-Jahren waren es nicht sehr viel mehr als 10 %.

(2) Die Zahl der Kinder pro Familie ist heute sehr klein. Die Bundesrepublik ist weiterhin ein Spitzenreiter unter den geburtenschwachen Ländern der Welt. Über die Hälfte der Kinder in der Bundesrepublik Deutschland sind Einzelkinder. Etwa 25 % aller Ehepaare haben während des gesamten Zeitraums des Zusammenlebens überhaupt keine Kinder. Nur jeder zweite bundesdeutsche Haushalt ist durch das Zusammenleben von Erwachsenen und Kindern gekennzeichnet.

(3) Die Zahl allein erziehender Eltern wächst ständig weiter an. In der Bundesrepublik leben inzwischen fast 1,5 Millionen Kinder, darunter über 300 000 unter 6 Jahren, bei allein erziehenden Müttern und – zu einem kleinen Teil von etwa 10 % – Vätern. Wir nähern uns der Schwelle von 20 % aller Kinder, die nur mit einem Elternteil aufwachsen. Die soziale und wirtschaftliche Situation dieser Familien ist zum Teil äußerst unbefriedigend.

(4) Die Zahl der Familien wächst, in denen Väter und Mütter einer außerhäuslichen Erwerbstätigkeit nachgehen. Die Bundesrepublik gehört zu den Staaten, die hier noch eine vergleichsweise niedrige Quote haben. Frauen und Kinder unter 15 Jahren sind bei uns im Durchschnitt etwa zu 40 % erwerbstätig. In den Vereinigten Staaten z. B. liegt dieser Prozentsatz bei 60 %. Die Entwicklung geht bei uns eindeutig in die gleiche Richtung.

Die Antriebskräfte für diesen enormen Wandel der Familienformen liegen in veränderten Lebens- und Berufsperspektiven für Männer und Frauen, denen letztlich das Bestreben zu Grunde liegt die eigene Persönlichkeit zu entfalten. Wie auch immer wir diese Prozesse beurteilen – die Konsequenzen für die Kinder sind einschneidend. In einer großen Zahl von Familien ist heute eine zuverlässige physische, psychische und soziale Pflege der Kinder mit einem stabilen emotionalen Kontakt und einer umfassenden Berücksichtigung der oben genannten Bedürfnisse schon rein organisatorisch nicht sicher gewährleistet.

Die klein gewordene und krisenanfällige Familie muss sehr viel flexibler, als wir es heute tun, in ein Netz von informellen nachbarschaftlichen,

Vor acht Jahren haben Petra, 39, und Frank Jürging, 42, geheiratet.
Beide brachten aus ihrer ersten Ehe zwei Söhne mit.
Sie: Maximilian (li. hinten) und Konstantin (li. vorn);
er: Maximilian (re. hinten) und Julius (re. vorn).
Seit zwei Jahren sind sie zu acht: Ferdinand (stehend) und Hubertus (auf dem Arm) sind ihre gemeinsamen Kinder.

(Foto: Peter Boettcher, Köln; © Frank Jürging, Schwelm)

von Selbsthilfekontakten, von Haushaltshilfen und eben auch von öffentlich institutionalisierten Erziehungseinrichtungen für Kinder einbezogen werden.

Die Erziehung von Kindern ist heute ein sehr anspruchsvolles Geschäft. Die Verantwortung für einen jungen Menschen zu haben setzt viele Kompetenzen, Informationen und Kapazitäten voraus, die Umsicht und Sorgfalt benötigen. Viele Mütter und viele Väter sind hierbei überfordert.

Zurzeit wird die Förderung familienunterstützender Einrichtungen bei uns nur widerwillig und der Not gehorchend betrieben.

Für die etwa 1,6 Millionen Kinder in der Altersgruppe von 0 bis 3 Jahren stehen z. B. genau 28 300 Plätze in Horten (Krippen) zur Verfügung. Der Bedarf an solchen Plätzen dürfte aber in der Bundesrepublik bei etwa einem Drittel der Kinder liegen, denn 33 % der Mütter von Kindern in dieser Altersgruppe sind erwerbstätig. Die meisten anderen westeuropäischen Länder bieten auch in dieser Größenordnung Tagesbetreuungsmöglichkeiten an, bei uns aber ist das verpönt.

In der Bundesrepublik wird die Tagesbetreuung der unter 3-Jährigen als eine spezifische Form von „Sozialhilfe für schwache Familien" klassifiziert. Eine Kurzsichtigkeit und ein Zynismus sondergleichen!

Auch das Angebot an Horten (100 000 Plätze für fast sieben Millionen Kinder von 4–14 Jahren) und Ganztagsschulen ist äußerst dürftig. Wir verfügen über etwa 246 000 Plätze an Ganztagsschulen, Plätze für 3,7 % aller Schülerinnen und Schüler im Sekundarbereich bis Klasse 10. Seriöse Schätzungen gehen davon aus, dass der Bedarf mindestens doppelt so groß ist. In Zukunft wird er mit Sicherheit weiter wachsen.

In vielen Städten fahren heute schon 10 % oder mehr der Grundschüler quer durch die Stadtteile, weil in ihrem Einzugsbereich keine Nachmittagsbetreuung existiert. Viele Eltern sind zu abenteuerlichen Tagesplanungs-Verrenkungen gezwungen, um ihre Kinder außerhäuslich zu versorgen.

Alle bereits bestehenden Ganztagsschulen haben wesentlich mehr Anmeldungen als Aufnahmemöglichkeiten.

Außerfamiliale Lebensbereiche für Kinder und Jugendliche

Auch die außerfamilialen sozialen, räumlichen, regionalen und „ökologischen" Lebensbedingungen von Kindern und Jugendlichen haben sich so verändert, dass wir hieraus einen Bedarf an mehr schulischer Tagesbetreuung ableiten können:

(1) Die alltäglichen Verkehrsräume Wohnung und Straße sind nicht „kindergemäß" gestaltet. Auch da, wo die räumlichen Wohnbedingungen quantitativ recht günstig sind, sind sie meist wenig auf die motorischen und sensorischen Bedingungen, insbesondere von kleinen Kindern, eingerichtet, sondern in ihrer Funktionalität und in ihren Nutzungsstandards voll auf das Erwachsenenleben zugeschnitten. Im Straßenbereich sind die Entfaltungsmöglichkeiten für Kinder zumindest in den Großstädten heute schon katastrophal. Der Straßenverkehr hat ein solches Ausmaß und eine solche Kompliziertheit erreicht, dass Kinder ihm nicht gewachsen sind. Nicht von ungefähr sind Verkehrsunfälle heute die Todesursache Nr. 1 im Kindesalter und im Jugendalter. Zum „Schutz" der Kinder haben wir viele abgegrenzte Lebensräume geschaffen (Spielplätze, Kinderhäuser, Kindergärten, Jugendzentren) – um den Preis, dass hier künstliche und abgeschottete Lebensbereiche entstehen können. Kein Wunder, dass die kommerzialisierte Medien- und Freizeitwelt voller Verlockungen und Attraktionen steckt!

(2) Die Erfahrung und Berufsarbeit erfolgt erst sehr spät im Lebenslauf. Durch das Aufschieben des Eintritts in die Erwerbsarbeit können die Erfahrungen der unmittelbaren gesellschaftlichen Nützlichkeit durch produktive Tätigkeit, das Erleben der betrieblichen Normen ökonomischer Zweckrationalität und der Zuständigkeit für die eigene materielle Existenzsicherung erst relativ spät im Lebenslauf erfolgen. Die traditionelle Schule bietet zwar viele intellektuelle und soziale Anregungen, aber sie ist ein Verhaltensbereich, der wenige Verantwortungserlebnisse gestattet, wenige Solidaritätserfahrungen ermöglicht, eine stark individualistische Leistungsmoral forciert, überwiegend abstrakte Lernprozesse bevorzugt und zugleich einen hohen Grad an Fremdbestimmung aufrechterhält.

Jugendgruppe am Treffpunkt Halfpipe

(Foto: Ostkreuz/ Ute Mahler)

(3) Die Gleichaltrigengruppe übernimmt zu einem relativ frühen Zeitpunkt in der persönlichen Entwicklung sozialisierende Funktionen. Gleichaltrigengruppen sind als freizeitgebundene Formen des Zusammentreffens meist dadurch charakterisiert, dass sie ihren Mitgliedern vollwerte Teilnahmechancen gewähren, die ihnen in den übrigen Handlungsbereichen, insbesondere Familie und Schule, in diesem Umfang nicht gewährt werden. Deshalb gewinnen sie eine so große Bedeutung in der psychosozialen Orientierung schon von jüngeren Jugendlichen ab 10–12 Jahren.

Die Bedeutung der Gleichaltrigengruppe wächst in dem Maße, wie sich die soziale Ablösung der Jugendlichen vom Elternhaus beschleunigt. Die Gleichaltrigengruppe kann in dieser schwierigen Ablösungsphase die Funktion der psychischen Stabilisierung der Jugendlichen übernehmen, bis sich ein neuer Modus der Beziehung zwischen Jugendlichen und Eltern eingespielt hat. Auch ist die Bedeutung der Gruppen bei der Ausgestaltung der Konsum- und Freizeitaktivitäten im Jugendalter von herausragendem Gewicht. Die Gleichaltrigengruppen vermitteln die Standards für die Orientierung im Konsumsektor und

Carina mit ihrer Clique bei sich zu Hause

(Foto: Stern, Hamburg/ Gerhard Westrich)

setzen damit oft sehr wirksame Maßstäbe für das Verhalten von jugendlichen Gruppenmitgliedern. Die Gruppen prägen teilweise eine eigene Jugendkultur aus, die die Entfaltung eines eigenständigen und von Erwachsenen abgesonderten Lebensstiles ermöglicht. In diesem Sinn sind die Gruppen ein wichtiges Medium, um Jugendlichen eine soziale Selbstdarstellung zu ermöglichen. Zugleich sind sie aber auch ein Magnet für dissoziales, delinquentes und disruptives Gruppenverhalten.

1 Erarbeiten Sie Hurrelmanns Aussagen über die familialen Lebensbedingungen von Kindern und Jugendlichen. Gliedern Sie Ihre Ergebnisse nach den Gesichtspunkten
- Misshandlungen, Vernachlässigungen und die Ursachen
- Wandel der Familienformen
- Fazit.

2 Erarbeiten Sie die Veränderungen in den außerfamilialen Lebensbedingungen und ihr Gefährdungspotenzial.
Wir schlagen Ihnen das folgende methodische Verfahren vor:
- eine Kurshälfte bearbeitet die familialen, die andere Kurshälfte die außerfamilialen Bedingungen; anhand der oben formulierten Aufgabenstellungen;
- jeder Schüler legt einen Spickzettel mit den Ergebnissen an, Größe maximal DINA4, einseitig beschrieben;
Tipp: arbeiten Sie mit Stichworten und Strukturskizzen;
- Sie bilden einen Doppelkreis, im Innenkreis die Experten für die familialen, im Außenkreis die Kenner der außerfamilialen Bedingungen, die Schüler/innen sitzen sich paarweise gegenüber;
- jedes Mitglied des Innenkreises informiert sein Gegenüber mithilfe des Spickzettels, der Zuhörer fertigt Notizen an, der gesamte Kreis wechselt n Plätze weiter, die Zuhörer geben nun das soeben Gehörte weiter und erhalten vom Partner ein Feedback.
- Das Verfahren wird nun wiederholt für die Informationen des Außenkreises.

Bildungs- und schulpolitische Konsequenzen
Angesichts dieser Situation benötigen wir dringend angemessene pädagogische Konzepte für die Neudefinition der schulischen Bildungsarbeit. Sie müssen ihren Ausgangspunkt in der Strukturanalyse der Lebensbedingungen im Kindes- und Jugendalter nehmen, wie sie hier skizziert wurde. Insbesondere durch die Umschichtung von Familienaufgaben und die Veränderung von Lebensformen, aber auch durch den Bedeutungsgewinn, den aus arbeitsmarktpolitischen Gründen die Schulzeit auf Kosten der Erwerbszeit für die Gestaltung des Jugendalters erfahren hat, ist die Schule gezwungen ihre pädagogische Position neu zu definieren.
Der Schule kommt de facto eine Schlüsselrolle bei der Konstituierung der alltäglichen Lebenswelt von Kindern und Jugendlichen zu. Das gilt für die unmittelbare tägliche Gestaltung von Handlungsabläufen für Kinder und Jugendliche ebenso wie für die langfristigen Zukunfts- und Lebensplanungen. Die Schule kann sich dieser Herausforderung nur stellen, wenn sie sich ihres Charakters bewusst wird zentraler Bestandteil der Lebenswelt von Kindern und Jugendlichen zu sein und einen ganz wesentlichen sozialen Erfahrungsraum zu bilden.
In erster Linie denke ich hier an lebensnahe und erfahrungsbezogene Konzepte der Didaktik und der Unterrichtsorganisation. Wird die Schule neben einer Institution für Wissensvermittlung und intellektuelles Training auch zu einem sozialen Forum, zu einem anregenden Bestandteil des Alltags von Jugendlichen, dann eröffnet sie wichtige Erfahrungsräume und fördert die persönliche Selbstentfaltung in vielen Dimensionen der Persönlichkeit. Eine „gute Schule" in diesem Sinn ist ein nicht zu überbietender Beitrag für die Jugendpolitik einer Gesellschaft. Die Schule muss Arbeits- und Übungsräume mit verschiedenartigen Lernsituationen anbieten, die von Jugendlichen als persönlich wichtig und sinnvoll empfunden werden. Eine gute Schule mit einem angenehmen Schulklima ist auch ein sozialer Raum mit präventiver Wirkung für jede Form von Verhaltensauffälligkeit und Gesundheitsbeeinträchtigung.
Diese Vorstellungen sind in Ganztagsschulen sehr viel besser als in Halbtagsschulen umzuset-

zen. Ich will mich hier an das übliche Verständnis halten und unter „Ganztagsschule" alle Formen der Schulorganisation bezeichnen, bei denen die Schule ihre Aktivitäten über die Vormittage hinaus auch auf mehrere Nachmittage in der Woche ausdehnt. Dabei kann es sich um ein obligatorisches oder ein fakultatives Nachmittagsangebot handeln. Den Namen Ganztagsschule verdienen aber nur solche Schulen, die für ihre Schülerinnen und Schüler – oder zumindest für einen großen Teil von ihnen – vom Vormittag bis zum Nachmittag ein differenziertes pädagogisches Gesamtprogramm organisieren, das auch das Angebot eines Mittagessens einschließt. Pädagogisches Gesamtprogramm heißt dabei: Es sind unterrichtliche, erzieherische und sozialpädagogische Aktivitäten und Maßnahmen in einer sorgfältigen Abstimmung miteinander in das schulische Programm einbezogen. Den Namen „Ganztagsschule" verdienen – programmatisch gesehen – diejenigen Schulen nicht, die nur eine technische Umverteilung des Unterrichts auf Vormittage und Nachmittage durchführen, also eine Art ausgeweitete Halbtagsschule darstellen.

Für die Ganztagsschule als spezifische pädagogische Form von Schule entscheidend ist die Erweiterung des unterrichts- und fachdidaktikbezogenen Konzeptes auf solche Ansätze, die sozialpädagogische und jugendpädagogische Impulse mit aufnehmen. Die Kritik an der einseitigen Ansprache von Schülern über kognitiv-intellektuelle Kanäle, die Kritik an der rein wissensorientierten Lernschule, die körperliche, emotionale, motorische und ästhetische Elemente vernachlässigt, wird hier aufgenommen und umgesetzt.

Im Einzelnen bietet der Ganztagsbetrieb die folgenden Möglichkeiten:

(1) Eine bessere Verteilung des Unterrichts und anderer schulischer Veranstaltungen auf den Vormittag und den Nachmittag und damit die Möglichkeit der rhythmischen Gestaltung des gesamten Tagesablaufs in Belastungs-, Entspannungs- und Ruhepausen mit Rücksicht auf körperliche, psychische und soziale Bedürfnisse der Schülerinnen und Schüler.

(2) Das Einbeziehen von Übungsphasen und Fördermaßnahmen in den Unterrichtsalltag und damit eine bessere Betreuung schwächerer Schülerinnen und Schüler, die in flexibler und intensiver Weise gefördert werden können und damit eine Verbesserung ihrer Bildungschancen erfahren. Für den unterrichtlichen und didaktischen Bereich scheint mir besonders wichtig zu sein, dass die Ganztagsschule flexible Organisationsformen gestattet und pädagogisch umsetzt. Also neue Formen der fachlichen Kooperation, der Zeiteinteilung und der Arbeitsteilung, die in einem zusammengepressten Halbtagsturnus von Schule kaum möglich sind. In dieser wie auch in vielen anderen Hinsichten kann die Ganztagsschule insofern als Vorreiter für moderne pädagogische Konzeptionen verstanden werden. Das gilt auch für den lange vernachlässigten Bereich von Schülerpatenschaften und Schülertutoren („Schüler helfen Schülern").

(3) Das Reduzieren der konventionellen „Hausaufgaben" auf ein Minimum. Die Übungsarbeit, die im Bereich der Schule erledigt werden kann, soll über gezielte Differenzierungsmaßnahmen möglichst direkt in die Unterrichtsstunden einbezogen werden oder besonderen Arbeits- und Förderstunden zugewiesen werden. Ziel ist eine deutliche Entlastung der Erziehungsberechtigten, die nicht zu „Hilfslehrern der Nation" umfunktioniert werden, sondern sich auf ihre pädagogische Rolle als Eltern konzentrieren können. Natürlich ist dadurch ein mitdenkendes Verständnis der Eltern nicht ausgeschlossen – im Gegenteil: es soll gerade gestärkt werden.

(4) Eine Förderung eines guten schulischen „Betriebsklimas", das persönliche Beziehungen auch über den rein unterrichtlichen Bereich hinaus gestattet. Der Deutsche Bildungsrat hat schon in seinen Empfehlungen zur Ganztagsschule von 1968 vor allem auf die Chance der Verstärkung der Kontakte zwischen Schülern und Lehrern hingewiesen, den Ausbau der Schülermitverantwortung, die engere Zusammenarbeit von Eltern und Schule und den Ausbau der schulinternen psychologischen Beratung. Aus heutiger Sicht würden wir auch den Ausbau von Aktivitäten der Sozialpädagogik und Sozialarbeit hinzufügen.

(5) Das Angebot einer Mittagsverpflegung in der Schule mit den Chancen zur angemessenen so-

zialen und auch gesundheitlich-ernährungsbezogenen Ausgestaltung dieses Ereignisses. Das Mittagessen muss also Bestandteil des Schullebens sein und darf keinesfalls nur als technisches Problem angegangen werden: also kein „Abfüttern", sondern ein angenehmes Zeremoniell.

(6) Ein Angebot von Arbeitsgemeinschaften und Projekten vor allem im Nachmittagsbereich, das auf die Altersstufen und auf die Interessenschwerpunkte der Schülerinnen und Schüler eingeht und Elemente für eine sinnvolle Freizeiterziehung enthält. Voraussetzung dafür ist eine entsprechende räumliche Gestaltung der Schule. Eine Ganztagsschule verlangt noch viel nachdrücklicher als eine Halbtagsschule danach, dass sich Schüler und Lehrer in der Schule wohl fühlen können, dass Aufenthalts- und Gemeinschaftsräume so gestaltet sind, dass sie als aneignungsfähiger sozialer Lebensraum wahrgenommen werden. Die Mitgestaltung durch die Schüler ist dabei wichtig und wünschenswert. Die Kooperation mit Personen und Institutionen aus dem öffentlichen Leben der Gemeinde ist eine der noch zu entdeckenden Perspektiven hierbei.

Ganztagsschulen haben alle Voraussetzungen ein sozialer Erfahrungsraum für die Schülerinnen und Schüler zu sein – nicht zuletzt deshalb, weil sie zwangsläufig die Zusammenarbeit verschiedener pädagogischer Berufsgruppen in der Schule kennen. Schulen mit ganztägiger Schülerbetreuung müssen je nach Aufgabenprofil Schulpsychologen, Sozialarbeiter, Sozialpädagogen und Erzieher mit in das Kollegium aufnehmen. Hinzu kommen Werkstattmeister, Küchenpersonal und möglicherweise weitere, nicht im engeren Sinne pädagogische Berufsrollen. Auch die Mitarbeit der Eltern und anderen Repräsentanten aus Stadtteil und Gemeinde in verschiedenen Aufgabenbereichen, die der Ganztagsablauf mit sich bringt, ist erwünscht und teilweise notwendig, um den Betrieb in einer lebendigen Form aufrechtzuerhalten.

Hierdurch bietet die Ganztagsschule erheblich mehr soziale Rollen und damit auch soziale Orientierungsmuster für Schülerinnen und Schüler an als die Halbtagsschule. Es ist für die Schüler anregend und erfahrungsreich und für die Lehrer streckenweise entlastend, dass mehrere Bezugspersonen im Laufe des Schultags zur Verfügung stehen. Zu Recht beklagen wir die soziale Isolation, in die die heutige Schule geraten ist, indem sie sich von vielen anderen Erfahrungsfeldern in der Gesellschaft abgekapselt hat. Hier ist die Institution Schule Opfer der voranschreitenden Abspaltungs- und Differenzierungsprozesse, die in allen hoch entwickelten Industriegesellschaften beobachtet werden können. Die angemessene Antwort auf diesen Prozess muss lauten: So viel Verbindung und Kooperation mit außerschulischen Lebensbereichen herstellen wie möglich und zugleich so viel soziale Beziehungen und Lebenserfahrung in der Schule ermöglichen und herausfordern wie irgend denkbar.

Ganztagsschulen pädagogisch begründen!

Die Ganztagsschule ist – wenn wir ihr pädagogisches Konzept ernst nehmen – besonders geeignet bei psychischen, sozialen und auch gesundheitlichen Problemen von Schülern unterstützend einzugreifen. Verhaltensauffälligkeiten und Gesundheitsbeeinträchtigungen von Kindern und Jugendlichen können im Rahmen der Ganztagsarbeit besser und schneller erkannt werden, natürlich nur, wenn ausreichend geschultes Fachpersonal vorhanden ist. Durch das Einbeziehen von sozialpsychologischen und sozialpädagogischen Fachkenntnissen ins Schulkollegium kann das „Unterstützungspotenzial" der Institution Schule gesteigert werden. Je stärker sie in den laufenden Unterrichtsbetrieb integriert sind und je mehr sie auf unkomplizierter Kooperation von Lehrern und Fachkräften untereinander basieren, desto günstiger wirken sich solche Initiativen aus.

Zielvorstellung der kompensatorischen Erziehung und Beratung kann nicht eine punktuelle und isolierte Einzelfallhilfe sein, sondern eine soziale Unterstützung für problembelastete Schülerinnen und Schüler, die in eine umfassende lebensweltbezogene Jugendarbeit innerhalb des Schulsystems einbezogen ist. Voraussetzung ist eine Erweiterung der sozialerzieherischen Handlungskompetenzen jedes einzelnen Lehrers und des gesamten Kollegiums. Organisationsstrukturell können sich solche integrierten Modelle in der Einrichtung z. B. des so genannten Team-Kleingruppen-Modells ausdrücken, das eine Aufgliederung schulischer Großsysteme in kleine Bezugseinheiten vorsieht. Dieses feste Lehrerteam, das einem Schülerjahrgang zugeordnet ist, kann als Ausgangsbasis für integrierte sozialpädagogische Tätigkeiten fungieren.

Ich plädiere entschieden dafür, Ganztagsschulen pädagogisch zu begründen und mit pädagogischen Argumenten durchzusetzen. Denn nur dadurch können wir sicherstellen, dass Ganztagsschulen nicht nur „In-die-Länge-gezogene-Halbtagsschulen" werden, die die Chance einer pädagogischen Neudefinition ihrer Aufgaben verpassen. Wir benötigen diese Neudefinition dringend, denn die veränderten Lebensbedingungen von Kindern und Jugendlichen, die ich aufgezeigt habe, schreien geradezu nach angemessenen pädagogischen Antworten. Kinder und Jugendliche benötigen den Lebensraum Schule als einen wichtigen sozialen Aufenthaltsbereich neben der krisenanfällig gewordenen Familie und dem kommerzialisierten Freizeitbereich, als Forum für die Auseinandersetzung mit der eigenen Person und der Umwelt. Die Ganztagsschule kann hier überzeugende Antworten geben.

(Aus: Klaus Hurrelmann: Plädoyer für die Ganztagsschule. In: Pädagogik 3/90, S. 39–43)

1 Was gehört nach Hurrelmann zu einer pädagogisch gestalteten Ganztagsschule?
2 Welche Voraussetzungen müssen von der Politik geschaffen werden?

Aufgaben zum gesamten Text:
1 Erfassen Sie die Argumentationsstruktur des Textes in einem Mindmap.
2 Problematisieren Sie Hurrelmanns Plädoyer für Ganztagsschulen. Formulieren Sie dazu mögliche Einwände aus der Sicht von Schülern, Eltern/Familie, Lehrern und Politikern.
Entwickeln Sie eine eigene Beurteilung (z. B. im Rahmen eines Rollenspiels/einer Podiumsdiskussion).
3 In Europa gibt es nur wenige Länder ohne verpflichtende, flächendeckende Ganztagsschule.
Recherchieren Sie – z. B. mittels Internet – und berichten Sie über die Verbreitung von Ganztagsschulen in anderen europäischen Ländern.

5. Rechtsextremismus – Fremdenfeindlichkeit – Gewalt gegen ausländische Bürger

Sind rechtsextreme Gewalttaten Aktionen einer radikalen Minderheit oder wächst die Gewalt aus der Mitte der Gesellschaft?

Wie sind die hohen Gewaltraten im Osten zu erklären?

Welche Maßnahmen sind sinnvoll? Engagierte akzeptierende Sozialarbeit oder strafrechtliche Verfolgung?

Zu diesen und weiteren Fragen finden Sie im folgenden Kapitel Antworten, Konzepte, Diskussionsbeiträge.

Die Texte eignen sich für die Bearbeitung in Gruppen. Im ersten Text geht es um Begriffserklärungen. Leitfragen zur Bearbeitung der weiteren Texte könnten sein:
- Welche Aussagen treffen die jeweiligen Autoren über Ursachen und Wege der Bekämpfung des Rechtsextremismus?
- Worin unterscheiden sich die verschiedenen Positionen?

Wie soll ein Kind seine Fremdheitsgefühle gegenüber einer Türkin abbauen, wenn es gar keine kennt?
(Foto: Fotoagentur Grabowsky, Sankt Augustin)

5.1 Zur Klärung der Begriffe

- Über einige Merkmale von fremdenfeindlichen Straftaten
- Über die Verbreitung von fremdenfeindlichen Einstellungen in der Gesellschaft
- Über den Begriff „Autoritäre Einstellungsmuster"

„Fremdenfeindliche" Straftaten unterscheiden sich von allgemeinen Straftaten durch ihre politische Dimension. Im Gegensatz zu allgemeinen Gewalthandlungen konzentrieren sich „fremdenfeindliche" Übergriffe auf bestimmte Opfergruppen. Sie zielen somit tendenziell auf alle Mitglieder der betroffenen sozialen Gruppen. In diesem Sinn sind sie mit einem gesellschaftspolitischen Machtanspruch verknüpft, der bestimmten sozialen Gruppen ihren unterlegenen sozialen Status bzw. ihre Unerwünschtheit in dieser Gesellschaft drastisch vor Augen führt. Im Prozess der Entstehung von Gewalt spielt die Entwertung und Entmenschlichung des Opfers eine wesentliche Rolle. Es braucht Überzeugungen, die es erlauben, das Opfer so abzuqualifizieren, dass Gewalt als legitimes Mittel gerechtfertigt erscheint. Würden diese „fremdenfeindlichen" Einstellungen nur von einer kleinen Gruppe geteilt, wären sie als Legitimationsbasis unzureichend. Fremdenfeindliche Straftäter sind sich der Unterstützung der von ihnen proklamierten Motive in einer breiten (medialen) Öffentlichkeit durchaus bewusst. In ihrer Erscheinungsform unterscheiden sich die „ausländer"- und minderheitsfeindlichen Einstellungen Jugendlicher und Erwachsener nicht voneinander. Es ist der Diskurs der Mehrheitsgesellschaft, aus dem die Jugendlichen ihre Argumente beziehen. Sie schwimmen in einem breiten Meinungsstrom und nicht gegen ihn. Allenfalls extreme und offenere Formen von rassistischen und minderheitenfeindlichen Sprechweisen lassen sich bei Jugendlichen, die noch ohne Rücksichtnahme auf taktische Erwägungen argumentieren, öfter beobachten. [...]

In einem nicht unbeträchtlichen Umfang gehören fremdenfeindliche und rassistische Einstellungen zum gesellschaftlichen Alltag. Nach einer von Alfons Silbermann durchgeführten repräsentativen Untersuchung* sind nur 15 Prozent der Befragten völlig frei von fremdenfeindlichen Tendenzen. Über fünf Prozent der Gesamtbevölkerung hegen dagegen „starke" und „sehr starke" fremdenfeindliche Ressentiments. Weitere zehn Prozent sind deutlich „überdurchschnittlich" fremdenfeindlich eingestellt. [...]

Um das Phänomen Rechtsextremismus in seiner ganzen Bandbreite zu erfassen, erscheint es als angemessen, den unscharfen Begriff „Rechtsextremismus", der sich an einem arithmetischen Rechts-Mitte-Links-Schema orientiert, durch die inhaltlich bestimmte Bezeichnung „autoritäre Einstellungsmuster" zu ersetzen. Autoritäre Einstellungsmuster lassen sich mit Alex Demirovic und Gerd Paul mit den Kriterien Demokratiefeindlichkeit, Fremdenfeindlichkeit und Nationalismus erfassen.

* Alphons Silbermann: Der „normale Hass" auf die Fremden. Eine sozialwissenschaftliche Studie zu Ausmaß und Hintergründen von Fremdenfeindlichkeit in Deutschland, München 1995

(Aus: Ute Schad: Rechtsextremistische Orientierungen bei Jugendlichen und soziologisch-pädagogische Defizite. In: Aus Politik und Zeitgeschichte. Beilage zur Wochenzeitung „Das Parlament" 26/99, 25.6.1999)

5.2 „Was tun gegen Rechtsextremismus?" – Sozialarbeit auf dem Prüfstand

Im Rahmen einer Serie der Wochenzeitung DIE ZEIT „Was tun gegen Rechtsextremismus?" wurde im folgenden Artikel das Konzept der „akzeptierenden Jugendarbeit" vorgestellt und mit Erfahrungsberichten aus der Praxis von Sozialarbeitern konfrontiert.

Franz Josef Krafeld kocht sehr gewissenhaft Kaffee. Er schüttet vorsichtig das Pulver in seine Tasse, gießt behutsam heißes Wasser darüber und legt zwei kleine Schalen Kaffeesahne auf den Tisch. Dann schlägt er die Beine übereinander, faltet die Hände und schaut in Richtung Wand. Dort hängt ein Bild mit vier jungen Gestalten, die sich Gummiglatzen über ihre Haarpracht gezogen haben. Darunter steht: „Lieber Skinhead sein als sonst nichts". Es ist ein Geschenk von Krafelds Mitarbeitern, und es soll witzig sein.

NPD-Kundgebung am Leipziger Völkerschlachtdenkmal am 1. Mai 1998 (Foto: dpa)

Krafeld macht ein Gesicht, als sei es ihm ein bisschen peinlich. Er ist 52, hat lange weiße Haare, die er sich regelmäßig aus dem Gesicht streicht, und ist seit 1979 Hochschulprofessor für Sozialpädagogik in Bremen. Vor über zehn Jahren hat er etwas erfunden, das er „akzeptierende Jugendarbeit" nannte.

Damals, in den späten Achtzigern, war in seiner friedlichen Heimatstadt Bremen eine rechte Clique aufgetaucht. Niemand wusste so genau, was man mit ihr anfangen sollte. „Es war ja tabuisiert, dass man auf die zugeht", sagte Krafeld. Sein Ansatz der Jugendarbeit war der Tabubruch. „Man muss die Jugendlichen dort abholen, wo sie stehen." Ein Satz, der vorher in der Arbeit mit Drogensüchtigen verwendet wurde. Krafeld war der Erste, der meinte, dass Sozialpädagogen auch mit „anstößigen rechten Jugendlichen" arbeiten sollten. Wenn er über diese Anfangszeit spricht, dann beugt er seinen Oberkörper nach vorn, die Arme zerteilen die Luft in kleine Vierecke. Es war eine gute Zeit für Franz Josef Krafeld.

Er wusste noch nichts vom baldigen Mauerfall. Es gab noch kein Rostock, kein Hoyerswerda und kein Mölln. Die Welt war in Ordnung, und die Rechten waren eine Randgruppe. Die Jahre von 1991 an wurden weniger friedliche, sein Konzept der „akzeptierenden Jugendarbeit" immer häufiger angewendet und immer heftiger kritisiert. Krafeld spricht jetzt ruhig, überlegt jeden Satz sehr genau. Am meisten haben ihn diejenigen angegriffen, aus deren Mitte er stammt – die Linken. Verschiedene Antifa-Gruppen aus Norddeutschland gaben 1998 ein Heft zur Kritik an der akzeptierenden Jugendarbeit heraus. Darin heißt es: „Durch die akzeptierende Jugendarbeit erleben die Rechten, dass sie nicht trotz, sondern wegen ihrer Auffassungen ernstgenommen und gefördert werden. Man entwirft sogar eigene Konzepte für sie, die ausdrücklich ihre Auffassungen akzeptieren und würdigen, indem sie zum Anlass genommen werden, ihnen Räume, Sozialarbeiter/innen, Gelder etc. zur Verfügung zu stellen".

Krafeld wurde als „Nationalsozialarbeiter" beschimpft und bekam sogar eine Morddrohung. Das muss ihn getroffen haben, ihn, der aus einer Widerstandsfamilie stammt.

Am meisten Irritation hat das Wort „Akzeptanz" ausgelöst. Bedeutet Akzeptanz etwa eine heimliche Einverständniserklärung? Und wo liegen die Grenzen der Akzeptanz? Krafeld überlegt lange.

„Natürlich heißt das nicht, dass Sozialarbeiter ihre Ideologie, sondern sie als Menschen akzeptieren sollen." Sein Konzept zur Bestimmung der Grenzen hat er in den letzten Jahren immer wieder überarbeitet. Er zieht sie da, wo der Sozialarbeiter sich selbst bedroht fühlt oder zur Unterstützung von rechtswidrigen Aktivitäten benutzt wird. Er weiß selbst, dass das eine ungenaue Beschreibung ist. Es ist schwierig mit den Grenzen für einen Mann der Theorie wie ihn. Er betreut die Sozialarbeiter, nicht ihre Zielgruppe.

„Ich selbst hätte viel zu viel Angst, mich persönlich mit den rechten Jugendlichen auseinander zu setzen", sagt er […].

1992 sollte in Weimar ein Neonazi als Sozialarbeiter eingestellt werden. Diese Nachricht schaffte es bis in die *Tagesthemen*. Der Verantwortliche sagte live zur besten Sendezeit: „Das ist im Sinne der akzeptierenden Jugendarbeit." Dabei schreibt Krafeld in einem seiner Bücher: „Die Konfrontation mit dem Anderssein, die eigene Erfahrung, dass intensive Begegnungen mit Menschen, die ganz anders sind, ungemein bereichern kann, wird hier zu einem wesentlichen pädagogischen Element." Wenn Sozialarbeiter und Jugendliche aus der gleichen Szene stammen, gilt das natürlich nicht. „Ich kann nicht verhindern, dass die akzeptierende Jugendarbeit immer wieder falsch benutzt wird", sagt Krafeld. Es klingt hilflos. Das zweite Problem sieht er darin, dass vor allem in Ostdeutschland „in geradezu skandalöser Weise versäumt worden ist, kontinuierlich qualifiziertes Personal einzusetzen." Mit unausgebildeten ABM-Kräften könne man auf Dauer keine effektive Jugendarbeit machen. Aber Fachkräfte sind teuer, und die wenigsten Kommunen im Osten haben Geld.

Gabriele Nehring kann sich noch gut an ihren ersten Tag in einem rechten Delitzscher Jugendclub erinnern. Sie ist 37, zierlich und hat ihre blonden langen Haare zu einem Zopf zusammengebunden. Nehring ist gelernte Kauffrau für Nachrichtentechnik und hat sich 1997 auf eine freie ABM-Stelle in einem Jugendclub beworben. Schon am nächsten Tag stand sie vor den Jugendlichen – ohne Ausbildung oder Einführung. Als mobile Sozialarbeiterin betreute sie von da an den Ostclub in Delitzsch und den Jugendtreff in Laue, einem Vorort von Delitzsch – beides rechte Treffpunkte.

Am Anfang sei sie das notwendige Übel gewesen, erzählt sie. Dann hat sie ein Dorffest in Laue mitorganisiert. Danach wurde sie akzeptiert. In ihrem Club ging der Kreisvorsitzende der Delitzscher NPD ein und aus. Wie hat sie mit den Jugendlichen gearbeitet? „Ich habe versucht, die zu akzeptieren", sagt sie. Es klingt ratlos. „Ich musste immer aus dem Bauch heraus entscheiden." Wenn die Rechten feiern wollten, ging sie einen Kompromiss ein. Zwei bis drei Lieder ihrer Musik durften sie spielen. Es hat ihr nicht gefallen. Sie lässt die Schultern fallen. Was sollte sie machen? Nehring konnte mit ihnen Bier trinken, Skat spielen und übers Wetter diskutieren. Politische Debatten hat sie vermieden. Sie fühlte sich überfordert. „Die kennen sich richtig gut in Geschichte aus", sagt sie und fügt leise hinzu: „Ich bin denen nicht gewachsen." Wenn ihre Jugendlichen sich am Tisch laut über die Reparationszahlungen aufregen, die Deutschland nach dem Zweiten Weltkrieg leisten musste, konnte Gabriele Nehring nur zuhören und schweigen. Vielleicht hat sie deshalb aufgehört, Rechte zu betreuen – sie arbeitet inzwischen in dem Jugendhaus, wo bis zur Pleite des Kuhstalls die Kämpfe zwischen Linken und Rechten tobten. „Wer mit Rechten arbeitet, muss mit beiden Beinen im Leben stehen und sich gut in Geschichte auskennen", sagt sie zum Schluss.

Franz Josef Krafeld wäre begeistert, wenn er diesen Satz hören könnte. Auch wenn er weniger davon begeistert wäre, dass Gabriele Nehring offensichtlich an diesen Anforderungen gescheitert ist. Er selbst weist in seinem Konzept an vielen Stellen auf die große Bedeutung des Sozialarbeiters hin. Der müsse die politische Diskussion mit den Jugendlichen geradezu suchen und selbst einen anderen, sehr festen Standpunkt vertreten, wiederholt er immer wieder. […]

Rechte Jugendliche brauchen Widerspruch. Sozialarbeiter müssen die Auseinandersetzung suchen und dabei demokratische Positionen entschieden vertreten.

Ist nach zehn Jahren der Ansatz der akzeptierenden Jugendarbeit gescheitert? Franz Josef Krafeld überlegt lange. „Nein", sagt er „so möchte ich das nicht sagen." Vieles sei falsch verstanden

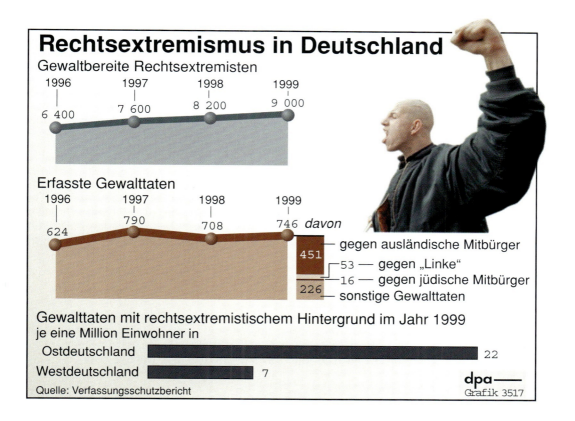

worden, aber an den Grundlagen seines Konzepts halte er fest. Nur sei es eben nicht in jedem Umfeld geeignet. In einem Beitrag für die Zeitschrift *Deutsche Jugend* schreibt Krafeld resigniert: „In Orten, in denen rechtsextremistische Orientierungsmuster längst dominierender Bestandteil des als unpolitisch empfundenen Alltagsdenkens in der Mitte der (Erwachsenen-)gesellschaft geworden sind, ist mit pädagogischen Einmischungen kaum noch etwas zu bewegen." Doch es gibt sie, die wenigen Beispiele, bei denen „akzeptierende Jugendarbeit" mit Rechten funktioniert. Filippo Smaldino sitzt in seinem kleinen Büro in Milmersdorf, Brandenburg. Er trägt eine schwarze Lederhose, seine Füße schwingen im Takt seiner Sätze, und er redet so schnell, als lebe er in ständiger Angst, überhört zu werden. Smaldino ist Halbitaliener, 37 und seit drei Jahren Leiter des Jugendzentrums Bruchbude im Ort. Auf seinem Schreibtisch deuten Papierhaufen auf jahrelange Schlachten mit der Bürokratie. Vor dem Fenster graue Häuser, in der Ferne Plattenbauten. Sie stammen aus der Zeit, als das Betonwerk noch 650 und nicht 130 Angestellte und Milmersdorf noch 2 500 statt 1 900 Einwohner hatte.

Bald bekam der Sozialarbeiter ein Messer an den Hals gesetzt

Als Smaldino vor drei Jahren aus Berlin nach Milmersdorf kam, waren die Besucher der Bruchbude kahl rasiert, trugen Springerstiefel und lieferten sich regelmäßig Schlägereien mit Aussiedlern und Jugendlichen aus den Nachbarorten. „Das hat mich nicht abgeschreckt", sagt er und grinst. Smaldino hatte vorher fünf Jahre im Strafvollzug gearbeitet – mit Pädophilen.
In seiner ersten Zeit in Milmersdorf testeten die Jugendlichen Smaldinos Grenzen. Wenn sie eine Hitlerbüste mitbrachten oder Gürtel mit Hakenkreuzen trugen, kam Smaldino ihnen mit der Verfassung. Wenn einer seiner Jugendlichen bei einer Veranstaltung zur doppelten Staatsbürgerschaft aufstand und rief: „Nur ein vergaster Tür-

ke ist ein guter Türke", hat er ihn angezeigt. Er setzt die Grenzen der Akzeptanz sehr eng. Natürlich hat das nicht allen gefallen. In der ersten Zeit wurde Smaldino ständig bedroht. Ein Steckbrief bot 1 500 Mark für seinen Kopf, und eines Tages hielt ihm ein Skinhead in seinem Jugendclub ein Messer an den Hals. Er solle verschwinden.

Smaldino blieb. Er fuhr mit 21 Jugendlichen nach Indien, baute dort eine Brücke und reiste mit den Rechten nach Elba. „Die haben da vergessen, ihre Haare abzurasieren." Wenn einer seiner Jugendlichen mal wieder ausrastet und jemanden verprügelt, bittet er ihn allein zu einem Gespräch in sein Zimmer. Er provoziert sie, konfrontiert sie ständig mit seiner anderen Meinung, und am Ende legt er beim Haftrichter ein gutes Wort für sie ein.

Nach drei Jahren ist die Mehrheit seiner Jugendlichen zur Technoszene übergelaufen. Die Jungs in der Bruchbude tragen Perlenketten um den Hals, und ihre Haare haben sie zu etwas geformt, das sie „Vogelnester" nennen. Dabei stehen die Haare seitlich vom Kopf ab, während in der Mitte eine Kuhle zurückbleibt.

Bisweilen schauen Herren in Nadelstreifenanzügen bei Smaldino vorbei und bieten ihm finanzielle Unterstützung an, wenn er ihnen einige Räume zu Hitlers Geburtstag überlasse. Smaldino schüttelt dann den Kopf und begleitet sie höflich zur Tür. Einen Club nur für rechte Jugendlichen wie in Delitzsch, würde er nie zulassen. „Das wäre ja direkte Unterstützung für die Rechten."

Das Polizeipräsidium im benachbarten Eberswalde schreibt über die Arbeit von Smaldino: „Die Lage hat sich dank seiner Arbeit beruhigt. Sollte die Bruchbude schließen, würde das immer noch vorhandene Potenzial rechter Jugendlicher erneut die Oberhand gewinnen."

(Aus: Jana Simon: „Ich bin denen nicht gewachsen". Dreiste Nazis, überforderte Sozialarbeiter, verängstigte Lokalpolitiker – eine Fallstudie aus Sachsen. In: Die Zeit Nr. 33 vom 10. 8. 2000)

1 Definieren Sie den Begriff „akzeptierende Jugendarbeit".
2 Arbeiten Sie die Unterschiede in den Arbeitsvoraussetzungen und Verhaltensweisen von Gabriele Nehring und Filippo Smaldino heraus.

5.3 „Aggression ist ansteckend wie Cholera" – Eine Kritik an der „akzeptierenden Jugendarbeit"

Der folgende Artikel von Andrea Schneider und Micha Hilgers kritisiert das Konzept der „akzeptierenden Jugendarbeit" (s. 5. 2) und schlägt eine andere Strategie vor.

Grundgesetzänderung beim Demonstrationsrecht, NPD-Verbot und umfassende Videoüberwachung – die hastige Suche nach schnellen Lösungen täuscht über die Langfristigkeit des Problems hinweg. Konzepte, die die sozialen und psychologischen Motive rechter Gewalt berücksichtigen, werden sich aber auf langfristig angelegte und differenzierte Ansätze konzentrieren müssen.

Ein wesentlicher Fehler der kontrovers geführten Debatte liegt in der Verwechslung von Einstellungsmustern und Verhaltensbereitschaften. Entweder wird auf die Veränderung rechter Gedankenguts abgezielt, wie dies etwa die so genannte akzeptierende Sozialarbeit versucht. Oder massive Maßnahmen von Polizei und Justiz sollen Abschreckung erzielen. Die erste Annahme setzt voraus, dass rechte Straftäter in ihren Einstellungen entscheidend beeinflussbar seien, und dass aus solchen Meinungsänderungen in der Folge auch die Gewaltbereitschaft abnehmen soll. Diese Theorie – Meinungsänderung gleich Verhaltensänderung – ist aber seit Jahrzehnten von der Sozialpsychologie widerlegt.

Die andere Herangehensweise unterstellt, dass der heranwachsende Gewalttäter urplötzlich in Erscheinung tritt und nur durch repressive Maßnahmen bekämpft werden kann. Dieser Ansatz vernachlässigt die Entstehungsbedingungen von Ressentiments und den Nährboden der Gewalt. Tatsächlich kündigen sich massive Gewalthandlungen eines späteren Straftäters bereits durch zahlreiche Symptome während Kindheit und Jugend an, auf die frühzeitig durchaus noch erfolgversprechend Einfluss genommen werden kann.

Rechte Straftaten gegen Minderheiten, schwache und unterlegene Personen sind in erster Linie Ausdruck eines Gewaltproblems. Über ein entwickeltes und geschlossenes rechtes Weltbild aber verfügen die meist jugendlichen Täter keineswegs. Vielmehr dienen rechte ideologische Versatzstücke als Rechtfertigung, um die ohnehin bereits vorhandene Gewaltbereitschaft in konkrete Übergriffe münden zu lassen. Die Dürftigkeit der Begründungen und das häufig dumpfe Schweigen der Täter bei Verhören und Verhandlungen lassen keinen Zweifel an der bloß stützenden Funktion rechter Gedanken. Hasstiraden haben somit eine Korsettfunktion für das Selbst. Sie sollen sich und anderen die eigene Destruktivität erklären, um nicht vor ihr zu erschrecken. Wäre es anders, müssten sich rechte Gewalttäter – ähnlich wie Hooligans vor ihren Taten – nicht in Stimmung trinken und durch Hetzparolen vorab stimulieren, um ihre Aggressionshemmung zu senken.

Akzeptierende Sozialarbeit hat daher aus zwei Gründen einen grundsätzlich falschen Ansatz. Jede psychosoziale Intervention müsste sich der latenten Gewaltbereitschaft rechter Gewalttäter annehmen. Versucht man jedoch lediglich, rechte Gedanken zu beeinflussen, wird damit die grundlegende Destruktivität nicht erreicht. Aus diesem Grund sind rechte Jugendliche in ihren Orientierungen tatsächlich nur wenig beeinflussbar. Denn selbst wenn ihre rechten Überzeugungen nachließen, würden sich die Jugendlichen wegen der fortbestehenden Gewaltneigung, die ja durch Einstellungsänderungen unbeeinflusst bleibt, lediglich neue Feindbilder suchen müssen. Aus den genannten Gründen sind besonders solche Jugendliche, die bereits Gewalterfahrungen haben oder latente Bereitschaft zur Ausübung von Gewalt besitzen, für rechte Ideologien besonders anfällig: Rechtes Gedankengut bietet zahlreiche Feindbilder, die dem Hass Möglichkeiten der scheinbar gerechtfertigten Abfuhr bieten. Ein Verbot rechter Parteien wie der NPD würde zwar die Legitimation und Beheimatung in einer Partei entziehen, die grundsätzliche Gewaltbereitschaft rechter Täter aber nicht schmälern.

Auch die Annahme, Ventile für aggressive Verhalten zu schaffen, senke die Gewaltneigung, ist irrig. Aggression ist ansteckend wie Cholera, stellte der Wiener Konfliktforscher Friedrich Hacker fest. Für gewaltbereite Jugendliche bedeutet dies, dass die Hemmschwelle immer weiter sinkt, je mehr Gewalt ohne Konsequenzen ausgeübt werden kann. Wenn innere Strukturen zur Regulation von Affekten und Impulsen fehlen, werden äußere Grenzen benötigt. Da solche Ich-Funktionen häufig nur noch bedingt oder gar nicht nachreifen, sind dauerhafte äußere Eingrenzungen zur Gewalteindämmung notwendig. Wenn aber äußere Strukturen fehlen, suchen sich Jugendliche eigene Vorbilder und finden sie häufig genug in den überschaubaren Thesen rechtsextremistischer Ideologien. Der Mangel an äußeren Grenzen und Strukturen gründet auch in der Enttäuschung über Vor- und Leitbilder und die durchgängig als verlogen erlebten politischen Repräsentanten. Wenn „die da oben" ohnehin alle gleich zu sein scheinen, entsteht das Gefühl hilflosen Ausgeliefertseins, das sich in politischen Ressentiments äußert.

Besonders in Ostdeutschland kommt die Enttäuschung über persönliche Vorbilder und Autoritäten hinzu. Aus einem vermeintlich behüteten, jedenfalls aber vorgezeichneten Lebensweg wurden junge Menschen in die Leere entlassen und mit ihren Fragen und Nöten allein gelassen. Die verzweifelte Suche nach glaubhaften Autoritäten kann in autoritärem Denken und Hass gegen das politische System münden, das am empfindlichsten durch Gewalt gegen Minderheiten getroffen werden kann. Demzufolge vermittelt akzeptierende Jugendarbeit allzu leicht, dass staatliche Autorität zu schwach ist, um der eigenen Destruktivität Grenzen zu setzen.

Staatliche Interventionen geraten mithin in ein Dilemma: Treten Polizei und Justiz konsequent auf, erleben sich rechte Gewalttäter als Opfer einer ungerecht verfolgenden Staatsmacht, was als Rechtfertigung für Straftaten dient. Mangelt es jedoch an konsequenter Verfolgung, wird dies als lächerliche und letztlich auch enttäuschende Schwäche der Autorität empfunden, was ebenfalls Hass auf den Plan ruft.

Dennoch ist engagierte Sozialarbeit keineswegs sinnlos, wenn sie rechtzeitig ansetzt. Denn Gewalttäter fallen fast immer bereits im Vorfeld in Kindergärten, Schulen und im Wohnumfeld auf. Wenn allerdings Jugendämtern nur wenig Mittel für sozialpädagogische Familienhilfen zur Verfügung stehen, werden notwendige präventive oder therapeutische Maßnahmen unterlassen, wo sie noch erfolgversprechend sein könnten. Tatsächlich können eingrenzende, Halt und Struktur gebende regelmäßige Besuche mit Hilfsangeboten für Haushalt und Alltag durchaus aggressions- und gewaltreduzierend in den Familien wirken.

Die Vorgeschichte gewalttätiger Gefängnisinsassen oder Patienten forensischer Einrichtungen ist mit großer Regelmäßigkeit von Gewalt und Verwahrlosung im familiären und Wohnumfeld geprägt.

Polytraumatisierte Kindheiten schaffen Straftäter, die ihre Traumata an andere weiterreichen. Eingegriffen wird meist erst, wenn es eigentlich schon zu spät ist. Es nutzt nichts, jetzt schnelle Lösungen zu fordern, wenn der Nährboden für rechte Gewalt in Jahrzehnte langer Gleichgültigkeit und Konzeptionslosigkeit der politischen Entscheidungsträger zu suchen ist.

Somit hat die Bekämpfung rechtsextremistischer Gewalt auf drei Ebenen anzusetzen:

Der Prävention hinsichtlich der Entstehungsbedingungen für Gewalt – ob sie sich rechtsextrem oder anders äußert. Dies hat durch engagierte und umfassende Familien-, Wohn- und bildungspolitik zu geschen.

Eine solche Politik ist anders als die gegenwärtigen raschen Aufrufe nicht zum Nulltarif zu haben. Streichorgien bei Jugend- und Freizeitarbeit hatten und haben fatale Konsequenzen – ebenso wie die Ausdünnung psychosozialer Netzwerke. Intensive Betreuungsarbeit darf dabei keinesfalls stigmatisieren. Denn das Gefühl, ausgegrenzt zu sein oder zu denen „da unten" zu gehören, schafft Widerstände, die sich wiederum in gewalttätigem Handeln äußern können.

Zweitens muss den bereits vorhandenen Gewalttätern konsequent begegnet werden. Diese polizeiliche und strafrechtliche Verfolgung basiert auf der Notwendigkeit, den fehlenden inneren Regulationsmechanismen der Straftäter äußere entgegenzusetzen, ohne welche Affekt- und Impulskontrolle der eigenen Destruktivität nicht mehr möglich ist.

Schließlich ist dem akzeptierenden und unterstützenden Umfeld zu begegnen, das rechte Gedanken bis hin zur Gewalt duldet oder gutheißt. Andernfalls werden sich Gewalttäter als verlängerter Arm eines schweigenden Bürgertums oder einer zu Taten zu schwachen Politik phantasieren. Auch dies ist nicht zum Nulltarif möglich, Denn eine breit angelegte und dauerhafte Kampagne müsste vor allem gesellschaftlich zentrale Bereiche erfassen: Polizei, Lehrer und Erzieher, Ämter und Bundeswehr.

Ein konzeptionsloses Hin- und Hertaumeln jedoch vermittelt enttäuschende Schwäche. Die Politik wird sich daran messen lassen müssen, inwieweit sie bereit ist, die verbale Sorge um einen Rechtsruck in klare Konzepte zu gießen und sie auch umzusetzen.

(Aus: Andrea Schneider/Micha Hilgers: „Aggression ist ansteckend wie Cholera". Die Bekämpfung rechtsextremistischer Gewalt muss auf drei Ebenen ansetzen. In: Frankfurter Rundschau vom 12. 8. 2000, S. 6)

1 Fassen Sie die wesentlichen Aussagen des Textes mithilfe folgender Stichworte zusammen:
Einstellungsänderung anstreben versus hart durchgreifen – akzeptierende Sozialarbeit – das Dilemma staatlicher Intervention – die besonderen Bedingungen in den neuen Bundesländern – die drei Ebenen der Bekämpfung rechtsextremer Gewalt.
Zeichnen Sie die Argumentationsstruktur des Textes nach.

2 Lesen Sie nochmals die Zeilen 38–58.
Gehen alle rechtsextreme Gewalttaten auf die „ohnehin bereits vorhandene Gewaltbereitschaft" zurück oder kann Gewaltbereitschaft auch durch rechtsextreme Ideologie entstehen?

3 Konkretisieren Sie (in Gruppen) die drei angegebenen Lösungsrichtungen.
Berücksichtigen Sie dabei folgende Aspekte:
- Welche Maßnahmen sollten im Einzelnen getroffen werden?
- Wer ist wie beteiligt?
- Welche (finanziellen) Konsequenzen entstehen dabei?
- Auf welche Probleme stößt die Realisierung möglicherweise?

4 Welchen Beitrag kann die Schule auf den drei Ebenen zur Bekämpfung rechtsextremer Gewalt leisten?

5.4 „Rechts kommt nicht aus dem Nichts" – Zu den gesellschaftlichen Ursachen des Rechtsextremismus

Der folgende Beitrag des Bielefelder Sozialwissenschaftlers Wilhelm Heitmeyer basiert auf einer Rede des Autors beim „Stadttorgespräch" in Düsseldorf am 16.8.2000, zu dem NRW-Ministerpräsident Clement eine Expertenrunde eingeladen hatte.

[…] Zahlreiche Widersprüche zwischen politischer Rhetorik und faktischem Handeln sind derzeit erkennbar. Die Debatte ist defensiv und hechelt gewissermaßen hinter den rechtsextremen Gruppen hinterher:
- Sie setzt am Ende der Entwicklungsprozesse von menschenfeindlichen Einstellungen wie Rassismus, Antisemitismus, Fremdenfeindlichkeit, Verachtung von Anderssein und Etabliertenvorrechten an. Diese Einstellungen verdichten sich dann zum Rechtsextremismus, wenn Gewaltakzeptanz und Gewalttätigkeit hinzukommen und sich organisatorisch über emotionalisierte Gruppenzugehörigkeit verbinden. Wenn man am Ende des Politisierungsprozesses ansetzt, geht das Interesse daran verloren, in welchen Stadien menschenfeindliche Einstellungen und Gewalt entstehen und eskalieren.
- Es wird vielerorts so getan, als hätten diese rechtsextremen Gruppen mit den aktuellen ökonomischen, sozialen und kulturellen Entwicklungen in dieser Gesellschaft nichts zu tun, so als seien es Sonderfälle abseits einer ansonsten intakten Gesellschaft.

Das sind moralische Entlastungsstrategien ebenso wie Abschirmungsinteressen, die dringend auf den unbequemen Prüfstand gehören. Kurz: *Es geht entscheidend darum, den Blick auf die Mitte der Gesellschaft zu lenken,* weil dort Probleme entstehen, deren politische Auswirkungen sich dann in menschenverachtender Gewalt am rechtsextremen Rand zeigen.

Die dominierenden und erfolgreichen Umdeutungsaktivitäten, nämlich die Probleme zu personalisieren („Das sind eben Neonazis"), zu pathologisieren („Das sind eben Verrückte"), zu biologisieren („Das sind eben Gewalttäter"), laufen Gefahr zur moralischen Selbststilisierung zu geraten und als politische Selbstentlastung herhalten zu müssen. Damit wird aber dem Phänomen des Rechtsextremismus in gar keiner Weise Rechnung getragen.

Rechtsextremismus setzt sich aus einer Ideologie der Ungleichwertigkeit von Menschen und Gewalt zusammen. Diese Ideologie wird auch von Teilen der Eliten dieser Gesellschaft produziert und gewinnt umso größere Legitimation für das gewalttätige Handeln jener Gruppen, je höher die soziale Position dieser Elite ist. Das beginnt schleichend und auch schon mit Unaufmerk-

endlich ernst genommen.
Karikatur: Mester/CCC, www.c5.net

Das Ja aus der Mitte
Thomas Plaßmann/CCC, www.c5.net

samkeiten, wenn z. B. der Historikerverband nicht bemerkt, dass sein Verbandstag von dem rechtsextremen Verlag gesponsert wird, der Bücher zur Auschwitzlüge publiziert, oder wenn ein Konzernvorstand von „Wohlstandsmüll" spricht, wenn er bestimmte Menschen meint. Auch ein Minister, der von uns nützlichen und uns ausnützenden Ausländern spricht, liefert das Einstiegsmaterial.

Verunsicherung bildet den Nährboden

Die Probleme beginnen sehr früh und zwar dort, wo es um Anerkennung von Gleichwertigkeit und Unversehrtheit geht. Wir wissen doch schon lange, dass die meiste Gewalt nicht durch Jugendliche auf der Straße ausgeübt, sondern in Familien erfahren wird. Damit wird das Recht auf Unversehrtheit tief verletzt, Respekt geht verloren und Gewalt wird als effektives Handeln erlernt. Die zunächst unabhängig entstehenden Elemente verbinden sich, wenn die eigene soziale Integration gefährdet ist, d. h. wenn eines auf dem Spiel steht: Anerkennung.

Dies ist ein zentraler, vielleicht sogar der Kernbegriff: *Wer einem Anerkennungszerfall ausgesetzt ist, erkennt auch andere Personen und soziale Normen nicht mehr an.* Die Gewaltschwelle sinkt und wenn dann noch Legitimationsmuster in Form der Ideologie der Ungleichwertigkeit vorhanden sind sowie Gruppen, die über Stärkedemonstration noch Anerkennung versprechen, dann ist der Prozess vollendet, der viel früher begonnen hat.

Es gibt also kein abruptes Auftauchen aus dem Nichts. Am Anfang stehen – mit Ausnahme der mit Machtkalkül ausgestatteten Kader – zumeist Ängste um die für selbstverständlich gehaltenen Zugänge zum Arbeitsmarkt, zu adäquatem Wohnraum, sowie Teilnahmemöglichkeiten und Zugehörigkeiten. Die Verunsicherung bildet den Nährboden. Am Ende stehen dann jene scheinbare Sicherheiten, die über Deutschsein und im Extremfall durch menschenfeindliches Verhalten sowie insbesondere auch Gewalt hergestellt werden. Die Wirksamkeit solchen Verhaltens ist verbunden mit einem Ausmaß an Gleichgültigkeit, das inzwischen extrem hoch ist. Genau dies ist nicht verwunderlich, wenn vielerorts hinter vorgehaltener Hand das Recht des Stärkeren gepredigt wird. In radikalisierter Form findet man dies auch bei den Rechtsextremen, allerdings nicht individuell, sondern als kollektive Durchsetzung gegenüber den Fremden oder Schwächeren. Rechtsextreme Parteien und Organisationen sind die Nutznießer sozialer Desintegrationsängste oder -erfahrungen.

Erst wenn man sich diesen Prozessstadien stellt, die mehr mit dem Agieren von Wissenschaftlern, Politikern, Wirtschaftseliten, Medien etc. zu tun haben als uns lieb ist, kann man auch erkennen, wo es um die Bedrohung oder Zerstörung von Anerkennung geht. Und man wird die Punkte erkennen, wo eine erfolgreiche positive Anerkennung nicht mehr greift, weil eine negative Anerkennung in rechtsextremen Parteien, Kameradschaften etc. viel wichtiger geworden ist. Dann bleibt tatsächlich nur noch massive Repression, um Leben zu schützen.

Integrations- und Desintegrationsprobleme gehören auf die Tagesordnung

Es geht um eine doppelte Integrationsperspektive: von Zugewanderten und von Teilen der Mehrheitsgesellschaft. Deshalb haben auch die Wirtschafts- und Finanzressorts mehr mit unserer Thematik zu tun als gemeinhin gedacht wird. Nirgends wird die Brisanz deutlicher als im Alltag von Städten und Stadtteilen, wo Menschen unterschiedlicher sozialer Lagen und ethnisch-kultureller Herkunft zusammenleben.

Wir haben kürzlich mithilfe der Förderung des Wissenschafts- sowie des Arbeits- und Sozialministeriums eine größere Studie in nordrhein-westfälischen Städten abgeschlossen. Das Ziel war wieder, Probleme früh zu erkennen. Neben ermutigenden Zeichen lassen sich auch äußerst fragile Verhältnisse aufzeigen. Je größer die Desintegrationsängste, desto stärker war die Ethnisierung sozialer Probleme, also die Schuldzuschreibung an andere Gruppen. Dieser Mechanismus findet sich sowohl bei Mehrheitsangehörigen als auch bei Teilen der Minderheit. Zugleich tut sich in manchen Stadtteilen ein politisches Repräsentationsvakuum auf und die Rückzugstendenzen von Migranten sind unübersehbar.

Deshalb ist es notwendig, dass sich die Stadtgesellschaften mehr und intensiver denn je um den

Integrationszustand ihres Gemeinwesens kümmern. Das bedeutet auch, dass sich die tatsächlich einflussreichen lokalen Eliten sichtbar, hörbar und kontinuierlich zu Wort melden müssen. Dies passiert nicht. Die Ergebnisse zeigen auch, dass die Bewohner so genannter besserer Gegenden große Distanz zu Fremden an den Tag legen. Der Lack von angeblich liberaler Toleranz blättert schnell ab, wenn z. B. Symbole einer fremden Religion in ihrem Wohngebiet auftauchen.

Wie kommen wir zu einer neuen Kultur der Anerkennung?

Die Kritik am Begriff der Toleranz ist lange bekannt. Umso erstaunlicher ist es, dass dies nicht in den öffentlichen Diskurs eingegangen ist. Der Begriff ist problematisch, weil er oft nichts anderes als Duldung meint, was immer auch eine Art versteckter Abwertung beinhaltet. Toleranz betont das Konfliktlose, ja negiert gar Konflikte, die in multi-ethnischen und in schnellen, oft sehr ambivalenten Modernisierungen befindlichen Gesellschaften den Normalfall darstellen. Der angemessene Begriff dagegen wäre *Anerkennung*, den ich als wechselseitig ansehe und der auf ein konflikthaftes Ringen um gemeinsam geteilte Prinzipien angelegt ist: *das wechselseitige Anerkennen von Unversehrtheit und Gleichwertigkeit.*

- Daher müsste Politik ihre Maxime überprüfen, wo positive Anerkennung verknappt wird, um die als notwendig befundene Modernisierungsdynamik in Gang zu bringen, aber auch Verlierer oder Verunsicherte produziert, die dann auch negative Anerkennung noch als Gewinn verbuchen.
- Wir brauchen eine Migrationspolitik, die Anerkennung gibt und dann gleichzeitig Anerkennung für die egalitären Grundprinzipien dieser Gesellschaft einfordern kann.
- Die Frage ist, ob Schule bei zunehmender Leistungsanforderung noch andere äquivalente Anerkennungsmöglichkeiten bereithält.
- In der Familie wäre zu fragen, wie die Anerkennung von Unversehrtheit gesichert werden kann.
- Die zentrale Frage ist also: *Wie kommen wir zu einer neuen Kultur der Anerkennung?* […]

(Wilhelm Heitmeyer. NDS 9/2000)

In einem Interview mit der „Zeit" im August 2000 erläuterte der Autor noch einmal sein Verständnis von „Anerkennung" im Unterschied zum Begriff der Toleranz.

Man kann schon bei Goethe nachlesen, dass Toleranz im Grunde Duldung heißt. Das beinhaltet immer auch verdeckte Abwertung. Toleranz können sich nur Mächtige, nur die Mehrheit gegenüber der Minderheit leisten. Das Perfide besteht darin, dass die Mehrheit sie auch wieder entziehen kann, wenn sie will. Deshalb ist Toleranz auch kein essenzieller Bestandteil von Demokratie.

Das ist bei Anerkennung anders. Anerkennung basiert auf Wechselseitigkeit. Sie setzt rechtliche Gleichheit und moralische Gleichwertigkeit voraus und ermöglicht so erst die Austragung von Konflikten. Solange das nicht gegeben ist, fehlt die Konfliktfähigkeit – auch aufseiten der Minderheit, der Immigranten. Da wird dann allzu leichtfertig jede Art von Kritik als Ausländerfeindlichkeit abgestempelt.

Heute halten nicht nur gemeinsam geteilte Werte eine Gesellschaft zusammen, sondern der Konflikt, also der Modus, wie die Gegensätze, wie das Ringen um Prinzipien ausgetragen und durchgestanden werden.

(„Der Staat will nichts wissen". Ursachen des Rechtsextremismus und das richtige Verhalten der Mitte – ein ZEIT-Gespräch mit dem Bielefelder Sozialwissenschaftler Wilhelm Heitmeyer. In: DIE ZEIT Nr. 35 v. 24. 8. 2000, S. 7)

> **1** Wie definiert Heitmeyer den Begriff „Rechtsextremismus"?
> Vergleichen Sie diese Definition mit den Ausführungen von Ute Schad in 5.1.
>
> **2** Welche Zusammenhänge zwischen „aktuellen ökonomischen, sozialen und kulturellen Entwicklungen" einerseits und rechtsextremer Gewalt andererseits benennt der Autor?
>
> **3** Erläutern Sie Heitmeyers Unterscheidung zwischen Toleranz und Anerkennung.
>
> **4** Diskutieren Sie Heitmeyers abschließende Frage:
> „Wie kommen wir" – in den verschiedenen gesellschaftlichen Bereichen – „zu einer neuen Kultur der Anerkennung"?

5.5 Fremdenfeindliche Gewalt im Osten – Folge der autoritären DDR-Erziehung?

Überfälle auf Ausländer ereignen sich in den neuen Bundesländern deutlich häufiger als in den alten Ländern. Im Jahr 1997 waren es pro 100 000 der Bevölkerung viermal so viele. Dabei ist der Anteil ausländischer Bürger an der Wohnbevölkerung im Osten mit 1,9 % wesentlich geringer als im Westen mit 10,5 %.
Christian Pfeiffer vom Kriminologischen Forschungsinstitut in Hannover (seit Ende 2000 Justizminister in Niedersachsen) wendet sich dagegen, die Ursachen hierfür allein in sozialen Bedingungen wie Armut, Arbeitslosigkeit oder Perspektivlosigkeit zu suchen.

Die Gegenthese lautet: Hauptursache ist die autoritäre Erziehung in den Kinderkrippen, Kindergärten, Schulen und Jugendorganisationen der DDR. Viel zu früh und für viel zu lange Zeit seien bereits die Kleinkinder von ihren familiären Bezugspersonen getrennt worden und in den Erziehungsinstitutionen ständig einem hohen Anpassungsdruck an die Gruppe ausgesetzt gewesen. Hans-Joachim Maaz, DDR-Psychiater und Psychotherapeut, hat bereits in seinem 1990 erschienenen Buch „Der Gefühlsstau" auf diesen Zusammenhang hingewiesen und damals prognostiziert, dass sich die so erzeugten emotionalen Probleme der DDR-Kinder und Jugendlichen später in aggressiven Ausbrüchen gegenüber Fremden und Schwächeren entladen werden. Gibt es für seine Analyse inzwischen empirische Belege oder zumindest klare Indizien?
Noch zu DDR-Zeiten hatten sich die Sozialwissenschaftler Karl Zwiener und Dieter Sturzbecher wissenschaftlich mit der Erziehung in DDR-Krippen und Kindergärten auseinandergesetzt. In ihren Veröffentlichungen aus den Jahren 1991 und 1992 bestätigen sie zunächst die Maaz-These, wonach etwa vier Fünftel der Kleinkinder spätestens mit zwölf Monaten in den Ganztagskinderkrippen gelandet sind. Man sei dort nur wenig auf die individuellen Bedürfnisse der Kinder eingegangen und habe zu wenig Raum für deren individuelle Entfaltung gelassen: Der Tagesablauf folgte relativ starren Regeln. Die Erzieherinnen und Erzieher dominierten, bestimmten Zeitpunkt und Art der kindlichen Spiele. Man ging nicht vom individuellen inneren Zustand des Kindes, seinem Erleben, seinem Entwicklungsstand aus, sondern von für alle Kinder gleichgeltenden Erziehungszielen. Auch engagierte Kindergärtnerinnen konnten daran offenbar wenig ändern, weil schlicht das Personal fehlte, um sich dem einzelnen Kind intensiver zuwenden zu können. Natürlich haben viele Eltern und Großeltern versucht, an Abenden, Wochenenden und während des Urlaubs den institutionellen Mangel an persönlicher Zuwendung auszugleichen. Aber auch das ist oft nicht gelungen, weil es, worauf der Ostberliner Sozialwissenschaftler Kühnel aufmerksam gemacht hat, in DDR-Familien besonders häufig Trennungs- und Scheidungskonflikte gab. Viele DDR-Kinder sind deshalb emotional nicht satt geworden an beständiger und Stabilität verleihender Zuwendung durch feste Bezugspersonen.
Margot Honecker, die Jugendministerin der DDR, wird das nicht gestört haben, weil für sie die Einordnung in die Gruppe und nicht die freie Entfaltung der individuellen Persönlichkeit das oberste Erziehungsziel war. Kinderkrippen und Kindergärten wurden von ihr ausgezeichnet für vorbildliche Disziplin, Ordnung und Sauberkeit. Die DDR hat damit in der Kindererziehung an die Tradition des preußischen Obrigkeitsstaates angeknüpft, dem es ebenfalls primär darum gegangen ist, die Kinder und Jugendlichen zu guten Untertanen und nicht zu mündigen Bürgern zu erziehen.
Hinzu kam noch ein Aspekt, auf den die Hildesheimer Erziehungswissenschaftlerin Christel Hopf in einer […] Studie zur Ausländerfeindlichkeit von Jugendlichen in den neuen Bundesländern hinweist. In der DDR hat man die Kinder und Jugendlichen ständig mit einem idealisierten Bild der eigenen Welt überzogen und gleichzeitig für die offenkundigen Mängel und Alltagsprobleme des Systems immer wieder den äußeren Feind verantwortlich gemacht. Bereits von den Kindergärtnerinnen verlangte Margot Honecker in ihren Richtlinien für die Arbeit mit Kindern die Erziehung zum Feindbild. Noch deutlicher wurde das im Standardwerk der DDR für Lehramtsprüfungen […] den zukünftigen

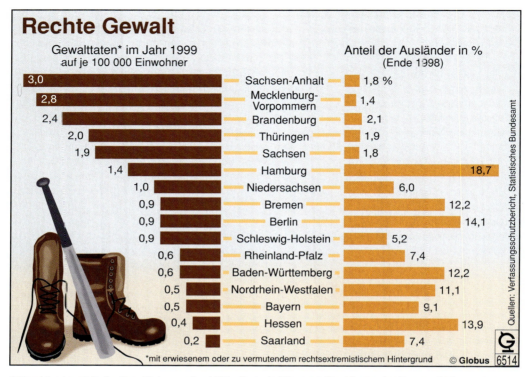

746 rechtsextremistische Gewalttaten wurden 1999 erfasst: ein Tötungsdelikt, 13 versuchte Tötungsdelikte, 630 Körperverletzungen, 35 Brandstiftungen, zwei herbeigeführte Sprengstoffexplosionen und 65 Landfriedensbrüche (in einzelnen Fällen mit Todesopfern). Man muss jedoch von einer hohen Dunkelziffer ausgehen, da viele Opfer keine Anzeige erstatten. Ein deutlicher Schwerpunkt der rechten Gewalt liegt in den östlichen Ländern. Im Durchschnitt wurden 1999 dort 2,2 Gewalttaten je 100000 Einwohner registriert, obwohl der Ausländeranteil nur 1,8 Prozent beträgt.

Lehrern ans Herz gelegt: „Die Schüler müssen den Feind durchschauen und ihn überall entlarven können. Auf diese Weise entstehen politisch-ideologische Wertorientierungen, die Hass gegen die imperialistische Ausbeutung und Unterdrückung einschließen. Die Heranwachsenden müssen lernen, feindliche Auffassungen zu erkennen und zu bekämpfen."
Die entscheidende Frage ist mit dieser Skizzierung von pädagogischen Einflussfaktoren, denen ein großer Teil der ostdeutschen Jugendlichen ausgesetzt war, noch nicht geklärt: Welcher Zusammenhang besteht zwischen einem derartigen Erziehungsstil und der Entstehung von fremdenfeindlichen Einstellungen und Verhaltensweisen? Antworten darauf haben viele gegeben: Theodor W. Adorno ebenso wie Alice Miller und Hans-Joachim Maaz oder zuletzt Christel Hopf in ihrer demnächst erscheinenden Studie. Gemeinsam ist den genannten Autoren eine These: Wer in Kindheit und Jugend einer autoritären Gruppenerziehung ausgesetzt ist und zu wenig an individueller Zuwendung und Förderung erfährt, ist in der Entwicklung eines gelassenen Selbstvertrauens behindert. Im Vergleich zu einem jungen Menschen, dem in seiner Sozialisation bessere Chancen zur freien Entfaltung seiner Persönlichkeit geboten wurden, wird er Fremde viel eher als bedrohlich erleben und als Feinde definieren. Wenn er dann noch erlebt, dass die Schuld an Missständen der eigenen Welt ständig einem externen Sündenbock zugeschrieben wird, verstärkt dies die Neigung, selber später nach diesem Muster zu verfahren. Wer die Schülerinnen und Schüler zum Hass auf den politischen Gegner aufruft, darf sich nicht wundern, wenn solche Feindbilder später auf alles Fremde übertragen werden.

Damit soll nicht gesagt werden, dass alle Kinder und Jugendlichen der DDR entsprechend geprägt worden sind. So hat es zum Glück in der DDR soziale Nischen gegeben, in denen ein anderer Erziehungsstil praktiziert wurde. Ein Schutzfaktor konnten ferner intakte Familien sein, wenn sie sich engagiert darum bemüht haben, das auszugleichen, was die staatliche Erziehung an Problemen geschaffen hat. Zudem gab es offenkundig auch Kindergärtnerinnen und Lehrer, die Wege gefunden haben, den Anpassungsdruck und die Feindbildorientierung zumindest teilweise von den ihnen anvertrauten Kindern und Jugendlichen fernzuhalten. Und schließlich darf nicht übersehen werden, dass die DDR-typische Erziehung in der Gruppe für die Betroffenen die Risiken extremer Gewalterfahrungen reduziert hat. Eine von unserem Institut im Jahr 1992 durchgeführte Repräsentativbefragung von Bürgern aus Ost- und Westdeutschland hat gezeigt, dass Kinder und Jugendliche in der DDR im Vergleich zu denen aus Westdeutschland seltener elterlichen Misshandlungen wie auch sexuellem Missbrauch ausgesetzt waren.

Diese Einschränkungen ändern allerdings nichts an dem bisher entwickelten Gesamtbild. Die vom Partei- und Staatsapparat der DDR gesteuerte Kinder- und Jugenderziehung hat im Vergleich zu der pluralistischen und mehr familienorientierten Erziehungswelt des Westens weit stärker Einflussfaktoren gesetzt, die sich in einer Verunsicherung des Individuums und einer hohen Anpassungsbereitschaft an Gruppen sowie in einer höheren Ausländerfeindlichkeit auswirken. Für diese These gibt es eine Reihe von empirischen Belegen. [...]

In ihrer oben erwähnten Studie sind Christel Hopf und ihre Mitarbeiter kürzlich zu einer weitgehenden Bestätigung der Thesen gelangt, die Hans-Joachim Maaz Anfang der 1990-er Jahre aufgestellt hatte. Auf der Basis einer systematischen Analyse des gegenwärtigen Forschungsstandes und eigener qualitativer Interviews mit ostdeutschen Jugendlichen gelangen sie zu der Einschätzung, dass die in der DDR aufgewachsenen Kinder durch frühe Trennungen und einen Mangel an individueller Zuwendung emotional stark belastet waren und zu wenig Gelegenheit hatten, mit diesen Problemen konstruktiv umzugehen. Die Verunsicherung der Kinder und Jugendlichen sei ferner mit dem Zusammenbruch der DDR weiter erhöht worden, weil dadurch eindeutige Sicherheiten und Gewissheiten des totalitären Zentralstaates verloren gingen. „An die Stelle von Überschaubarkeit und Geborgenheit durch staatlich festgelegte Lebenswege trat die komplexe Unübersichtlichkeit des vereinigten Deutschlands und der Zwang zu individuellen Entscheidungen bezüglich der Lebensplanung." Als Folge sehen die Erziehungswissenschaftler eine Bewältigungsstrategie, die eigene Unsicherheiten wegschiebt und Ausländer als Sündenböcke wählt.

Damit soll freilich nicht behauptet werden, dass die Erziehung in der DDR allein dafür verantwortlich zu machen ist, dass sich ausländerfeindliche Gewalttaten im Osten weit häufiger ereignen als im Westen. Christel Hopf macht zu Recht auf eine andere Besonderheit der DDR aufmerksam, die abgeschwächt auch heute noch besteht. Die Kinder und Jugendlichen in der DDR wuchsen in einer abgeschotteten, ethnisch homogenen Welt auf, in der es kaum Ausländer gab. Die gegenüber Fremden entstandenen Vorurteile konnten so nie durch Alltagserfahrungen überprüft und abgebaut werden. Daran hat sich bis heute nur wenig geändert. Unter 2 000 von uns befragten Neuntklässlern aus Leipzig gab es beispielsweise nur einen einzigen türkischen Jugendlichen. Selbst der seit 1989 mögliche Urlaub am Strand einer türkischen Insel kann dieses Defizit an Begegnungen mit Menschen aus anderen Kulturen nicht wettmachen. [...]

Und schließlich verdient ein Aspekt der im Osten hoch ausgeprägten Ausländerfeindlichkeit Beachtung, der deutlichen Bezug zur Gegenwart hat. Bei der DJI-Befragung [DJI = Deutsches Jugendinstitut] aus dem Jahr 1997 haben 37 % der jungen Menschen aus den neuen Bundesländern folgender These zugestimmt: „Wenn Arbeitsplätze knapp werden, sollte man die Ausländer wieder in ihre Heimat schicken"; im Westen waren es 15 %. Die ausgeprägte Ost-West-Diskrepanz erscheint auch als Ausdruck der Tatsache, dass die jungen Menschen im Osten tatsächlich stärker durch Arbeitslosigkeit bedroht sind als ihre westdeutschen Alterskollegen. Auch wenn die ostdeutschen Täter fremdenfeindlicher Delikte ganz überwiegend nicht unmittelbar im sozialen Abseits stehen, haben sie doch häufiger Anlass zur Sorge, dorthin zu geraten. Dieser in ihrer gegenwärtigen Lebenssituation begründete Aspekt darf nicht außer acht gelassen werden, wenn man die hohe Ausländerfeindlichkeit in den neuen Bundesländern erklären will.

(Erschienen in leicht gekürzter Form im SPIEGEL Nr. 12/99 vom 23.3.1999)

1 Stellen Sie in Stichworten die Merkmale der Erziehung in der DDR, wie sie im Text beschrieben wird, zusammen.
2 Welcher Zusammenhang besteht zwischen einem derartigen Erziehungsstil und der Entstehung fremdenfeindlicher Einstellungen und Verhaltensweisen?
3 Welche weiteren Faktoren nennt der Autor als ausschlaggebend für ausländerfeindliche Gewalttaten in den ostdeutschen Bundesländern?

Karikatur: Rulle/CCC, www.c5.net

6. Projekte zur Gewaltprävention und Gewaltminderung

In diesem Kapitel stellen wir Ihnen Projekte aus verschiedenen gesellschaftlichen Bereichen vor, die das Ziel der Gewaltprävention bzw. Gewaltverminderung verfolgen.
Die Materialien eignen sich für arbeitsteilige Gruppenarbeit und als Grundlage für Referate oder Hausarbeiten.
Sie können in diesem Kapitel
- in der Praxis erprobte Modelle kennen lernen und dabei vielfältige Anregungen erhalten, z. B. zu weitergehenden Erkundungen (siehe Kapitel 7.2)
- die vorgestellten Projekte analysieren auf der Grundlage Ihrer theoretischen Kenntnisse über Entstehung und Verminderung von Aggression
- die vorgestellten Projekte beurteilen im Hinblick auf Erfolgschancen, Risiken, Schwachstellen …

6.1 Konfliktmediation an Schulen – Streitschlichtung durch Schülerinnen und Schüler

Gewalt an Schulen, verbunden mit einer Zunahme an Brutalität, ist eine Tatsache, über die kaum noch hinweggesehen werden kann. In Presse und Fernsehen taucht das Thema Gewalt von Jugendlichen immer wieder auf und laut der Kriminalstatistik des Innenministers NRW für 1997 ist fast jeder dritte Tatverdächtige jünger als 21 Jahre.
Der Trend ansteigender Gewaltbereitschaft bei Jugendlichen wird schon seit Jahren von Erziehungswissenschaftlern, Soziologen, Psychologen usw. beobachtet, sodass Studien und Gutachten über die Gründe dieser Entwicklung vorliegen.
Uns soll an dieser Stelle jedoch nicht so sehr die Frage „Warum Gewalt?" als vielmehr die Frage „Wie mit Gewalt umgehen?" beschäftigen. Diese Frage stellt sich insbesondere für Lehrer an Schulen, denn meist obliegt es ihnen im Konfliktfall schlichtend einzugreifen.
Nicht nur vor dem Hintergrund knapper Kapazitäten bei Lehrern, sondern auch angesichts eines Erziehungsgedankens, der es sich zur Aufgabe macht demokratische, mündige und verantwortungsvolle Menschen auszubilden, sind Lehrer und Schule zunehmend bereit auch Schüler in die Verantwortung zur Gewaltprävention einzubeziehen.
Dies geschieht im Rahmen verschiedener Projekte. Solch ein Projekt ist das Schüler-Streit-Schlichter-Programm. Es sieht vor, dass Schüler aktiv und eigenverantwortlich an der Bekämpfung von Gewalt und an der Regelung von Konflikten mitarbeiten.
Hierzu werden Schüler ab dem Jahrgang 9 im Rahmen einer Arbeitsgemeinschaft oder im Rahmen des Unterrichts zu professionellen Streit-Schlichtern ausgebildet. Die Ausbildung wird von kompetenten Lehrern übernommen, die eine Fortbildung zu diesem Thema besucht haben sollten und die ggfs. von externen Streitschlichtern, so genannten Mediatoren, unterstützt werden.
Nach dieser Ausbildung sollen die Schüler in der Lage sein in Konfliktfällen an ihrer Schule selbstständig zu vermitteln.

Die Konfliktmediation
Dem Projekt liegt ein Streitschlichtungsverfahren zu Grunde, das in den 60er-Jahren in den USA entwickelt worden ist. Das Verfahren heißt Konfliktmediation (medius, lat.: der Mittlere) und bedeutet Vermittlung.
Gemeint ist eine Vermittlung zwischen Konfliktparteien durch einen unabhängigen und unparteiischen Dritten, dem Mediator. Hierbei ist der Mediator nur für den Dialog zwischen den Konfliktparteien, als Gesprächsmoderator, verantwortlich und nicht für die Lösung des Problems.

Die Konfliktlösung wird von den Konfliktparteien selbst im Konsens erarbeitet.

Das Verfahren ist geprägt durch folgende Prinzipien: Freiwilligkeit, Vertraulichkeit, Vermittlung durch einen Dritten, Einbeziehung aller Beteiligten, informelles und außergerichtliches Verfahren. Die Prinzipien der Konfliktmediation lassen erahnen, dass es sich hier um ein Konfliktlösungsverfahren handelt, was sich grundlegend vom juristischen unterscheidet: Das juristische Verfahren sucht nach einer allgemein verbindlichen Lösung auf der Grundlage von Gesetzen und arbeitet meist nach dem Gewinner-Verlierer-Prinzip.

Die Konfliktmediation strebt individuelle Lösungen an und setzt hier den Konsens aller Beteiligten voraus.

Neben der Konsenslösung beinhaltet die Konfliktmediation die Grundgedanken, dass jeder Konflikt auch eine Chance zu persönlichem Wachstum und zur Veränderung darstellt, dass gewaltfreie Lösungen faire Lösungen sind und dass selbst bestimmtes und eigenverantwortliches Handeln demokratisch denkende Menschen kennzeichnet.

Der Ablauf der Konfliktmediation

1. Vorphase:
- Der Mediator stellt Kontakt zu allen Beteiligten her
- Er verschafft sich einen ersten Überblick über den Konflikt

2. Mediationsgespräch:
- Einleitung (Begrüßung, Gesprächsregeln, Prinzipien der Mediation)
- Sichtweisen der einzelnen Konfliktparteien
- Konflikterhellung (verborgene Gefühle, Interessen, Hintergründe)
- Problemlösung (Sammeln und Entwickeln von Lösungsmöglichkeiten)
- Übereinkunft

3. Umsetzungsphase:
- Umsetzung der Vereinbarung

Die Ausbildung zum Schüler-Streit-Schlichter

Die Ausbildung findet im Rahmen einer AG oder im Unterricht (s.o.) statt. Dies ist von Schule zu Schule unterschiedlich und hängt von den Gegebenheiten der Schule und der Entscheidung der Schulleitung ab.

Mit Beginn der Klasse 9 startet die Ausbildung. Die „frisch gebackenen" Mediatoren sollen nach ihrer Qualifizierung den Schülern der Jahrgänge 5 und 6 als Streit-Schlichter zur Verfügung stehen. Was die Dauer der Ausbildung anbelangt, gibt es eine recht unterschiedliche Praxis. Grundsätzlich ist es möglich die notwendigen Basiskenntnisse innerhalb von 2 Monaten zu vermitteln. Kurse, die sich über ein Schulhalbjahr oder ein gesamtes Schuljahr erstrecken, sind allerdings vorzuziehen. Auch hier lautet die Devise: „Übung macht den Meister!" Je mehr Zeit zum Üben da ist, desto gründlicher gestaltet sich die Ausbildung.

Die Inhalte der Ausbildung lassen sich in 3 wesentliche Kategorien einordnen:
1. Der Ablauf des Verfahrens bzw. die Kenntnis der einzelnen Phasen
2. Inhalte zur Wahrnehmung. Hier insbesondere das Deuten von Körpersprache (nonverbale Kommunikation) und das Interpretieren und Deuten von Aussagen (verbale Kommunikation). Dies beinhaltet ebenfalls psychologische Hintergründe der Kommunikation („Die Botschaft hinter der Botschaft").
3. Gesprächsführungstechniken. Hier geht es um rhetorische Fähigkeiten, die dem Mediator helfen sollen die Kontrolle über den Dialog zu behalten.

Alle, die sich mit der Ausbildung zum Mediator beschäftigen, sollten über zwei Aspekte besonders nachdenken:
1. Der Aspekt der Empathie
2. Der Aspekt der sozialen Kompetenz

Zu 1. Empathie ist der Faktor, der es einem guten Mediator ermöglicht Hilfe zur Selbsthilfe zu geben. Letztlich ist die Konfliktmediation nichts anderes: Ein Verfahren, das dem Willen anderen zu selbst bestimmtem Verhalten zu verhelfen, Substanz verleiht.

Allein durch Kenntnis des Verfahrens, durch gute Wahrnehmung und rhetorische Fähigkeiten wird Mediation nicht das leisten, was sie vermag, wenn es an Empathie fehlt.

Empathie verstärkt sich oder wird oftmals erst

dort geboren, wo man für sich selber glaubt ein sinnvolles Instrument zur Lösung bestimmter Probleme erkannt zu haben. Konfliktmediation ist ein solches Instrument.

Zu 2. Die soziale Kompetenz beschreibt den Grad der Souveränität, mit dem eine Person in Interaktion zu Mitmenschen tritt. Souveränität bezogen auf menschliches Interagieren charakterisiert sich durch sicheres Auftreten in unterschiedlichen Situationen.
Je mehr Interaktionsmöglichkeiten also einer Person zur Verfügung stehen, desto sicherer wird sie sich unter den Mitmenschen bewegen können und umso sozial kompetenter wird sie sein.
(Volker Bäumel, Bonn; Dozent für Mediation, u.. a. für das Friedensbildungswerk in Köln)

Die folgende Reportage berichtet über Erfahrungen an einer schleswig-holsteinischen Realschule.

„Damit jemand nicht gleich eins auf die Nase kriegt" – Schüler als Streitschlichter

[...] Am Anfang, als die Streitschlichter ihre Friedensarbeit aufnahmen, gab es jede Menge Misstöne bei Lehrkräften und auch bei der Schulleitung. Obwohl Mehrheiten in Lehrer- und Schulkonferenzen zugestimmt hatten, obwohl zehn Jugendliche der Schule zehn Monate lang, insgesamt sechzig Stunden, freiwillig an einer Ausbildung teilgenommen hatten, obwohl es doch keine Zweifel an der Ernsthaftigkeit ihrer Absichten gab – die Schlichtung der Streitfälle von Schülern durch Schüler an der schleswig-holsteinischen Realschule in Tornesch war anfangs keineswegs eine von allen akzeptierte Angelegenheit.
Inzwischen hat die erste Schülergruppe eine zweijährige Phase erfolgreich abgeschlossen. Marit Falkenhagen (16), eine der Streitschlichterinnen, blickt zufrieden zurück: „Zwar herrschten auch früher nicht Mord und Totschlag an unserer Schule. Doch weil wir Konflikte schlichten konnten, haben wir manches Mal verhindert, dass jemand gleich eins auf die Nase kriegte, nur weil er einem andern den Füller weggenommen hat." [...]
Man war sich einig, dass Schüler der achten Klasse ausgebildet werden und Fünf- und Sechstklässler ihre Zielgruppen sein sollten. Nur junge Schüler, so die Erfahrung, lassen sich auf Schlichtungsbemühungen durch andere Schüler – in Alltagskonflikten wie einem zerbrochenen Füller, Rangeleien und Prügeleien, Stress mit Lehrern oder verbalem Streit – ein; Ältere regeln ihren Ärger selbst.
Die Suche nach künftigen Schlichtern wurde keineswegs in ein verlockendes Angebot gepackt: Wer mitmachen wolle, müsse das während der Pause, nur in Ausnahmefällen während des Unterrichts und manchmal auch an schulfreien Nachmittagen tun. Von 20 Jugendlichen, die sich ursprünglich meldeten, absolvierten zehn das Training mit viel Theorie und praktischen Rollenspielen. Am Ende blieb ein Team von je zwei Schlichtern für jeden der fünf Schulwochentage übrig.
Marit Falkenhagen ist Expertin geworden. [...] „Schlichter müssen neutral sein. Sie müssen aktiv zuhören können. Vertraulichkeit wird zugesichert." Die Schlichtung müsse störungsfrei und in angenehmer Atmosphäre stattfinden. Nach Darlegung der jeweiligen Standpunkte bitten die Schlichter um Lösungsideen; ein „Gehirnsturm" ist angesagt. Am Ende wird schriftlich vereinbart, „wer was tun will, wann und wo", etwa Bänke reparieren oder Müll im Schulhof einsammeln – und vor allen Dingen, Streit aus dem Wege gehen. „Die Schüler", sagt Marit Falkenhagen, „sind begeistert, wenn ein Vertrag unterschrieben wird." Kollege Dehli: „Viele kommen von selbst mit einem Papier, auf dem sie ihre Streitigkeiten aufgesetzt haben."
Der Bücherraum der Realschule Tornesch wurde zum Schlichtungsort. Streitende Schüler kommen immer freiwillig – wenn auch mit freundlicher Empfehlung der Lehrer: manchmal drei pro Woche, manchmal keiner in vierzehn Tagen. Dabei sei es wichtig, betont Marit Falkenhagen, dass Schlichter ihre Lösungsvorschläge keinem, auch nicht sanft, aufzwingen. Vielmehr müssten die Friedensangebote von den streitenden Schülern selbst kommen. „Manchmal aber", sagt die Schlichterin, „gibt's keinen Ausweg. Dann schlafen wir eine Nacht darüber und treffen uns am nächsten Tag wieder." [...]

(Monika Metzner: „Damit jemand nicht gleich eins auf die Nase kriegt. In: Frankfurter Rundschau vom 12.11.1998)

Zeichnung von Maurice Vink. 1. Preis im Wettbewerb „Comics gegen Gewalt" (1999/2000) des Landschaftsverbandes Rheinland und des Landesjugendamtes NRW. Die Abbildung dieser Seite ist der Anfang eines mehrteiligen Comics.

6.2 Projekt „Schule gegen Gewalt" – Ein Anti-Gewalt-Training der Kriminalpolizei des Kreises Mettmann

Was Gewaltentstehung begünstigt

Die möglichen Ursachen von Gewalt sind multifaktoriell, d.h. genauso vielfältig wie die Probleme unserer Gesellschaft. Gewalttätiges Verhalten entsteht aus einem Zusammenspiel von vielen Faktoren.

Das Verhalten bei Kindern und Jugendlichen ist kein intraindividuelles Phänomen. Es resultiert vielmehr aus der Auseinandersetzung des Individuums mit seiner familiären, schulischen und außerschulischen Lebenswelt.

Langeweile, Übersättigung im Konsumbereich statt Geborgenheit und Wärme, Zukunftsängste, fehlende oder falsche Vorbilder, Egoismus und ein sich abzeichnendes soziales Ungleichgewicht (Arbeitslosigkeit, Wohnungslosigkeit u. a.) können Nährboden für Fehlentwicklungen bei Kindern und Jugendlichen sein.

Lösungen können nur gemeinsam erzielt werden und bedürfen nicht immer langjähriger wissenschaftlicher Analysen.

Beispielhafte Überlegungen im gesellschaftlichen und schulischen Bereich hierzu sind:

- Öffentlich-rechtliche und private Medien müssen sich ihrer Verantwortung gegenüber Kindern und Jugendlichen bewusst sein. Dramatische Gewaltdarstellungen im Fernsehen ermutigen, stimulieren und rechtfertigen Gewaltanwendungen. Besonders schädlich wirkt sich der häufige Konsum von Gewaltdarstellungen auf Kinder und Jugendliche aus, die ausschließlich körperliche Formen der Konfliktlösung für sich verinnerlichen, d. h. als Verhaltensmuster übernehmen und damit ihr Weltbild verzerren.
- Politiker und Verwaltungen sind gefordert strukturelle und materielle Voraussetzungen zu schaffen, die pädagogische Ressourcen nicht minimieren, sondern vielmehr beispielhaft darauf einwirken:
- die Anzahl der Klassenzüge zu begrenzen
- die Anzahl der Schüler in eine Klasse zu senken
- zusätzliche Lehrstellen zu schaffen, damit auch freiwillige Angebote (Arbeitsgemeinschaften, die vielfach auch in die Freizeit der Jugendlichen gehen) überhaupt wahrgenommen werden können
- ein gewaltfreies Klima in paritätischer Verantwortung von Schülern/-innen und Lehrer/-innen in der Schule zu schaffen, unter gleicher Verantwortung aller, um eine Atmosphäre des Miteinander zu schaffen, in der sich auch Lern- und Leistungsschwache wieder finden können
- keine personellen/finanziellen Kürzungen in außerschulischen bzw. sozialkulturellen Bereichen der Jugendarbeit

Für Kinder und Jugendliche, die in ihrem Tagesablauf „allein gelassen" sind, dürfen die vorhandenen Tages- und Freizeitangebote nicht wegen Einsparungen gekürzt werden.

Zur Minimierung von kostenintensiven Folgeschäden ist eine Verknüpfung des Schul- und Freizeitbereiches wünschenswert und daher anzustreben (Erlebnispädagogik).

Geplanter Projektverlauf

1. Partner sind Schülerinnen und Schüler der fünften bis achten Jahrgangsstufe.
2. Benötigt werden vier Unterrichtsstunden pro Klasse, aufgeteilt in zwei Blöcke an unterschiedlichen Tagen. Die Trainingseinheiten sollten zumindest teilweise in Zusammenarbeit mit der für die jeweilige Klasse als Bezugsperson geltenden Lehrkraft durchgeführt werden (Einzelfallentscheidung).
3. Eine Elterninformationsveranstaltung zu Beginn des Projektes ist zwingend erforderlich! Die Eltern sollten hierbei über das Projekt und die Art der Durchführung informiert werden. Darüber hinaus werden vonseiten der Polizei ein allgemeines Lagebild zur Kriminalität im regionalen Bereich geliefert und Hilfsmöglichkeiten im Umgang mit den eigenen Kindern aufgezeigt, die das Risiko einer fehlgeleiteten Entwicklung minimieren können.
Es sollte den Eltern verdeutlicht werden, dass es nicht um die Bekämpfung von Gewaltformen an dieser Schule geht, sondern die Teilnehmer für das Thema zu sensibilisieren, sie zu festigen und ihnen klar zu machen, dass es auch ohne Gewalt gehen

muss, bzw. dass es ohne Gewalt auch leichter für eine Gruppe ist gewisse Ziele zu erreichen.
Ein Elterninformationsblatt wird im Anschluss an die Veranstaltung ausgehändigt. (s. S. 121)

Geplanter Unterrichtsverlauf
1. Allgemeine Begrüßung
2. Vorstellung des Kriminalkommissariates Vorbeugung und der Person des Projektbegleiters.
Vorstellung des geplanten Projektverlaufs
3. Kurze Darstellung der Gewaltenteilung und des staatlichen Gewaltmonopols.
Erläuterung des Legalitätsprinzips.
4. Verlesen der beiden Texte „… beim Opfer" und „… beim Täter" (s. n.).
5. Ausgabe der Fragebögen mit den notwendigen Erläuterungen (s. S. 122).
6. Erarbeitung des Begriffes/einer Definition von „Gewalt"
Hierbei erhält zunächst jeder Schüler einen Zettel, auf dem er seine Definition notiert. Anschließend setzt sich jeder mit seinem unmittelbaren Nachbarn zusammen, um diese Definitionen zu vergleichen und daraus eine gemeinsame Definition zu formen. Diese Zweiergruppen schließen sich dann zu Vierergruppen zusammen usw.
Ziel ist es, letztendlich eine einzige Definition des Begriffes „Gewalt" zu erarbeiten, die von der ganzen Klasse getragen wird.
7. Begriffsammlung an der Tafel/am Flipchart. Die Schüler/-innen notieren einzelne Gewaltformen, die sie von der Schule oder aus ihrem Freizeitbereich her kennen. […] Dabei werden verschiedene Farben eingesetzt, sodass letztlich drei Gruppierungen erkennbar sein sollten: physische und psychische Gewalt gegen Personen, Gewalt gegen Sachen. Parallel hierzu soll von den Schülern auf der anderen Tafelseite/dem anderen Flipchart vermerkt werden, wo diese Gewalt aufgetreten ist.
Ziel ist es, aufzuzeigen, dass die Schüler überall mit Gewaltformen konfrontiert werden können, ein gewaltfreier Raum z. Zt. nicht existiert.
8. Rollenspiele: Von den Schülern sollen Situationen nachgespielt werden, in denen sie Gewalt erfahren haben oder die sie beobachtet haben. Nach jedem dieser Rollenspiele erfolgt eine Analyse und die Klasse sollte Lösungsmöglichkeiten erarbeiten, wie man sich solchen Konflikten entziehen kann bzw. als Außenstehender eingreifen kann. Sollten hier strafbare Handlungen vorkommen, so wird vonseiten des Projektbegleiters dieses Thema situationsbezogen erläutert.
9. Gemeinsame Suche nach Möglichkeiten der Klasse gewaltfrei miteinander umzugehen. Anregung des Projektbegleiters wird sein, eine Art „Klassengesetz" zu erlassen, welches von allen getragen wird. […]
10. Verteilung der Plakate und Aufkleber „Keine Gewalt an Schulen" mit abschließender Ansprache.

Nachbetreuung
Nach ca. zwei Monaten sollte ein weiterer Besuch des Projektbegleiters in der Klasse erfolgen. Dieser hat sich bewährt, da die Schüler feststellen, dass man sie nicht bereits wieder vergessen hat. Auch können aufgetretene Probleme besprochen werden.

Text zur Verlesung: Wie Gewalt erlebt wird

… beim Opfer
… mein Körper dröhnt, der Kopf zittert leicht, – ich überlege einen Moment, was passiert ist. Das war kein Stromstoß – der fühlt sich anders an. Erneut ein Schlag – eine andere Art, leicht seitlich – und noch einer. Mein Gesichtsfeld engt sich plötzlich ein, mein Gehör schwindet für einen Moment. Was zum Teufel passiert nur mit mir (…)? In meinem linken Augenwinkel orte ich die Quelle: Mit ausgestreckter Hand steht jemand und grölt – erneuter Schlag – erneut auf meinen Kopf. Jetzt endlich habe ich begriffen, was passiert ist (…). In der Nacht träume ich wilde Dinge. Der Schock ist eindeutig. Immer wieder will ich es nicht fassen. Ohne Worte haben sie drauflosgeschlagen …!
(Aus: Frankfurter Rundschau vom 6.2.1993, WDR-Moderator Ranganathan Yogeshwar)

Fortsetzung S. 123

Gewaltfrei leben lernen auch zu Hause?

In der Familie...

Aggressionen und Gewalt dürfen keine Tabuthemen sein. **Sprechen** Sie mit Ihren Kindern auch über eigene Erfahrung und die Ihrer Kinder.

Wenden Sie selbst in der Erziehung und in Ihrem **alltäglichen Verhalten** möglichst keine aggressiven Verhaltensweisen an.

Versuchen Sie, eigene Konflikte und Konflikte mit Ihren Kindern **ohne Gewalt** zu lösen.

Sind Sie, aus welchen Gründen auch immer, gegenüber Ihrem Kind aggressiv geworden, so **entschuldigen** Sie sich für Ihr Verhalten und klären Sie Ihr Kind über den Hintergrund Ihres Ausrutschers auf.

Vermitteln Sie Ihren Kindern ein Gefühl des **Abzeptiertseins und der emotionalen Geborgenheit**. Nehmen Sie Sehnsüchte und Träume Ihrer Kinder auch ernst, wenn sie nicht erfüllbar sind.

Nehmen Sie Ihre Kinder ernst. Beziehen Sie sie in Entscheidungen mit ein.

Gewähren Sie den Kindern **Spiel-** und **Freiräume**, damit sie ihre Fähigkeiten selbst entdecken können.

Und auch anderswo ...

Nach dem Motto „Kinder stark machen" gilt es, frühzeitig die Persönlichkeit unserer Kinder zu stärken: Gegen Sie Ihren Kindern die Möglichkeit, echte **Erfolgserlebnisse** zu haben, damit auch einem positiven Selbstwertgefühl sich die kindliche Persönlichkeit stärken kann.

Elemente wie **Abenteuer, Aktion** und **Körpererfahrung** sind für Ihre Kinder deswegen wichtig.

Ermöglichen Sie Ihrem Kind die Entwicklung eines **positiven Gemeinschaftsgefühls**, damit es erfahren kann, was gemeinsames und solidarisches Handeln vermag, und durch Förderung der Kontaktfähigkeit in die Lage kommt, Konflikte mit sich und anderen eigenverantwortlich zu lösen.

Übertragen Sie Ihren Kindern Verntwortung, damit sie lernen, selbstständig zu entscheiden und zu handeln.

Seien Sie sich Ihrer Vorbildsrolle bewusst. Familiäre Verhaltensmuster spiegeln sich in allen Lebensbereichen Ihres Kindes wider. Kinder brauchen nicht nur Aktion, sondern vielmehr insbesondere zu Hause auch eine Atmosphäre der Ruhe und Geborgenheit, und das Gefühl, dass Erwachsene sich für sie Zeit nehmen.

Zu weiteren Fragen wenden Sie sich bitte an die Fachdienstellen im Bereich der Erziehung, z. B.:

- an Ihre Schulleitung
- an die Beratungslehrer/innen
- an den Sozialpädagogen Ihrer Schule
- an das Jugendamt
- an den schulpsychologischen Dienst
- Pro Familia
- kirchliche Beratungsstellen

sowie an Ihre

Kriminalpolizeiliche Beratungsstelle
Talstr. 1–3, 40822 Mettmann, Tel.: 02104 - 982 511 bis 514

Fragebogen zum Thema „Gewalt"

Bitte beantworte die folgenden Fragen <u>ohne deinen Namen</u> anzugeben.

Alter: _____   männlich/weiblich

1. Was ist Gewalt? _____
   _____

2. Was ist Gewalt für dich? _____
   _____

3. Wie entsteht Gewalt? _____
   _____

4. Welche Formen von Gewalt kennst du? _____
   _____

5. Hast du schon mal Gewalt angewandt? _____

6. Wenn ja, warum wendest du Gewalt an? _____
   _____

7. Wann wendest du Gewalt an? _____
   _____

8. Was kannst du gegen Gewalt tun? _____
   _____

9. Wie kann man Gewalt vermeiden? _____
   _____
   _____

... beim Täter
- „Eins ist sicher – das ist besser als ein Krimi und live."
- „Das sind echte Kumpels, die bereit sind für dich zu schlagen und zu dir zu stehen."
- „Da kommt man in so einen Rausch hinein, bei dem es keine Grenzen mehr gibt."
- „Ich weiß auch nicht, was da in mir vorgeht, wenn ich das einfach mitmache. Das gibt dir so einen Kick. Das hat mit Krieg zu tun."
- „Auf einen einzutreten macht Spaß. Das erste Mal fasst man sich an den Kopf, aber das zweite, dritte Mal, da reizt es einen mitzumachen."

Gewaltbereite Jugendliche sehen ihre eigene Gewalttätigkeit meist als Gegengewalt, als legitime Konfliktlösungsstrategie. Sie imitieren „erwachsene Vorbilder". Für sie ist Gewalt subjektiv sinnvoll.

(Projekt „Schule gegen Gewalt". Nicht zurücklehnen sondern vorbeugen. Anti-Gewalt-Training für Kinder und Jugendliche des Polizeikommissariats „Vorbeugung", Kreispolizeibehörde Mettmann)

6.3 Der Täter-Opfer-Ausgleich

Das Jugendgerichtsgesetz eröffnet dem Richter eine relativ breite Palette von Maßnahmen. Dazu heißt es in §5 des Jugendgerichtsgesetzes (JGG) über die Folgen einer Straftat:

(1) Aus Anlass der Straftat eines Jugendlichen können Erziehungsmaßregeln angeordnet werden.
(2) Die Straftat eines Jugendlichen wird mit Zuchtmitteln oder mit Jugendstrafe geahndet, wenn Erziehungsmaßregeln nicht ausreichen. ...

Der Täter-Opfer-Ausgleich ist eine der im Gesetz genannten möglichen Erziehungsmaßregeln. Nach der Zielvorstellung des Täter-Opfer-Ausgleichs soll der Täter über der persönlichen Begegnung mit dem Opfer erkennen, was er mit seiner Tat angerichtet hat. Aber auch für das Opfer kann diese Begegnung eine positive Funktion haben. Viele Menschen, die z.B. Opfer einer Gewalttat wurden, plagen sich nach dem Schrecken der an ihnen verübten Tat mit Angst- und Ohnmachtsgefühlen.

Der Ablauf
Für die Teilnahme an einem Täter-Opfer-Ausgleich gilt das Prinzip der Freiwilligkeit. Die Täter durchlaufen zudem eine Vorauswahl, um zu prüfen, ob sie bereit sind, sich ernsthaft auf einen Dialog mit dem Opfer einzulassen.
Über die Erfahrungen einer Konfliktberaterin im Täter-Opfer-Ausgleich berichtet der folgende Auszug aus einer Reportage vom 20. April 1999:

Dass es ziemlich knistert, wenn sich beide Parteien dann gegenübersitzen, versteht sich von selbst. Auch wenn das Opfer verängstigt ist – Wut und Empörung sind immer im Spiel. So äußern Betroffene schon mal den Wunsch, dem Täter selbst gern eine reinhauen zu wollen. Das geht natürlich nicht. Die Angelegenheit soll ja friedlich geregelt werden. Für zusätzliche Spannungen sorgen mitunter die Eltern, die an dem Gespräch teilnehmen. Sie „bringen eine geballte Ladung Dynamik rein", umschreibt Steinhilber dieses Phänomen. Die Täter schließlich müssen es aushalten, mit Vorwürfen konfrontiert zu werden und nur mit Worten statt mit der Faust reagieren zu können.
Die pädagogische Absicht ist klar: Bei einem Gespräch unter Gleichen, so Steinhilber, „kehrt sich das Machtverhältnis um". Das Opfer sieht, dass der Täter nicht allmächtig ist, sondern sozusagen auf Normalformat schrumpft. Wenn die Aggressionen beseitigt werden, der Täter Einsicht und Reue zeigt, es also zu einer Einigung mit Handschlag kommt, dann „gehen die Opfer entlastet hier raus", resümiert Steinhilber. Schöner Nebeneffekt: Schadenersatz- und Schmerzensgeldansprüche können gleich mitgeregelt werden. Kann ein Täter nicht zahlen, leistet er bezahlte gemeinnützige Arbeit ab, bis die Summe zusammen ist. ...
1997 scheiterten 20 Prozent der Ausgleichsversuche, 1998 sogar 26 Prozent. Es kam schon vor, dass ein Täter die Prozedur abbricht mit der Bemerkung: „Da gehe ich lieber vor Gericht."

(Volker Mazassek, in Frankfurter Rundschau vom 20. April 1999, S. 23)

„Die Sache ist gegessen"

Sara Schmidt traf den Mann, der ihr Nasenbein brach

An einem Frühlingsabend hatten die 17-jährige Sara Schmidt und ihre Freundin im Nordend eine heftige Begegnung mit drei angetrunkenen jungen Männern. Ein 21-Jähriger wollte auf einem Skateboard der Freundinnen fahren. Als Sara Schmidt sich weigerte, das Brett herauszurücken, brach ihr der Mann mit einem Kopfstoß das Nasenbein. Beim Täter-Opfer-Ausgleich traf die Schülerin den Schläger wieder. Über die Begegnung sprach sie mit FR-Redakteur Volker Mazassek.

FR: *Hattest du damals im Nordend Angst vor dem Täter?*
Sara Schmidt: Nein, gar nicht. Die Jungs haben uns zwar schnell beschimpft – wir hatten weite Hosen an, da hieß es gleich Mannsweiber – aber dass der eine ein Schläger ist, hat man ihm nicht angesehen. Der war ein bisschen kleiner als ich. Ich denke, das war auch ein Problem von ihm. Er hat sich vor mich gestellt, mit dem Kopf ausgeholt, einmal direkt auf die Nase geknockt und es hat „krach" gemacht.

Warum hast du dem Täter-Opfer-Ausgleich zugestimmt?
Es war wohl eine einmalige Sache bei dem Täter. Ich habe mir gedacht: Warum soll ich für irgendeinen Eintrag in seine Akte sorgen? Ich wollte ihn auch mal sehen, ich hatte keine Angst vor dem Gespräch.

Aber wütend warst du schon?
Ja, natürlich. Am Anfang habe ich gesagt: Dem würge ich was rein, der kriegt jetzt richtig Strafe. Aber das Gespräch kam ja erst Monate später. Da ist das etwas abgeebbt. Irgendwann war ich es auch leid, das Thema immer wieder aufzugreifen.

Wie lief das Gespräch ab?
Ich habe gedacht, dass ich schon Wut im Bauch habe, wenn ich ihm gegenübersitze. Aber die Atmosphäre war relativ ruhig. Wir haben uns nicht angeschrien und konnten uns ganz sachlich unterhalten. Er hat die meiste Zeit geredet, weil es ihm so Leid tat. Er hat sich geschämt, weil er sich anscheinend wegen seines Rausches an gar nichts mehr erinnerte. Er wusste nicht mal, wie ich aussah und dass ich ein Mädchen bin.

Wie hat er seine Aggressivität begründet?
Dieses „Nein", was ich gesagt habe, hat ihn wohl so gereizt, dass er gleich zugeschlagen hat.

Tolle Begründung. Gab's eine Entschuldigung?
Ja. Er wollte sogar noch einen Kaffee mit mir trinken gehen, weil es ihm so unendlich Leid tut. Er zahlt auch 2000 Mark Schmerzensgeld in Raten. Also, er hat alles probiert, um es wieder gutzumachen. Bei dem Gespräch hat er mir seine Telefonnummer gegeben, damit wir uns treffen. Aber das war mir dann doch zu viel. Ich habe mich nicht gemeldet.

Warum?
Die Sache ist gegessen. Da muss man sich nicht extra noch mal treffen.

So sympathisch war er dir dann doch nicht?
Nein. Er war ganz nett. Aber da ist halt noch diese Sache mit dem Schlagen.

Hast du ihm seine Reue abgenommen?
Ja, schon. Er hatte wohl bereits mit anderen Delikten zu tun, aber noch nie mit Körperverletzung. Dass er gerade ein Mädchen geschlagen hatte, war ein Punkt, der ihm relativ unangenehm war. Bei einem Jungen wäre das vielleicht nicht so das Problem gewesen. Der hätte ja zurückgeschlagen.

Hast du die Sache verarbeitet?
Direkt danach wurde mir immer relativ mulmig, wenn ich abends Jugendlichen begegnet bin. Und meine Eltern fanden das nicht so schön, dass ich gleich wieder abends weggehen wollte. Aber das hat sich alles gelegt.

Bist du vorsichtiger geworden?
Demnächst gebe ich meine Sachen einfach ab, wenn jemand mich bedroht. Da sage ich nicht mehr Nein. Dann kriegt der halt das, was er will.

Aus der Frankfurter Rundschau vom 20. April 1999.

6.4 „Wer nichts tut, macht mit!" – eine Kampagne der Hamburger Kriminalpolizei

Die Kampagne der Hamburger Kriminalpolizei im Jahr 1998 stieß bei den Bürgern auf eine breite positive Resonanz und fand ein entsprechendes Medienecho. Neben rund 80 000 Kontaktgesprächen in den ersten sechs Wochen wurde die erste Seite der „Homepage" bereits 5 000-mal aufgerufen.
Die Stadt Hamburg wurde ab Februar 1998 flächendeckend plakatiert, ein Werbespot in Kinos und Fernsehen gezeigt, Anzeigen in den Printmedien geschaltet. „Herzstück" der Kampagne war die Checkkarte (→ Foto) mit Tipps zur Hilfeleistung, die überall in der Stadt verteilt wurde.
Die folgenden Texte enthalten den Aufruf und die konzeptionellen Vorüberlegungen.

6.4.1 Der Aufruf: „Wer nichts tut, macht mit!"

Falls Sie Zeuge einer Gewalttat werden, gibt es andere Möglichkeiten als wegzusehen oder sich direkt dem Täter entgegenzustellen:
• Ich helfe, aber ohne mich in Gefahr zu bringen
Jeder Mensch hat Möglichkeiten etwas Hilfreiches zu tun, ohne in direkte Konfrontation mit dem Täter zu geraten.
• Ich fordere andere direkt zur Mithilfe auf.
Es ist ein Phänomen, dass bei Anwesenheit mehrerer Personen am Unglücks- oder Tatort die Wahrscheinlichkeit sinkt, dass geholfen wird. Psychologen sehen mehrere Gründe für dieses Verhalten.
Man macht die Ernsthaftigkeit der Notsituation von der Reaktion der anderen Zuschauer abhängig: „Wenn die anderen nicht helfen, wird es wohl auch nichts zu helfen geben."
Möglich ist auch, dass die erste in Erwägung gezogene Reaktion, nämlich zu helfen, verworfen wird aus Angst vor der Blamage.
Man passt sich dann lieber der Zurückhaltung der anderen an, um nicht aufzufallen, oder man schiebt die Verantwortung jeweils dem anderen zu mit dem Effekt, dass niemand hilft.

Hier ist der Ansatzpunkt:
Fangen Sie an etwas zu tun, andere werden dann folgen.
Sagen Sie den Zuschauern: „Hier ist etwas nicht in Ordnung, hier muss etwas getan werden!"
Fragen Sie: „Was können wir tun?" Sprechen Sie eine andere Person an und fordern Sie direkt auf: „Holen Sie bitte Hilfe."
• Ich beobachte genau und merke mir den Täter.
Der Polizei ist es schon häufiger gelungen aufgrund eines schnellen Anrufes und der guten Beobachtungsleistung von Zeugen Täter durch eine schnelle Fahndung zu fassen. Wichtig zu

U-Bahn-Aufkleber

Tüte

wissen ist vor allem die Kleidung, das Aussehen und die Fluchtrichtung eines Täters. Möglicherweise können Sie dem Täter in sicherem Abstand folgen, ohne ihn zu verfolgen.
• Ich organisiere Hilfe – Notruf 110.
Rufen Sie professionelle Helfer, damit diese so schnell wie möglich kommen können. Wichtig ist, dass Sie sagen, wo etwas passiert ist, wann etwas passiert und was passiert ist. Legen Sie dann nicht sofort wieder auf, falls Nachfragen nötig sind.
• Ich kümmere mich um das Opfer.
Nicht jeder traut es sich zu, erste Hilfe zu leisten, aber jeden kann dem Opfer beistehen. Die Erfahrung von Notärzten zeigt, dass verletzte Opfer schon dadurch stabilisiert werden können, wenn sie bis zum Eintreffen der professionellen Helfer seelischen Beistand bekommen. Sprechen Sie mit dem Opfer, trösten Sie es, fragen Sie, was Sie tun können und wie Sie unterstützen können.

Citylight-Plakat

Plakat

Alle Abbildungen aus: Die Aktion gegen Gewalt. Hrsg.: Polizei Hamburg/Polizeiverein Hamburg e. V.

Anzeige

6.4.2 Ziele der Aktion aus psychologischer Sicht

Ziel dieser Aktion ist es, die Fähigkeit und die Bereitschaft zu helfen – etwas zu tun – zu erhöhen. Wenn Menschen Gewalttaten beobachten und nichts tun, ist dieses sehr häufig auf

- Unsicherheit („Was kann ich tun und wie kann ich helfen?") und auch auf
- Angst selbst Opfer zu werden

zurückzuführen.

Die Fähigkeit und Bereitschaft zu helfen steigt dann,

- wenn Menschen sich aktiv und intensiv damit auseinander setzen,
- wenn Menschen sich zur gegenseitigen Unterstützung bekennen und
- wenn Menschen in der akuten Situation auf konkrete, einfache und leicht realisierbare Verhaltenshinweise zurückgreifen können.

Hier setzt das Projekt an.

Es ist wichtig der Unsicherheit und Angst entgegenzuwirken, indem von professionellen Helfern Möglichkeiten aufgezeigt werden, wie man sich konkret in einer solchen Situation verhalten kann, ohne sich dabei selbst in Gefahr zu bringen.

Vor diesem Hintergrund wird im Rahmen diese Projektes u. a.

- die Check-Karte verteilt,
- das Angebot gemacht mit der Polizei – persönlich, über Hotline etc. – in den Dialog zu treten, um sich weitergehend beraten zu lassen.

Voraussetzung dafür, dass derartige Hinweise auch aufgenommen und verinnerlicht werden, ist, dass das Thema „Helfen" aufgegriffen wird,

- Ich stelle mich als Zeuge zur Verfügung.

Viele verlassen kurz vor oder unmittelbar nach dem Eintreffen der professionellen Helfer den Ort des Geschehens.

Aber: Sie werden als Zeuge gebraucht. Möglicherweise ist nur Ihnen etwas aufgefallen, das sehr wichtig ist, um den Täter zu fassen oder die Tat zu rekonstruieren. Deshalb bleiben Sie bitte vor Ort und fragen die professionellen Helfer, ob Ihre Anwesenheit noch erforderlich ist. Sollten Sie unter Zeitdruck stehen, hinterlassen Sie für wichtige Nachfragen Ihren Namen und Ihre Erreichbarkeit.

(Aus: Claudia Brockmann. Polizeipsychologin)

Informationskarte

Überfall auf einen Rentner, Foto 1996

dass darüber gemeinsam und offen diskutiert und über das eigene bisherige Verhalten reflektiert wird.
Diesem Ziel dient der Film, die Plakate und die begleitende Medienberichterstattung.

6.4.3 Wie kann man sich erklären, dass Menschen nicht helfen?

Es gibt unterschiedliche Erklärungen dafür:
- Die Uneindeutigkeit der Situation

So kann der Beobachter einer Situation nicht immer gleich unterscheiden, ob es sich z. B. bei Hilferufen oder einer Rangelei um eine echte Notsituation oder aber um ein Spiel oder um Spaß handelt.
Aus Angst sich in die Angelegenheiten anderer einzumischen und damit zu blamieren, geht man lieber weiter.
- Die Anwesenheit anderer

Es ist ein Phänomen, dass bei der Anwesenheit mehrerer Personen die Wahrscheinlichkeit sinkt, dass geholfen wird.
Erklärt wird dies zum einen damit, dass jeder die Ernsthaftigkeit der Notsituation auch vor dem Hintergrund der Reaktionen der anderen definiert.
(„Wenn die anderen nicht helfen, wird es wohl auch nichts zu helfen geben.")

Zudem ist es möglich, dass die erste in Erwägung gezogene Reaktion verworfen wird aus Angst vor Blamage und sich der Zurückhaltung der anderen anpasst, um nicht aufzufallen.
Daneben kann es sein, dass die Verantwortung zu helfen dem jeweils anderen zugeschoben wird („Verantwortungsdiffusion").
Problematisch in diesem Zusammenhang ist, dass sich alle Anwesenden gegenseitig in ihrer Inaktivität verstärken und keiner dazu bereit ist, aus dieser Anonymität herauszutreten, um diesen Teufelskreis zu durchbrechen.
- Unterschätzung der eigenen Kompetenz und der zur Verfügung stehenden Möglichkeiten

Unter Helfen wird meist nur verstanden, sich direkt in das Tatgeschehen einzumischen und sich damit ggf. selbst in Gefahr zu bringen.
Um dieses zu vermeiden, verfallen Zeugen einer Gewalttat entweder in Passivität oder ziehen sich aus dieser Situation ganz zurück.
Andere, sehr hilfreiche Verhaltensweisen sind in einer akuten Situation nicht abrufbar.
- Negative Kosten-Nutzen-Analyse

Es ist möglich, dass ein potenzieller Helfer in Abwägung der persönlichen Vor- und Nachteile zu dem Ergebnis kommt, dass der persönliche Schaden (Zeitverzug, schmutzige Kleidung, …) höher liegt als der Nutzen (positives Gefühl geholfen zu haben; Anerkennung …) und demzufolge keine Bereitschaft zeigt irgendetwas Hilfreiches zu tun.

6.5 Projekte mit Fußball-Fans: Gewaltprävention im Bereich des Sports

In Köln existieren 2 Fan-Projekte mit unterschiedlicher Zielsetzung bzw. Schwerpunktbildung. Zunächst das **„Fan-Projekt 1. FC Köln"**, geleitet vom Fan-Beauftragten des Fußball-Clubs.
Das Projekt ist Dachverband aller FC-Fanclubs, hat ca. 1 200 Mitglieder und begreift sich vorwiegend als Dienstleistungsbetrieb.
Zu den wesentlichen Aufgaben gehört es, Fahrten mit ermäßigten Preisen zu Auswärtsspielen des Vereins zu organisieren, Kontakte zwischen Fans und Spielern herzustellen, Kontakte zwischen den Fan-Clubs zu knüpfen und die Betreuung behinderter Besucher während der Spiele zu gewährleisten.
Hinzu kommen: Preisermäßigungen beim Fan-Artikel-Kauf, Fan-Feten und Turniere sowie eine regelmäßig erscheinende Zeitschrift.
„Indem wir vor allem Jugendlichen einen gewaltfreien Umgang mit Fußball als Gemeinschaftserlebnis aufzeigen wollen, möchten wir die Hooliganszene austrocknen lassen", so Reiner Mendel, Fan-Beauftragter des FC Köln.
Damit wird also auch das Zurückdrängen von Gewalt aus der Fan-Szene als zentrale Aufgabe bezeichnet.
Hier liegen nun die Berührungspunkte mit dem zweiten Fan-Projekt in Köln. Es heißt **„Anstoß"** und ist eines von derzeit 25 Projekten in Deutschland, die unter sozialpädagogischer Ausrichtung mit gewaltbereiten Jugendlichen und jungen Erwachsenen arbeiten. Ziel ist die Gewaltprävention.
Initiiert wurden diese Projekte durch das Bundesinnenministerium, das 1995 das Nationale Konzept „Sport und Sicherheit" verabschiedete. Darin wurde die Finanzierung von sozialpädagogischen Projekten folgendermaßen geregelt: je ein Drittel der Kosten tragen das Land, die Stadt und der Deutsche Fußball Bund (DFB).
Im Folgenden finden Sie Auszüge aus der Konzeption von „Anstoß" (6.5.1), die Aufzeichnung eines Gesprächs mit einem Mitarbeiter des Projekts, dem Sozialarbeiter Torsten Ziegs (6.5.2), sowie den Abdruck eines „Zeit"-Interviews mit W. Heitmeyer über die Ausschreitungen während der Fußball-Weltmeisterschaft 1998 in Frankreich (6.5.3).

6.5.1 Zur Konzeption des Projektes „Anstoß"

Der Grundgedanke des Nationalen Konzepts „Sport und Sicherheit"
Fan-Projekte sind auf der Grundlage des Nationalen Konzeptes vorrangig aufgrund von Gewalttätigkeiten und Rechtsextremismus im Fußballgeschehen eingerichtet worden. Diese beiden problematischen Verhaltensmuster von Fußballfans werden in der Öffentlichkeit deutlich. Hinzu kommen jedoch (verdecktere) Problemfelder wie Alkohol, sonstige Drogen sowie Schwierigkeiten im privaten wie beruflichen Bereich, die auch unabhängig vom Fußball Gewalt und Rechtsextremismus begünstigen. Grundlage für die Einrichtung solcher Fan-Projekte ist die Erkenntnis, dass es nicht ausreicht auf dieses problematische Verhalten mit ordnungspolitischen und strafrechtlichen Maßnahmen zu reagieren, denn solch ein Verhalten ist immer auch Ausdruck für gesellschaftliche Strömungen und persönliche Schwierigkeiten. Mit dem Nationalen Konzept „Sport und Sicherheit" entschlossen sich Vertreter/innen aus Politik und Sport nicht nur die Symptome, sondern auch die Ursachen anzugehen und Fan-Projekte mit professionellen pädagogischen Fachkräften einzurichten. Zum einen bieten diese den Fans Hilfe in konkreten persönlichen Schwierigkeiten und Notlagen, um den Einzelnen bei der Alltagsbewältigung zu unterstützen und ihn zu stabilisieren.
Zum anderen bieten sie Angebote und Veranstaltungen, um eine lebendige Fanszene auch ohne Gewalterlebnisse mitzugestalten und dadurch langfristig das Nachwachsen der Jüngeren in die Gewaltszene zu verringern oder zumindest im kontrollierteren Rahmen zu halten.

Sozialpädagogische Fanarbeit als fußballorientierte Jugendarbeit
Grundlage für eine sozialpädagogisch ausgerichtete Fußballfanarbeit ist das Verständnis, dass sich im Umfeld Fußball eine große Gruppe junger Menschen trifft, die sich die Fußballszene als einen eigenen Erlebnisraum angeeignet haben, der für sie eine große Bedeutung hat, im pädagogischen Sinne eine Sozialisationsfunktion, und der damit einen Bereich zur Identitätsbildung

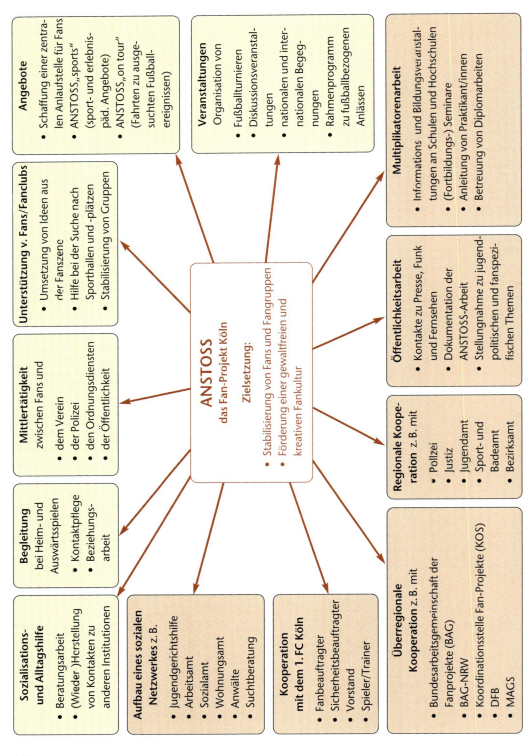

darstellt. Vor diesem Hintergrund kann die sozialpädagogische Fußballfanarbeit, wie ANSTOSS sie leistet, als eine Aufgabe der Jugendarbeit angesehen werden. Wir erkennen die Fanszene und Fankultur als wichtigen Bereich für Jugendliche an und wollen ihn erhalten; wir wollen die Jugendlichen in diesem Bezug stabilisieren und begleiten und ihnen in ihrer Lebenswelt gerecht werden. Sozialpädagogische Fußballfanarbeit heißt darum auch die Fans bei der Bewältigung von in diesem Bereich anzutreffenden und auftretenden Problemen zu unterstützen.

Die Erarbeitung des Nationalen Konzeptes und somit unsere Arbeitsgrundlage basiert auf der beim Fußball auftretenden Gewalt. Im Bereich der Einzelhilfe und Beratung zeigt sich uns jedoch schnell, dass die Problematik der Gewalt oft nur ein Thema unter vielen ist und es sich in erster Linie um Jugendliche handelt, die mit sich und der Gesellschaft (oder die Gesellschaft mit ihnen) auf unterschiedlichen Ebenen Schwierigkeiten haben.

Die Probleme der Jugendlichen reichen vom Verlust der Ausbildungs- oder Arbeitsstelle, von familiären Schwierigkeiten, Beziehungsproblemen, Wohnungslosigkeit, Drogenkonsum bis hin zu Verschuldung oder Problemen im Umgang mit der Polizei und der Justiz. Fan-Projekte sind Anlaufstellen und helfen bei der Klärung und Bewältigung von Schwierigkeiten beim Fußball und darüber hinaus.

6.5.2 „Die Hools kommen aus allen gesellschaftlichen Gruppen" – Gespräch mit einem Sozialarbeiter von „Anstoß"

Wie stellt sich die Hooligan-Szene in Köln dar?
In Köln gibt es ca. 450 gewaltbereite Fußball-Fans, sie sind zwischen 14 und 40 Jahre alt, kommen aus allen gesellschaftlichen Gruppen, vom Bankangestellten oder städtischen Beamten bis zum Arbeitslosen. Hools tragen keine Fan-Utensilien („Kutten"), setzen sich durch ihr Äußeres bewusst von den „normalen" Fans ab, z. T. tragen sie teure Designermode.

Unsere Hauptzielgruppe sind die Jugendlichen, die sich noch nicht fest in der Szene etabliert haben, die „reinschnuppern".

Wo findet die Gewalt statt?
In den letzten Jahren hat sich die Gewalt aus den Stadien hinaus nach außen verlagert, z. B. auf das Stadionumfeld, auf An- und Abfahrtswege, aber auch in die Innenstädte, wo man sich mitunter mehrere Stunden nach Spielschluss mit gegnerischen Gruppen trifft. Die Hools versuchen dadurch der massiven Polizeipräsenz auszuweichen.

Wie kommt es nach Ihrer Beobachtung zur Gewalt?
Es gibt unterschiedliche Gründe. Gewalt macht Spaß, Gewalt ist für viele eine typisch männliche Form der Auseinandersetzung, die Nachahmung von Vorbildern spielt eine wichtige Rolle; außerdem schafft Gewalt Resonanz in den Medien. Ganz zentral ist in meinen Augen das Spannungsmoment. Wie beim Räuber-und-Gendarm-Spiel geht es vielen Jugendlichen gar nicht in erster Linie um die körperliche Auseinandersetzung selbst, sondern um das „Drumherum":
- Treffen wir auf die Gegner?
- Können wir uns von der Polizei absetzen?
- Gelingt es Gegner und Polizei zu provozieren?

Einigen Jugendlichen macht Gewaltausübung allerdings tatsächlich Spaß, sie suchen den „Wettkampf".
Sehr wichtig ist dabei auch der Faktor „Masse" bzw. Gruppe. In der Masse hat man Macht, lässt sich leicht von der Stimmung anstecken, kann man evtl. auch Polizisten angreifen.

Wie stellen Sie Kontakt, wie stellen Sie eine Beziehung zu den gewaltbereiten Fans her?
Wir machen aufsuchende Sozialarbeit. Wir gehen offensiv auf die Leute zu, fahren zu den Auswärtsspielen mit, sind bei den Heimspielen dabei, die Hooligans kennen uns und unsere Arbeit. Wir versuchen Beziehungen zu ihnen aufzubauen. Das ist bei den Aktivisten, meist zwischen 22 und 30 Jahren alt, zugegebenermaßen sehr schwierig. Das gelingt uns besser bei den Jugendlichen. Ganz wichtig für uns ist, die Jugendlichen als Fußball-Fans zu akzeptieren. Das sind Fußball-Verrückte, der FC Köln ist für sie Ersatzreligion. Diejenigen, die wegen der Schlägereien kommen, sind in der absoluten Minderheit. Das Fan-Dasein ist unser Medium, um die Jugendlichen zu erreichen.

Spieler, die sich auch nach Niederlagen bei ihren Fans bedanken

Wir sehen als Hauptaufgabe an, sie beim Erwachsenwerden zu begleiten und zu unterstützen. Unsere Arbeit ist langfristig angelegt und wir bieten unsere „Dienste" an, die über das Fußballspiel hinausgehen.

Werden Ihre Angebote genutzt?
Wir werden immer wieder um Rat und Hilfe gebeten, z. B. von jemandem, der von Abschiebung bedroht ist; ein anderer suchte Hilfe wegen seiner Spielsucht. In anderen Fällen geht es um Arbeitssuche, um Krach mit Eltern. Wir begreifen uns auch als Drehpunkteinrichtung, d. h. wir vermitteln die Jugendlichen häufig weiter an andere soziale Einrichtungen.
Darüber hinaus organisieren wir Fahrten zu Spielen, z. B. zum Pokalendspiel nach Berlin; wir veranstalten Fußball-Turniere, vor kurzem beteiligten sich eine Mannschaft mit Alt-Hooligans, eine Mannschaft mit Jüngeren und eine Pressemannschaft.
Wir sind mit einer kleinen Gruppe von Hools zur Europameisterschaft 96 nach England gefahren.

Gibt es den viel zitierten „Ehrenkodex" tatsächlich?
Wenn es zu gewalttätigen Auseinandersetzungen kommt, werden einige Regeln eingehalten. Hools kämpfen nur gegen andere Hools, nicht gegen die so genannten Kuttenträger, das sind die Fans in Vereinsfarben, mit Schals, Trikots, entsprechenden Mützen. Man benutzt keine Waffen und man tritt nicht auf Gegner ein, die am Boden liegen. Allerdings muss man feststellen, dass dieser „Ehrenkodex" in der letzten Zeit immer häufiger gebrochen wird.

Wie sehen Sie die Arbeit der Polizei?
In den Stadien ist die Polizeipräsenz stark zurückgegangen, im Block der Hooligans arbeitet inzwischen ein privater Security-Service. Darüber hinaus sind einige Polizeibeamte, so genannte szenekundige Beamte im Einsatz, zu denen wir gute Kontakte haben. Die Hools übrigens kennen diese Polizisten ebenfalls und respektieren sie.
An Bahnhöfen und anderen Stellen außerhalb der Stadien ist die Polizeipräsenz häufig sehr massiv, durch Filzen und aggressives Auftreten heizen sie mitunter die Stimmung unnötig an.

Hat die Gewalttätigkeit in der Fanszene in den letzten Jahren zugenommen?
Nein. Ich halte den Eindruck der Eskalation für ein Medienprodukt. Vor Jahren gab es bereits diese Gewaltsituationen. Nur: früher interessierte sich kein Mensch dafür.

Nachbemerkung 1: Am 31.7.98 endete die Arbeit von „Anstoß". Träger des Projekts ist nicht mehr die evangelische Kirchengemeinde Köln-Klettenberg, sondern ein Verein, in dem die Stadt Köln (über das Jugendamt), die Sportjugend und der 1. FC Köln beteiligt sind. An die Stelle von „Anstoß" ist das „Kölner Fan Projekt" getreten, ebenfalls mit sozialpädagogischer Zielsetzung, ebenfalls Mitglied in der Bundesarbeitsgemeinschaft der Fan-Projekte. Der Interview-Partner arbeitet nicht im neuen Fan-Projekt mit.

Nachbemerkung 2: Das Gespräch fand statt im Sommer 97. Ein Jahr später eskalierte während der Fußball-Weltmeisterschaft in Frankreich die Gewalt deutscher Rechtsradikaler und kulminierte im Mordversuch an einem französischen Polizeibeamten. Hier trat im Umfeld von Fußball-Veranstaltungen eine andere gewaltbereite „Fan"-Szene auf. Lesen Sie dazu das ZEIT-Interview mit Wilhelm Heitmeyer vom 25.6.1998 (siehe 6.5.3).

6.5.3 Gewalt ohne Grenzen – Ein Gespräch mit dem Jugendforscher Wilhelm Heitmeyer über deutsche Hooligans

DIE ZEIT: Fußball-Hooligans randalieren schon seit vielen Jahren und besonders gern bei Länderspielen. Hat Sie der Gewaltausbruch überrascht?
Wilhelm Heitmeyer: Nein, mit einer solchen Explosion muss man heute leider jederzeit rechnen. Das eigentliche Problem ist das Gemisch: zum einen die expressive Brutalität, bei der nur das Gewaltgefühl zählt. Zum anderen die politisch motivierte Gewalt. Sie ist geplant und hat einen rechtsextremistischen Hintergrund. Die Täter wollen mit aller Macht ihr Überlegenheitsgefühl demonstrieren und öffentliche Räume besetzen.

DIE ZEIT: Woher kommt diese blinde Zerstörungswut?

Heitmeyer: Gewalt ist bei manchen Menschen hoch attraktiv, weil sie glauben dadurch eine besondere Identität zu finden. Dass dies eine negative Identität ist, spielt keine Rolle. Im Gegenteil, sie wird geradezu kultiviert und als Starke verbucht. Doch wen wundert das, denn wir erleben derzeit die perverse Radikalisierung grundlegender Prinzipien einer Gesellschaft, die auf die Durchsetzungskraft des Einzelnen baut und Stärke prämiert.

DIE ZEIT: Die Gewalt wird brutaler, die Hemmschwelle niedriger.

Heitmeyer: Die Hemmschwellen werden niedriger, weil die Täter ihr Tun politisch begründen; der Gegner wird erniedrigt und zum Freiwild erklärt. Außerdem lösen sich soziale Verankerungen auf mit der Folge, dass es den Tätern völlig egal geworden ist, wenn andere zu Schaden kommen. Schließlich schaukeln sich die Hooligans auf, es entsteht eine besondere Dynamik, und gerade in diesen unstrukturierten Gruppen läuft die Gewalt schnell aus dem Ruder. Nicht das Handy oder die E-Mail-Adresse sind die neuen Wesensmerkmale der Hooligans, sondern ihre Unstrukturiertheit. Damit meine ich, dass sie sich an keine Regeln mehr halten und keine Hemmschwellen mehr kennen. Natürlich haben Hooligans schon immer mit den Muskeln gespielt und zugeschlagen. In bestimmten sozialen Milieus gehörte dies sogar zum Habitus. Gleichwohl war die Anwendung von Gewalt an Regeln gebunden. Heute aber ist die Gewalt enthemmt und unterliegt keinen sozialen Normen. Deshalb sind sämtliche Schleusen geöffnet und es wird nicht mehr gesagt: Ich schlage dich, weil du mein Feind bist. Sondern: Ich schlage dich, weil ich Gewalt so schön finde. [...]

DIE ZEIT: Es heißt ja, die Hooligans von heute seien im Alltag oft brave Familienväter und gingen einer geregelten Arbeit nach. Hat sich die Szene gewandelt?

Heitmeyer: Beunruhigend ist ja gerade, dass Normalität und Gewalt heutzutage so nah beieinander zu liegen scheinen. Zudem gibt es eine Art Jugendkultur, die so inhaltsleer ist, dass sie die Gewalt braucht, um sich selbst wachzurütteln und um überhaupt wahrgenommen zu werden.

DIE ZEIT: Wenn die Gewalt von Hooligans, wie Sie sagen, meist „expressiv und regellos" ausbricht, stoßen doch auch Gegenmaßnahmen schnell an Grenzen.

Heitmeyer: Ja, denn es kommt den Tätern nicht mehr auf einen bestimmten Gegner an. Die Opfer werden nach Belieben ausgesucht und auch die Art, wie sie malträtiert werden, ist nicht mehr kalkulierbar. Genau damit tut man sich schwer und auch die Polizei ist machtlos, wenn sich größere Gruppen an absolut keine Regeln halten.

DIE ZEIT: Welche Sprache verstehen die Hooligans? Nur die der Faust? Sollte die Gesellschaft die Gewalttäter ächten?

Heitmeyer: Bei Rechtsextremisten wird dies kaum greifen, weil sie die Gesellschaft ohnehin verachten. Und die Unpolitischen werden solche Achtung positiv umdeuten und sich als Avantgarde fühlen.

DIE ZEIT: Hätte Deutschland die Teilnahme an der Fußball-WM abbrechen sollen? Damit würden den Gewaltverbrecher den gesamten Zorn auf sich ziehen und vielleicht endlich begreifen, was sie tun?

Heitmeyer: Nein, zum einen sind die Hooligan keine feste Szene und im Alltag nicht als eine eigenständige Gruppe auszumachen. Zum anderen ist die Forderung nach einem Rückzug von der Weltmeisterschaft unrealistisch, weil es beim Fußball um Selbstdarstellung, um nationale Ehre und viel Geld geht. Damit sind wir wieder bei einigen Ursachen der Gewalt angelangt.

(Das Gespräch führte Martin Klingst. In: DIE ZEIT vom 25.6.1998)

6.6 Anti-Aggressions-Training

Wenn von neuen Konzepten in der Gewalt- und Konfliktbekämpfung geredet wird, verweisen inzwischen auch viele deutsche Experten auf das Anti-Gewalt-(AGT) oder Anti-Aggressions-Training (AAT). In den 70er Jahren hat sich das Konzept in den USA etabliert. Mitte der 80er-Jahre startete der Hamburger Kriminologe Jens Weidner die ersten Trainingseinheiten mit gewalttätigen Jugendlichen im Strafvollzug in Hameln.

Weidner bildet im Frankfurter Institut für Sozialarbeit und Sozialpädagogik Trainer aus. Hier haben sich während der zweijährigen Ausbildung auch Frank Römhild und Dieter Hansen auf ihr erstes Training vorbereitet. Das zweite AGT hat vor kurzem mit fünf Teilnehmern begonnen. Jugendhilfe und Justiz beobachten das Projekt interessiert; entsprechend hoch ist auch die Erwartungshaltung.

Seit längerem bietet der Verein für Kinder- und Jugendhilfe Wochenendseminare zum Thema Gewalt an, die aber nur für leichtere Fälle" geeignet sind. Das fünf Monate dauernde AGT richtet sich an 16- bis 21-Jährige. Von der Teilnahme ausgeschlossen sind suchtmittelabhängige, psychisch kranke Jugendliche oder Sexualstraftäter. Teilnehmer für beide Angebote, das Training wie den Wochenendkurs, vermittelt die Jugendgerichtshilfe, die den Verein gemeinsam mit der Kommune und dem Land finanziell unterstützt.

Bei den folgenden Texten handelt es sich um eine Reportage zur Praxis des Anti-Gewalt-Trainings und ein Interview mit Jens Weidner, der das Training auf der Basis eines amerikanischen Modells entwickelte.

6.6.1 „Der Täter wird zum Opfer"

Wie ein Häufchen Elend sitzt Aleks da. Guckt auf den Boden, weicht den Blicken der anderen aus. „Der lag also schon auf dem Boden, ja? Und du hast noch mal zugetreten? Direkt ins Gesicht? Ist das Blut da schon geflossen? Na sag schon. Kannst du nicht sprechen, häh?" Drei Stunden geht das jetzt schon so. Aleks ballt die Hände zu Fäusten, als ihm einer ins Haar greift. „Das nervt dich, wenn ich dich anfasse, stimmt's? He? – Wie reagierst du denn normalerweise, wenn dich jemand blöd anmacht?" – „Aufhören", bittet Aleks. Der 18jährige ist sichtlich fertig, aber – und das war der Zweck der Übung – er hat den „Heißen Stuhl" überstanden. Normalerweise reagiert er auf schräge Anmache mit der Faust. Gewalt ist das einzige „Argument", das er kennt. Diesmal ist er nicht ausgerastet: „Es hat mir keinen Spaß gemacht, angemacht zu werden, aber danach wusste ich dann, dass ich mich auch beherrschen kann."

So oder so ähnlich läuft das Anti-Gewalt-Training (AGT) des Frankfurter Vereins für Kinder- und Jugendhilfe ab. Gesprächsprotokolle vermitteln einen ungefähren Eindruck. Die Videoaufzeichnungen bleiben jedoch unter Verschluss: „Das haben wir den Jugendlichen versprochen", sagt Dieter Hansen. Mit seinem Kollegen Frank Röhmhild hat er 1997 das erste AGT geleitet. Ihre Klientel sind jugendliche Gewalttäter, die bereits mehrfach aufgefallen sind. Harte Jungs, denen mit Streicheleinheiten nicht beizukommen ist. „Die meisten haben etliche Schlägereien hinter sich, zum Teil mit schwerer Körperverletzung." Und sie kommen nicht aus Einsicht zum Training, sondern weil Justiz und Jugendgerichtshilfe ihnen die Teilnahme aufgebrummt haben. Ihre Motivation ist also zunächst einmal, Schlimmeres zu verhindern. Das AGT kann auch Bewährungsauflage sein. Wer nicht hingeht, läuft Gefahr, in den Knast zu wandern.

„Eine gewisse Bereitschaft" muss da sein, verlangen die Sozialarbeiter. Und diese Voraussetzung klopfen sie bei Einzelgesprächen mit den Jugendlichen ab. Sieben Teilnehmer waren für das erste Training des Gemeinnützigen Vereins vorgesehen. Zwei sprangen nach den Vorgesprächen ab. Ein weiterer wurde noch in der Klärungsphase erneut straffällig; seine Bewährung wurde aufgehoben.

Mit vier jungen Männern im Alter von 16 bis 20 Jahren starteten Hansen und Röhmhild die heiße Phase des Trainings. Und einem wurde es gleich zu heiß; er kam nur unregelmäßig zu den Treffen. „Da hat interessanterweise auch die Gruppe sehr sauer reagiert. Der muss rausgeschmissen werden, hieß es."

Drei Kandidaten blieben übrig. Die Liste ihrer Delikte ist lang: Versuchte und vollendete räuberische Erpressung, gefährliche Körperverletzung, mehrfacher Raub... Das AGT begegnet den Straftätern mit Provokation, konfrontiert sie mit ihren Gewalttaten und Lügengeschichten, versucht, die Opferperspektive zu vermitteln. Den ersten „sachlichen, aber konfrontativen" Einzelgesprächen, die auf Video aufgezeichnet werden, folgen nachgestellte Alltagssituationen. „Bei manchen reicht schon ein Blick, und sie rasten aus." Bereits diese Rollenspiele gehen an die Substanz. Die Jugendlichen werden Situationen ausgesetzt, die sie im Alltag mit den Fäusten regeln. „Wir rempeln sie an, beleidigen sie, provozieren verbal und durch Körpersprache", sagt Dieter Hansen.

In einen „primitiven Wettstreit" treten die Trainer mit den Tätern ein: „Wir haben ihnen vorher gesagt, dass wir sie hochbringen, dass wir sie provozieren wollen. ‚Das schafft Ihr nie', war die Antwort." Doch die beiden Sozialarbeiter schaffen es. Wenig heldenhaft, vielmehr völlig unkontrolliert, reagierten die Teilnehmer auf die angekündigte Anmache. „Und das haben die durchaus als Niederlage empfunden."

Die größte Belastungsprobe sollte noch folgen: der Heiße Stuhl. Dort werden die Täter zu Opfern. „Das ist ganz wichtig, denn in diese Rolle können sie sich überhaupt nicht hineindenken." Keine Lüge, kein beschönigendes Argument wird hier akzeptiert. Die ganze Gruppe weiß über die Straftaten, Schwächen und Stärken des Kandidaten auf dem Stuhl Bescheid. „Und die anderen Jugendlichen sind besonders scharfe Kritiker, wenn es nicht um ihre eigene Person geht."

Auf dem Heißen Stuhl werden die Schläger mit allem bedient, was sie nicht „abkönnen". Ihr Selbstbewusstsein schwindet zusehends. Zumindest im besten Fall. Dass dieses Rezept nicht immer funktionieren kann, wissen auch Römhild und Hansen.

Für die drei Jugendlichen, die das Seminar nach fünf Monaten abgeschlossen haben, hegen sie Hoffnung. „Ich habe nicht zugeschlagen, ich habe mich zurückgehalten", berichtet einer über den Streit mit einem Arbeitskollegen, den er noch während der Trainings hatte. „Meine Freundin findet, dass ich viel ruhiger geworden bin", sagt ein anderer. Und, so makaber es klingt: „Ich habe es bereut, dass ich den damals abgestochen habe." Eine solche Aussage koste die Täter unglaubliche Überwindung, das seien keine leeren Floskeln, betonen die Pädagogen.

Die Ziele der Trainer sind hochgesteckt, „aber realistisch". Ihre drei Jugendlichen haben „die zwingende Notwendigkeit von Gewalt in Frage gestellt, andere Schlichtungsstrategien erlernt und ein Unrechtsbewusstsein entwickelt". Das Soll des ersten Trainings ist damit erfüllt. Dennoch besteht kein Anlass, Hymnen [...] anzustimmen. „Die Jungs laufen auch jetzt nicht mit Blümchen auf Polizisten zu."

Vorläufiges Resümee: Im Oktober endete das Training. Gegen keinen der drei Teilnehmer liegt beim Jugendgericht derzeit eine Anzeige in Zusammenhang mit Gewaltdelikten vor. Einer der jungen Männer sitzt jedoch in U-Haft. Er soll gegen das Betäubungsmittelgesetz verstoßen haben.

(FR-Serie Jugendkriminalität (X): Auf dem Heißen Stuhl von Ute Diefenbach, in: Frankfurter Rundschau v. 6.5.1999, S. 15)

6.6.2 „Keine Verharmlosung von Schlägern!" – Das Konzept des Anti-Aggressions-Trainings

FR: Während Ihres Anti-Aggressions-Trainings herrscht ein sehr aggressiver Ton. Wollen Sie den Teufel mit dem Beelzebub austreiben?
Jens Weidner: Aggressive empfinden Freundlichkeit meist als Persönlichkeitsschwäche. Sie lieben die Konfrontation. Und wir müssen ihnen als Pädagogen und Psychologen diese Konfrontation bieten. Es ist verachtenswert, was sie tun, und das muss man ihnen deutlich sagen. Diese professionelle Distanz: „Ja, was denkst du denn darüber?" schätze ich nicht besonders. Ich reagiere allergisch auf Verharmlosungen von Schlägern: „Ich hab dem bloß in die Niere getreten. Ich bin doch nur auf den draufgesprungen." In den USA habe ich [...] die Arbeit mit Gang-Schlägern kennengelernt. Dieses Modell hat ein Motto: „Biete Aggressiven die Konfrontation, die sie immer gesucht haben."

Was passiert auf dem Heißen Stuhl?
Gewalttäter kommen auf eine ziemlich harte Weise ins Kreuzverhör der Kritik. Diese Phase ist der Schwerpunkt des Trainings und beeindruckt die Täter am stärksten. Der Heiße Stuhl vermittelt ihnen eine Opferperspektive. Verbal! Sie werden dabei nicht misshandelt. Wenn es schlimm kommt, fasst ihnen mal jemand ins Haar. Ein Beispiel: Ein Jugendlicher sagt „Ich bin ein Unberührbarer – mich fasst man nicht an." Der schlägt zu, wenn er angegrabbelt wird. Diese Dinge greifen wir auf, wir bedienen ihn genau damit. Das machen wir so häufig, dass – sehr vereinfacht dargestellt – eine Art Gewöhnungs-

effekt eintritt. Wenn wir es schaffen, Schuld und Schamgefühl in den Jugendlichen zu wecken, verderben wir ihnen den Spaß an der Gewalt.

Und in dieser inszenierten Situation werden Schläger zu friedlichen Zeitgenossen?
Sie werden keine Pazifisten. Aber bei etwa 70 Prozent funktioniert es. Das sind unsere Ergebnisse aus den letzten elf Jahren. Wir nehmen beispielsweise zehn Schläger auf. Von denen springen zwei frühzeitig ab. Sieben bis acht machen meist weiter. Bei zweien habe ich die ganze Zeit das Gefühl, dass ich sie überhaupt nicht erreiche. Beim Rest bewegt sich was. [...] Die Tests zeigen: Aggression und Erregbarkeit sinken bei den Teilnehmern, und die Aggressionshemmung steigt. Aber eben nicht auf das Niveau von Durchschnittsbürgern. Das heißt nur: Die schlagen sich seltener und wesentlich weniger hart.

Freiwillig macht das doch kein Jugendlicher mit.
Ich habe nur wenige Schläger kennen gelernt, die sich ändern wollen, und die waren älter als 20. Wir wollen früher eingreifen, das geht zunächst nur mit Druck: Training oder Knast. Training oder Schulverweis. Der Job des Psychologen ist es dann, innerhalb der ersten zwei Monate des Trainings die sekundäre Druckmotivation in echtes Interesse zu verwandeln. Das ist die Herausforderung. Denn warum sollten Schläger sich freiwillig ändern? Das gilt doch als attraktiv bei den Kumpels und auch bei Frauen. Wenn wir Fernsehsendungen mit Schlägern machen, kriegen die reichlich Liebesbriefe. Ich selbst kriege höchstens mal einen nach fünf Sendungen.

Worin besteht diese gewaltige Attraktivität?
Diese Gewalttäter sind körpersprachlich total fit. Die gehen auf Sie zu: selbstbewusst, Brust raus, breitbeinig, penisbetont. Sie haben was Archaisches. Die Jungs wissen das und kokettieren damit. Verbal allerdings sind sie die totalen Loser. Tritt man ihnen zu nahe, können sie ein unglaubliches Beleidigungs-Repertoire abspulen – das dauert etwa 180 Sekunden. Lässt man dann nicht locker, beginnen sie von vorne. Beleidigen, zuschlagen oder abhauen. Ganze drei Konfliktmechanismen haben sie für eine komplexe Industriegesellschaft.

Sie bilden seit vier Jahren in Frankfurt Anti-Aggressions-Trainer aus. Wo werden die Teilnehmer später eingesetzt?
Wir bieten unser Training in Gefängnissen an, im Rahmen von Schulprojekten und gerichtlichen Auflagen. Aber auch für Streetworker, Jugendzentren und den Kulturbereich. Unter den Teilnehmern der Ausbildung in Frankfurt, das sind im Moment 15 Leute aus ganz Deutschland, kommen vier aus dem geschlossenen Bereich, der Rest aus der Jugendhilfe. Durch die Ausbildung von Trainern im Frankfurter Institut für Sozialarbeit und Sozialpädagogik haben wir die Möglichkeit, das Training zu streuen und verstärkt vorbeugend einzusetzen.

Welche Klientel kommt für das Training überhaupt in Frage?
Wir konzentrieren uns auf Mehrfachgewalttäter. Ein Jugendlicher, der einmal einen zusammenhaut, muss nicht behandelt werden. [...] Wenn sie sich aber immer wieder schlagen, weil sie Spaß daran haben, dann muss man Grenzen setzen. Grenzsetzung passiert im Moment über die Justiz, die Täter erhalten vor Gericht bestimmte Auflagen. Die Pflege von Grünanlagen scheint mir da kaum ein geeignetes Mittel gegen Aggression zu sein. Fällt ein Jugendlicher mehrfach durch Aggression auf, muss man genau dort ansetzen.

Wenn das Training als Bewährungsauflagen angeordnet wird, laufen die potentiellen Schläger weiter auf der Straße rum. Das Risiko erscheint hoch. Stimmen mehren sich, die nach harten Strafen rufen.
In der Fachszene gelten wir eher als zu streng. Aber im Moment gibt es tatsächlich eine hohe Bereitschaft, Jugendliche einzusperren. [...] In der Jugendvollzugsanstalt Hameln habe ich mit Insassen gearbeitet, die Versuchten Totschlag, Tötungsdelikte und massenhaft Schlägereien auf dem Kerbholz hatten. Solche Gewalttäter gehören natürlich in den Knast. Es ist dann aber sinnvoll, im Gefängnis Behandlungsprogamme zu machen, denn irgendwann kommen sie wieder raus. [...]

(Ute Diefenbach: „Keine Verharmlosung von Schlägern". Jens Weidner entwickelte das Anti-Aggressions-Training nach US-Vorbild, Frankfurter Rundschau, 6. 5. 1999, S. 15)

7. Schüleraktivitäten

7.1 Mein Umgang mit Aggression. Rollenspiele und Übungen

Die folgenden Übungsvorschläge zielen darauf ab, den eigenen Umgang mit Konflikten zum Thema zu machen.
Dabei geht es einerseits im Sinne von Noltings Lösungsrichtung 2 „Anreger verändern" (vgl. Kapitel 3 dieses Arbeitsheftes) um die Verbesserung bzw. Erweiterung der eigenen kommunikativen Kompetenz, zum anderen darum, alternative Konfliktlösungsmöglichkeiten kennen zu lernen und zu erproben.
Sie finden im Folgenden Erklärungen und Anleitungen zu folgenden Themen:
- Partnerzentriertes Gespräch/Fördernde und hemmende Reaktionen im Gespräch
- Kontrollierter Dialog
- Ich-Botschaften
- Niederlagen-lose Methode
- Rollenspiele zu ausgewählten Konfliktsituationen (u. a. Streittypen, als unbeteiligter Zeuge einer Gewaltsituation, Sündenbock-Phänomene)

7.1.1 Partnerzentriertes Gespräch

1. Ziel
Einführung in die Grundprinzipien ermutigender und fördernder Reaktionsweisen gegenüber einem Gesprächspartner. Praktische Übung partnerzentrierten Gesprächsverhaltens.

2. Durchführung
Die Gruppe bildet Untergruppen zu vier Teilnehmern. Jeder Teilnehmer erhält das u. a. Arbeitsblatt: „Fördernde und hemmende Reaktionen im Gespräch". Es wird zunächst Teil I (Informationen) gelesen und kurz auf Verständnisfragen hin diskutiert. – Dann erarbeiten die Teilnehmenden Teil II (Aufgaben).
Zeit: 60–90 Min., je nach Vorerfahrung der Teilnehmer.
Anschließend kann die Gesamtgruppe noch einmal zusammenkommen und ausgehend von den persönlichen Eindrücken und Erfahrungen der Teilnehmer ein Gespräch über die Grundsätze des partnerzentrierten Gesprächsverhaltens führen.

3. Auswertungshilfen
s. o.

4. Materialien
Arbeitsbögen und Schreibzeug.

5. Hinweise
Diese Übung wurde entwickelt in Anlehnung an Schwäbisch/Siems: Anleitung zum sozialen Lernen, 1974, S. 97ff. und W. Weber: Wege zum helfenden Gespräch, 1975 sowie W. R. Minsel: Praxis der Gesprächstherapie, 1974.
Diese Arbeiten geben umfassend Auskunft über Begründung und Praxis des partnerzentrierten Gespräches.

Arbeitsblatt: Fördernde und hemmende Reaktionen im Gespräch

I. Informationen
Zu einer offenen Kommunikation bedarf es nicht nur der Bereitschaft und der Fähigkeit eines Menschen offen über sich zu sprechen. Wesentlich für das Gelingen eines offenen Gespräches ist besonders auch die Reaktionsweise des Gesprächspartners. Im Folgenden werden Reaktionsweisen aufgezählt, die im Allgemeinen eine eher fördernde bzw. eher hindernde Auswirkung auf die Bereitschaft zu offener Kommunikation haben.

1. Fördernde Reaktionsweisen
Wir verstehen darunter alle Reaktionsweisen, die dem Partner zu erkennen geben,
- dass seine Gefühle und Gedanken verstanden, akzeptiert und nicht wertend gehört werden,
- dass man aktiv engagiert an seinen Gefühlen und Gedanken interessiert ist,
- dass er selbst den Verlauf des Gespräches bestimmen kann und nicht gegängelt wird,
- dass man ihm die Lösung seiner Probleme selbst zutraut und ihn nicht durch eigene Ratschläge abhängig macht.

Solche fördernden Reaktionsweisen sind z. B.:
a) aktives, aufmerksames und akzeptierendes Zuhören, nicht passives Schweigen (z. B. Blickkontakt).
b) Paraphrasieren: Der Inhalt der Mitteilung des Gesprächspartners wird noch einmal in eigenen Worten wiederholt, um sicher zu gehen, dass man ihn auch richtig verstanden hat.
c) Zurückspiegeln der gefühlsmäßigen Erlebnisinhalte einer Äußerung, Verbalisierung des Gefühls, das der Partner in einer Äußerung ausdrückt.
d) Wahrnehmungsüberprüfung: Der Partner wird gefragt, ob der eigene Eindruck richtig ist.
e) Informationssuche: Gemeint sind hier Fragen, die sich genau darauf beziehen, was der Partner sagte, und nicht solche Fragen, die neue Themen anschneiden.

2. Hindernde Reaktionsweisen
Darunter verstehen wir alle Reaktionsweisen, die
- dem anderen seine Gefühle „nehmen", ihm vermitteln, dass er diese Gefühle gar nicht haben und äußern darf,
- dem Partner Gefühle der Unterlegenheit und Bedeutungslosigkeit vermitteln,
- dem Partner den Eindruck geben, eher beschwichtigt als ernst genommen zu werden. Solche hemmenden Reaktionsweisen sind z. B.:
a) Wechsel des Themas ohne Erklärung
b) Vermeidung des Blickkontakts
c) Interpretationen des Verhaltens und Belehrung über Zusammenhänge (z. B. „Das tut man gewöhnlich, wenn man …")
d) Ratschläge geben, überreden, Befehle oder Rezepte geben (z. B. „Sei doch mal …, Tu doch mal …")

II. Aufgaben
Zu den folgenden Beispielsätzen sollen jeweils einige fördernde und einige hindernde Antworten überlegt und notiert werden. Nach jeweils einem Beispiel tauscht die Gruppe die Formulierungen aus und bespricht sie aufgrund der in den Informationen genannten Kriterien.
1. „Ich bin ein Blindgänger, immer bin ich auf das Lob anderer Leute angewiesen."
2. „Mit dem Kollegen Meier habe ich dauernd Krach. Das ist ein richtiger Spinner, so ein Utopist!"
3. „Dies ist eine der miesesten Gruppen, die ich kenne."
4. „Alle drängen mich immer an die Wand. Das liegt wohl daran, dass ich zu gutmütig bin."
5. „Ich habe da so meine Schwierigkeiten mit Frauen, na ja, Sie wissen schon, als Geschiedener …"

(Aus: Gudjons: Praxis der Interaktionserziehung, S. 221–223)

7.1.2 Kontrollierter Dialog

1. Ziel
Lernen einem Partner genau zuzuhören. Kontrolle der Wahrnehmung durch Wiederholung von Gesprächsinhalten. Lernen eigene Argumente erst nach korrekter Kenntnisnahme von Gegenargumenten zu äußern.

2. Durchführung
Die Gesamtgruppe teilt sich in Dreiergruppen auf und bestimmt formal, wer jeweils A, B und C ist.
A und B führen während der nächsten fünf (in Jugendlichen- und Erwachsenengruppen zehn bis fünfzehn) Minuten ein Gespräch über ein selbst gewähltes oder gestelltes Thema. C ist Beobachter und Kontrolleur.
Dabei gilt folgende Gesprächsregel: A beginnt

mit einer Äußerung, einem Gedanken oder Argument, B wiederholt dies mit seinen eigenen Worten und fragt A kurz, ob er zutreffend wiederholt hat; dann antwortet B mit seinem Gesprächsbeitrag und A wiederholt, wobei A sich ebenfalls bei B vergewissert, ob er richtig wiederholt hat. Ist die Wiederholung unzutreffend oder verkürzt, muss sie noch mal formuliert werden.
Erst wenn alles korrekt ist, folgt der nächste Gesprächsbeitrag. So wechseln A und B im Gespräch ab. – Nach der vereinbarten Zeit wird abgebrochen und C äußert seine Eindrücke.
Anschließend rotieren die Rollen, jetzt läuft der kontrollierte Dialog zwischen B und C, während A beobachtet.
In der letzten Runde führen A und C den Dialog, während B beobachtet.
Zeit: Bei fünfminütigen Dialogen ca. 20–30 Minuten. Gruppengröße beliebig.
Variante: Die ganze Gruppe diskutiert frei über ein möglichst kontroverses Thema. (Etwa 10 Minuten.)
Anschließend wird in der Gruppe das Thema weiterdiskutiert, aber in der Weise, dass jeder nur einen Beitrag leisten darf nach Wiederholung des vorhergehenden Beitrages und der Vergewisserung ihn richtig wiedergegeben zu haben. (Weitere 10 Minuten.)
Abschließend werden von der Gruppe beide Gesprächsteile beurteilt, vor allem auch unter dem Aspekt der Gruppenatmosphäre.

3. Auswertungshilfen
Wie ernst nehmen wir die Äußerung eines Partners wirklich? Was hindert uns am genauen Zuhören?
Führte diese Dialogform zu einer vorschnellen Harmonisierung oder wurden unterschiedliche Standpunkte klarer?
Wie war das emotionale Klima?

4. Materialien
keine

5. Hinweise
Der kontrollierte Dialog kann zur Steuerung unsachlicher und hitziger Diskussionen immer wieder in der Gruppe verwendet werden. Er ist als Trainingsform nahezu beliebig oft wiederholbar. Auch sehr gut als Vorübung zum nondirektiven Gesprächsverhalten zu verwenden.
(Aus: Gudjons: Praxis der Interaktionserziehung, S. 92 f.)

7.1.3 Ich-Botschaften: Mitteilen von Gefühlen

Die Ärgerbewältigung mit sich selbst auszumachen ist sinnvoll, wenn man das Problem ohne viel Aufhebens hinter sich bringen kann oder um sich erst mal zu beruhigen, bevor man „besonnen" an die Lösung herangeht.
Sie ist hingegen nicht mehr sinnvoll, zumindest nicht ausreichend, wenn es sich um eine wichtige oder wiederkehrende Frustration handelt und vor allem, wenn soziale Beziehungen berührt werden, der andere vielleicht sogar Anlass des Ärgers ist.
In solchen Fällen bietet sich ein anderer, ein kommunikativer Weg des Umgang mit aggressiven Gefühlen an: Die Gefühle akzeptieren und in nicht aggressiver Form mitteilen. Dies setzt voraus, dass man klar zwischen aggressiven Gefühlen und aggressivem Verhalten unterscheidet, sich also von der gängigen Vorstellung löst, das Ausdrücken von „Aggressionen" müsse notwendigerweise aggressiv sein.
Nehmen wir also an, dass es in einer Ehe, Freundschaft, Eltern-Kind-Beziehung u. dgl. zumindest bei einem Beteiligten zu einer Verstimmung kommt, die mehr ist als ein flüchtiger Unmut. Hier käme es also darauf an, die „Ärgerreaktion offen auszudrücken und zu akzeptieren, einerseits so, dass man sich erleichtert fühlt, andererseits in einer Form, die den anderen nicht verletzt" (Mandel, Mandel u. a. 1971, S. 155).
Wie kann dies aussehen? Übereinstimmen wird von zahlreichen Kommunikationspsychologen vorgeschlagen in Ichform zu beschreiben, was man fühlt. [...]
Beispiele:
- „Ich merke, es wurmt mich doch sehr, dass du mir vorhin Gleichgültigkeit unterstellt hast."
- „Ich fühle mich von Ihnen ungerecht kritisiert."

Besonders deutlich wird diese Kommunikationsform, wenn man die „Ich-Botschaft" der „Du-Botschaft" gegenüberstellt (diese einprägsamen Bezeichnungen stammen von Thomas Gordon):

Du-Botschaft:
- „Du bist wirklich ein unzuverlässiger Mensch"
- „Sei doch nicht so egoistisch"
- „Sie sind ein ausgesprochener Pedant"

Ich-Botschaft:
- „Ich bin sauer auf dich, weil du nicht gekommen bist"
- „Ich finde, dass ich mit meinen Wünschen zu kurz komme"
- „Mir widerstrebt es, alles so genau zu ordnen"

Du-Botschaften machen Aussagen über andere Personen, vornehmlich über ihre Eigenschaften („bist unzuverlässig", „bist rücksichtslos") oder ihre Motive („willst mich beiseite drängen"). Zwar müssen sie nicht immer aggressiv klingen (es gibt auch positive Du-Botschaften), aber in zwischenmenschlichen Konflikten werden sie eben häufig ausgesprochen, um den anderen abzuwerten, und haben dann typischerweise die Form von Anschuldigungen, Unterstellungen und negativen Pauschalurteilen.

Du-Botschaften kommen den meisten Menschen sehr „spontan" über die Lippen, weil sie so geläufig sind. Dennoch sind sie keine direkte, sondern nur eine indirekte Ärger-Äußerung; denn sie sind keine Aussage über den eigenen Ärger, sondern Urteile über andere Menschen. Ich-Botschaften beschreiben demgegenüber in direkter Form („ärgert mich", „kränkt mich") die eigenen Gefühle, wobei sie nach Möglichkeit auch auf die konkreten Umstände bezogen werden („wenn du mich immer wieder unterbrichst"). Es ist dabei unwesentlich, ob die Gefühle einem selbst oder anderen „verständlich" oder aber „unsinnig" erscheinen – sie sind ein Faktum. Damit halten sich Ich-Botschaften an das, was zunächst einmal unbestreitbar ist (dass man „sich ärgert"), und münzen dies nicht sogleich in eine Schuldzuschreibung um, über die man endlos streiten kann ohne in der Sache weiterzukommen. (Neben Ich-Botschaften wurden auch schon konkrete Verhaltensbeschreibungen als Alternative zu Pauschalurteilen genannt.)

Um Missverständnissen vorzubeugen: Es geht hier nicht um bloße Sprachkosmetik, also lediglich um „nette" Umgangsformen. Es geht vielmehr um eine Kommunikation, die eine Problemklärung und Problemlösung erleichtert statt erschwert. Solche Kommunikation muss zum einen präzise und deutlich sein und Ich-Botschaften sind dies, weil sie die entscheidende Realität, die das eigene Erleben und Verhalten bestimmt, nicht vertuschen, sondern deutlich mitteilen – eben die eigenen Empfindungen. Zum andern sollte die Kommunikation so wenig wie möglich eine Haltung gegenüber dem anderen (= Beziehungsaspekt)) mitsenden, die ihn sofort in die Verteidigung drängt und zu Gegenaggressionen provoziert statt ihm die Ohren für das Anliegen zu öffnen. Zwar können auch Ich-Botschaften dies nicht garantieren, da die Reaktion ja auch von der Person des Empfängers abhängt, doch prinzipiell machen sie ihm das Zuhören und Entgegenkommen wesentlich leichter.

(Aus: Nolting: alte Ausgabe, S. 243–245)

> **Übung: Ich-Botschaften senden**
> Anleitung: Unterstreichen Sie jede Situation und die dazugehörigen „Du-Botschaften" in der zweiten Spalte untersuchen und dann eine „Ich-Botschaft" in die dritte Spalte eintragen. Wenn Sie fertig sind, vergleichen Sie Ihre „Ich-Botschaften" mit dem Schlüssel auf Seite 143.

Situation	„Du-Botschaft"	„Ich-Botschaft"
1. Vater möchte Zeitung lesen. Kind klettert fortwährend auf seinen Schoß. Vater ärgerlich.	„Du darfst niemals jemanden beim Lesen stören."	
2. Mutter arbeitet mit dem Staubsauger. Kind zieht fortwährend den Stecker aus der Steckdose. Mutter ist in Eile.	„Du bist unartig"	
3. Kind kommt mit sehr schmutzigen Händen und Gesicht zu Tisch.	„Du bist kein verantwortungsbewußter großer Junge. So etwas würde ein kleines Baby tun."	
4. Kind schiebt das Zubettgehen immer wieder hinaus. Mutter und Vater möchten sich über eine Privatangelegenheit unterhalten, die für sie wichtig ist. Kind lungert weiter herum und verhindert ihr Gespräch.	„Du weißt, du hättest längst zu Bett gehen sollen. Du versuchst nur, uns zu ärgern. Du brauchst deinen Schlaf."	
5. Kind hört nicht auf, darum zu betteln, mit ins Kino genommen zu werden, hat aber sein Zimmer einige Tage nicht aufgeräumt, eine Aufgabe zu der es sich bereit erklärt hat.	„Du verdienst es nicht, ins Kino zu gehen, wenn du so rücksichtslos und egoistisch gewesen bist."	
6. Kind hat den ganzen Tag geschmollt und ist verstimmt gewesen. Mutter weiß nicht warum.	„Nun komm schon, hör mit dem Schmollen auf. Entweder bessert sich deine Laune, oder du mußt rausgehen und draußen schmollen. Du nimmst irgend etwas zu ernst."	
7. Kind stellt den Plattenspieler so laut, daß es die Unterhaltung der Eltern im Nebenzimmer stört.	„Kannst du nicht mehr Rücksicht auf andere nehmen? Warum mußt du das so laut stellen?"	
8. Kind hat versprochen, die für die Abendgesellschaft benötigten Servietten zu bügeln. Tagsüber hat es getrödelt, jetzt ist bis zur Ankunft der Gäste nur noch eine Stunde Zeit, und es hat noch nicht mit der Arbeit angefangen.	„Du hast den ganzen Tag gebummelt und deine Arbeit vernachlässigt. Wie kannst du nur so gedankenlos und ohne Verantwortungsgefühl sein?"	
9. Kind vergaß, sich zur vereinbarten Zeit, zu der es nach Hause kommen sollte, um mit Mutter Schuhe einzukaufen, einzustellen. Mutter ist in Eile.	„Du solltest dich schämen. Schließlich habe ich mich bereit erklärt, mit dir zu gehen, und dann kümmerst du dich nicht darum, wieviel Uhr es ist."	

Schlüssel
1. „Ich kann nicht die Zeitung lesen und gleichzeitig spielen. Ich bin wirklich ärgerlich, wenn ich nicht ein bisschen Zeit für mich haben kann, um mich zu erholen und die Zeitung zu lesen."
2. „Ich habe es furchtbar eilig und es macht mich wirklich böse, wenn ich dadurch aufgehalten werde, dass ich den Stecker immer wieder reinstecken muss. Mir ist nicht nach spielen zu Mute, wenn ich zu arbeiten habe."
3. „Ich kann nicht mit Genuss essen, wenn ich diesen Schmutz sehe. Mir wird davon übel und ich habe keinen Appetit mehr."
4. „Mutter und ich müssen etwas sehr Wichtiges besprechen. Wir können uns in deiner Gegenwart nicht darüber unterhalten und wir haben keine Lust zu warten, bist du endlich ins Bett gehst."
5. „Ich habe keine große Lust etwas für dich zu tun, wenn du dich nicht an unsere Abmachung über dein Zimmer hältst. Ich habe das Gefühl ausgenutzt zu werden."
6. „Es tut mir Leid dich so unglücklich zu sehen, aber ich weiß nicht, wie ich dir helfen kann, weil ich nicht weiß, warum du so niedergedrückt bist."
7. „Ich bin ein bisschen enttäuscht. Ich wollte eine Weile mit deinem Vater verbringen, aber der Lärm macht uns verrückt."
8. „Ich fühle mich von dir im Stich gelassen. Den ganzen Tag habe ich gearbeitet, um alles für unsere Party vorzubereiten und nun muss ich mir noch Sorgen um die Servietten machen."
9. „Ich mag das nicht, wenn ich mir den Tag genau einteile, damit wir für dich Schuhe kaufen gehen können, und dann erscheinst du nicht einmal."

(Aus: Thomas Gordon: Familienkonferenz. Die Lösung von Konflikten zwischen Eltern und Kind. Aus dem Amerikanischen von Maren Organ. Rowohlt Taschenbuch Verlag: Reinbeck 1980, S. 298–300; © 1972 by Hoffmann und Campe Verlag, Hamburg)

7.1.4 Die Niederlagen-lose Methode der Konfliktregelung

Unterschiedliche Interessen, sich widersprechende Wünsche sind eine normale, alltägliche Erscheinung im menschlichen Zusammenleben. Häufig ist im Alltag der Versuch festzustellen Konflikte mit Aggressionen, d. h. durch Machtausübung zu regeln. Dem setzt der amerikanische Psychologe Thomas Gordon die „Niederlagen-lose Methode" entgegen, deren Leitidee es ist, Konfliktlösungen zu entwickeln, die allen Beteiligten gerecht werden, bei denen es nicht Sieger und Verlierer gibt. Gordon entwickelt – idealtypisch – ein Modell der Konfliktregelung, das folgende Schritte vorsieht:
1. Schritt: Den Konflikt identifizieren und definieren.
2. Schritt: Mögliche Alternativlösungen entwickeln.
3. Schritt: Die Alternativlösungen kritisch bewerten.
4. Schritt: Sich für die beste annehmbare Lösung entscheiden.
5. Schritt: Wege zur Ausführung der Lösung ausarbeiten.
6. Schritt: Spätere Untersuchung, um zu beurteilen, wie sie funktionierte.
(Aus: Thomas Gordon: Familienkonferenz, S. 225)

Dazu einige Erläuterungen:
zu Schritt 1: Eine genaue und klare Definition des Problems ist häufig schon die halbe Lösung. Jeder Beteiligte sollte die Standpunkte und Wünsche aller Beteiligten kennen. Dies geschieht am besten durch die Mitteilung der eigenen Interessen und Gefühle in Form von Ich-Botschaften (vgl. 7.1.3) und durch das Aufnehmen und Verstehen der Interessen des Kontrahenten durch aktives Zuhören (s. 7.1.1)
zu Schritt 2: Der Schlüssel zum Erfolg dieses Schrittes heißt: Brainstorming.
Zur Bedeutung dieses Schrittes schreibt Nolting: Als ein Kernpunkt gilt dabei, dass alle Beteiligten zunächst viele Lösungsideen sammeln und sie erst später kommentieren und bewerten. […]
- Die Diskussion soll sich nicht an einem Vorschlag festbeißen, ehe man andere gehört hat.

- Alle Beteiligten sollen eine Chance haben Lösungsideen vorzutragen, nicht nur die Dominanten, die Schnellen und Selbstsicheren.
- Das Prinzip der aufgeschobenen Bewertung soll verhindern, dass Ideen vorschnell durch Kritik oder innere Selbstkritik unterdrückt werden […].
- Eine Vielzahl von Vorschlägen erhöht die Wahrscheinlichkeit, dass darunter einige Lösungen oder kombinierbare Teillösungen sind, die allen akzeptabel erscheinen.
- Technisch wird das Sammeln erleichtert, wenn jeder seine Ideen zunächst auf einem eigenen oder gemeinsamen Blatt Papier notiert Auf diese Weise wird nicht vorzeitig geredet und kein Vorschlag kann vergessen werden.

zu Schritt 3 gehören:
- Zustimmung und/oder Ablehnung deutlich kundtun und begründen
- mögliche Konsequenzen bedenken
- Vorschläge formulieren, Kompromisse suchen

zu den Schritten 4, 5, 6: Die Entscheidung sollte von allen getragen werden, also Konsens statt Mehrheitsentscheid, die genauen Verfahrensweisen sollen festgelegt und ein Zeitpunkt für eine Überprüfung vereinbart werden.

1. Sammeln Sie Konfliktsituationen, möglichst aus dem Umfeld Ihres Familien- bzw. Bekannten- und Freundeskreises.
2. Wählen Sie für ein Rollenspiel geeignete Konflikte aus.
3. Führen Sie das Rollenspiel durch mit dem Ziel Gordons Modell zu erproben (evtl. ist es reizvoll zunächst eine Konfliktlösung nach spontanen, bekannten Mustern zu versuchen)
   Hinweise zur Durchführung des Rollenspiels:
   - Legen Sie fest, welche Personen beteiligt sind, wo und wann das Gespräch stattfindet, wer welche Rolle übernimmt.
   - Schaffen Sie eine vom Publikum abgegrenzte Spielfläche.
   - Wer nicht spielt ist Zuschauer! Eingreifen von außen darf lediglich der Spielleiter!
   - Evtl. erfordert es die Situation zu unterbrechen und weitere Personen ins Spiel zu schicken (z. B. den autoritären Onkel, eine verständnisvolle Oma …)
4. Werten Sie das Rollenspiel aus. Dazu folgende Hinweise:
   Zunächst haben die SpielerInnen das Wort, sie können sich zum Verlauf, den Gefühlen usw. äußern.
   Dann dürfen die Beobachter kommentieren (Achtung: es geht um die Erprobung des Gordon-Modells, nicht um die Bewertung der Schauspielleistungen!)
   Zur Vertiefung der Auswertung können folgende Fragen dienen:
   - War die Lösung für alle Beteiligten akzeptabel?
   - An welchen Stellen war es leicht, an welchen schwierig Gordons Schritte zu befolgen?

7.1.5 Rollenspiel „Streittypen"

A: Streittypen in Tierform
Ziel: Unterschiedliche Muster beim Umgang mit Konflikten erkennen.

Eignung: Alle Altersgruppen

Beschreibung: In vier Ecken werden Karten gelegt, auf denen 4 unterschiedliche Tiere benannt sind:
Löwe, Schnecke, Igel, Schlange
Entsprechend zum eigenen Verhalten in Konflikten ordnet sich die Gruppe den 4 Tiertypen zu und tauscht sich in der so gebildeten Kleingruppe über die eigene Einschätzung aus.
Die Leitung bittet nun die Gruppen, sich einmal die anderen zu Stande gekommenen Kleingruppen anzusehen. Gibt es Überraschung über Zuordnungen, wen hätte man anders eingeschätzt?
Besondere Hinweise: Wir geben Ihnen einige theoretische Hinweise zum Verhalten der jeweiligen Streittypen, die Sie gegebenenfalls auch der Gruppe zur Verfügung stellen können. Die „Tiere" sind so zuzuordnen:

Löwe – Powerer
Schnecke – Maurer
Schlange – Kränker
Igel – Mischung Maurer/Kränker

Allen Streittypen gemeinsam ist, dass sie keine Wahrnehmung für die eigene Macht und ihr Bedürfnis nach Kontrolle haben, sondern nur für die fremde.

Powerer
- Überzeugungen:
  - Ich schütze mich/uns, indem ich ‚es' herausbringe
  - Gefühle haben absoluten Vorrang und zwar sofort!
- Blinde Flecken:
  - Angst davor, nicht wahrgenommen zu werden
  - Eine Bestätigung ist sofort und auf der Stelle notwendig
  - Angst davor, sich wirklich einzulassen
  - Die Betreffenden wollen hören: ‚Ich mag/brauche dich!'
- Beziehungsangebot:
  - Sieh', wie viel Energie ich in dich und unsere Beziehung investiere!
- Nutzeffekt:
  - Abwertung gegenüber den Maurern: ‚Ich brauche deine Sturheit, um mich gesünder und besser fühlen zu können.'
  - Abwertung gegenüber den Kränkern: ‚Ich brauche deine Gemeinheit, um mich fairer und besser fühlen zu können.'

Maurer
- Überzeugungen:
  - Ich schütze mich/uns, indem ich mich bei Bagatellen nicht sofort aufrege.
  - Ich kann es mir leisten mehr für dich und unsere Beziehung zu tun als für mich.
- Blinde Flecken:
  - Konflikte sind immer destruktiv und daher bedrohlich
  - Angst vor Bewertung und Kritik
  - Angst davor, sich wirklich einzulassen
  - Die Betreffenden wollen sehen und fühlen: ‚Ich mag/brauche dich!'
- Beziehungsangebot:
  - Sieh', wie ruhig ich bleibe und unsere Beziehung vor dem Auseinanderbrechen bewahre
- Nutzeffekt:
  - Abwertung gegenüber dem Powerer: Ich brauche dein Ausrasten, damit ich mich überlegen fühlen kann.

Kränker
- Überzeugung:
  - Ich weiß, was jetzt für unsere Beziehung notwendig ist
- Blinde Flecken:
  - Ich brauche deine Reaktion, um mich in der Welt zu fühlen
  - Ich darf keine Schwäche zeigen
- Beziehungsangebot:
  - Ich will dich erreichen und deine Reaktion sehen – koste es, was es wolle!
- Nutzeffekt:
  - Abwertung gegenüber dem Powerer: Ich brauche dein Ausrasten, um dich verachten zu können.
  - Abwertung gegenüber dem Maurer: Ich brauche deinen Rückzug, um mich mächtiger und lebendig fühlen zu können.

Mit welcher anderen „Tierart" käme man wohl gut zurecht im Streit, welche wäre sehr schwierig? Kurzer Austausch in der Kleingruppe.

B: Weiterführung
Es werden Kleingruppen gebildet, die sich Konfliktsituationen ausdenken, in denen die erwähnten Streittypen deutlich werden. Anschließend werden die Szenen vorgespielt. Auswertung: Im Plenum werden abschließend die folgenden Fragen diskutiert. Dabei sind die Hinweise zu den Streittypen (s. o.) eine Grundlage.
- Worin liegt die besondere Macht der verschiedenen Streittypen?
- Welche Streittypen neigen in der Auseinandersetzung zur Eskalation?
- Welche kurzfristigen Ziele werden jeweils verfolgt?
- Was glaubt ihr, ist das wirkliche Bedürfnis der betreffenden Personen?

(Aus: Landesinstitut Schleswig-Holstein für Praxis und theorie der Schule [Hrsg.]: 88 Impulse zur Gewaltprävention, A2, A3. AKJS 1995)

7.1.6 Rollenspiel „U-Bahn"

Der Schwerpunkt dieses Rollenspiels liegt in der Auseinandersetzung mit der Rolle des Unbeteiligten.

Ziel:
Eigene Ängste, Erwartungen, Verhaltensmöglichkeiten in Grenzsituationen bewusst machen. Möglichkeiten der Deeskalation in der Gruppe erlernen.
Gefahrensituationen und eigene Möglichkeiten realistisch einschätzen.

Eignung:
Altersgemäße Bewältigungsversuche mit Jugendlichen ab 14 Jahren

Beschreibung:
Die Übungsvorgabe ist folgende Situation:
Wir fahren in der U-Bahn. Zwischen zwei Stationen steigen zwei Männer ein, die die Mitfahrenden belästigen.
Sie werden tätlich und fordern schließlich die Herausgabe von Geld.
Die Vorgaben für die Erprobung des Ernstfalls macht die Gruppe selbst. Damit bestimmt sie auch, wie schwierig oder gefährlich die Situation sein soll.
Mit Stühlen wird die Situation im Bus angedeutet. Verschiedene Rollen werden nach den Vorgaben eingeteilt. Die Spieler/innen spielen die Situation mehrfach durch und finden die Verhaltensweisen, die ihnen am günstigsten erscheinen. Die Gruppe diskutiert die Lösung unter verschiedenen Aspekten:
- Ist die Vorgabe realistisch?
- Ist die Lösung in der Wirklichkeit denkbar?
- Passt der Lösungsversuch zu der Person, zu dir, zu mir?
- Welche Alternativen der Deeskalation gibt es?

Hinweise:
Es ist schwierig Regeln für den Ernstfall aufzustellen, nach denen man sich richten kann. Sie müssen zur Person, zu ihrer Einstellung, zu ihrer Konstitution, zu ihrer jeweiligen Verfassung und zur Situation passen. Wenn sie das nicht tun, könnte ihre Einhaltung wieder Schwierigkeiten machen.
Vielleicht findet die Gruppe doch ein paar grundsätzliche Regeln.
(88 Impulse zur Gewaltprävention, E3)

Prügelei auf dem Schulhof (Foto: Inge Werth, Frankfurt/M.)

7.1.7 Rollenspiel „Straßenbahn"

Der Schwerpunkt dieses Rollenspiels liegt auf der Auseinandersetzung mit der Helferrolle.

Es nehmen 7–8 Spieler/innen teil, die Rollen werden festgelegt. Der Schwerpunkt der Aufmerksamkeit liegt auf der Helfer-Rolle. Wir empfehlen mehrere Spieldurchgänge, wobei verschiedene Personen sich in der Helfer-Rolle versuchen sollten.
Das Helfer-Verhalten kann in einer Kleingruppe vorbereitet werden, ebenso ist das spontane Spiel verschiedener Helfer denkbar.

Bitte stellen Sie sich vor, Sie werden im Alltag mit folgender Situation konfrontiert:
An einem normalen Nachmittag fahren Sie mit der Straßenbahn in die Stadt. Mit Ihnen in der Straßenbahn sitzt eine türkische Schülerin mit einem Kopftuch. An der nächsten Station steigen 3 männliche Jugendliche ein. Die drei gehen gleich auf das türkische Mädchen zu und fangen an sie anzupöbeln. Dann zieht ihr einer der Jugendlichen das Kopftuch vom Kopf und wirft es durch die Straßenbahn. Die anderen fangen an das Mädchen an den Haaren zu ziehen, anzurempeln und versuchen ihr den Rock hochzuziehen. Die anderen Insassen der Straßenbahn schauen weg, vom Schaffner kommt auch keine Reaktion.
Bitte überlegen Sie in Ihrer Gruppe, wie Sie sich in dieser Situation verhalten würden. Was fallen Ihnen für Möglichkeiten ein, erfolgreich dagegen anzugehen?
(© by Friedrich-Naumann-Stiftung: Königswinter)

Zur Auswertung des Spiels:
Erst äußern sich die Spieler/innen, dann die Zuschauer. Alle Spieler sollten Stellung nehmen, Täter, Opfer und Unbeteiligte.
Mögliche Fragen:
Wie haben Sie sich gefühlt?
Welches Verhalten des Helfers hat besonders beeindruckt?
Welches Verhalten von Opfer und Unbeteiligtem/Helfer wirkt sich eher deeskalierend bzw. eher ungünstig auf den Verlauf der Auseinandersetzung aus?

7.1.8 Übung „Maus – Schildkröte – King Kong"

Der Schwerpunkt dieser Übung liegt auf der Auseinandersetzung mit der Opferrolle.

Spielanweisung:
Sie gehen eine Straße entlang. Ihnen kommen 2 Männer entgegen, die offensichtlich provozieren wollen und Streit suchen. Sie gehen einmal als „Maus", einmal als „Schildkröte", dann als „King Kong".
Im Auswertungsgespräch geht es um die Opferrolle. Welches Verhalten ist für mich das typische, angemessene? Welches Verhalten wirkt eskalierend bzw. deeskalierend?

7.1.9 Rollenspiel „Abziehen"

Wie bei 6.1.9 liegt auch hier der Schwerpunkt in der Opferrolle.

Situation: Eine Gruppe von 3–4 Jugendlichen, Jungen und Mädchen, hält in einer wenig belebten Straße einen Mofa-Fahrer an und fordert ihn auf Jacke und Geld herauszugeben.
(Beliebige Erweiterungen dieser Situation sind möglich: andere Opfer, Hinzuziehen von Passanten, Anwohnern, Autofahrern. Empfehlung: mehrere Durchgänge spielen.)
Auswertung:
Wie verhalte ich mich in der Opfer-Rolle?
Welches Verhalten hat welche Auswirkungen auf mich/auf die Täter?
Gibt es das „optimale" Verhalten?

7.1.10 „Das Forum-Theater"

Ziele: Diese Übungsform gehört zu den wichtigsten Konfliktlösungsritualen, weil sie die Teilnehmer/innen auf sinnfällige Weise motiviert, in ihrer Gruppe aktiv zu werden und im Konfliktfall einzugreifen.
Folgendes wird deutlich:
- Wenn Sie nicht selber eingreifen, verändert sich nichts!
- Gemeinsame Lösungen sind möglich!

- Konfliktlösungen, an denen nicht alle beteiligt sind, bleiben Zündstoff!
- Wir lernen am besten aus Prozessen, an denen wir beteiligt sind.

Beschreibung:
1. Ein Konflikt wird von einem Gruppenmitglied genannt. Es schildert jetzt den Hergang oder benennt das Problem. Dann wird dieser Vorfall auf einer improvisierten Bühne nach dieser Anweisung genau nachgespielt.
2. Wenn Einigkeit besteht über den Hergang, inszenieren wir einen zweiten Durchgang. Hierfür lautet die Anweisung: Jede/r, der/die mit einem bestimmten Verhalten nicht einverstanden ist, ruft laut und deutlich „Stopp!"
3. Danach übernimmt der/die „Stopp"-Rufer/in die Rolle, die seine/ihre Kritik herausgefordert hat. Er/sie spielt und verändert sie dabei in einem weiteren Durchgang so, wie er/sie es im Hinblick auf eine Konfliktlösung für richtig hält.
4. In weiteren Durchgängen haben alle Teilnehmer/innen die Möglichkeit einzugreifen, bis alle mit der Lösung einverstanden sind!

Auswertung:
- Der Übungsablauf im Forumtheater erzwingt Auseinandersetzung in den verschiedenen Stadien der Arbeit.
- Begleitende Gespräche gibt es fast immer.
- Der Leiter/die Leiterin sollte darauf achten, dass die Handlung nicht zu Gunsten des Gesprächs aufgegeben wird.
- Handeln statt reden!
- Ist die Lösung für alle akzeptabel?
- Ist sie realistisch?

Hinweise zum Forumtheater:
Manchmal ist eine Lösung schnell gefunden, manchmal findet die Gruppe keine gemeinsame Lösung. Dann darf sie mit einer offenen Frage auseinander gehen. Das Bewusstsein, dass eine Lösung in der Gruppe noch nicht gefunden ist, kann nützlich sein. Besonders im Schulalltag erleben Klassen, dass an einer Lösung am nächsten Tag weitergearbeitet werden kann oder muss und dass bis dahin unter Umständen Setzungen des Lehrers/der Lehrerin gelten müssen, so lange, bis die Gruppe eine eigene Lösung findet.

Varianten:
Es können Konflikte, die die TeilnehmerInnen in anderen Zusammenhängen erlebt haben, auf die Bühne gebracht werden, wenn sie von der Gruppe Hilfe bekommen möchten. Sie übernehmen dann für den ersten Durchgang die Regie und geben dann das Spiel an die Gruppe weiter. Es kann Spaß machen die Durchgänge wie beim Film als „Klappe" zu bezeichnen und ihnen Arbeitstitel zu geben, z. B. „Schlägerei im Flur", die Erste.
(88 Impulse zur Gewaltprävention. E4)

7.1.11 Auf der Suche nach dem Sündenbock – Planspiel: „Belagerte Stadt"

Vorbereitung und Durchführung:
Fünf freiwillige Spieler/innen erhalten je eine Rollenbeschreibung (Kopie aus dem Anhang S. 169–171 vorbereiten!) und verlassen damit kurz den Raum. Sie spielen 5 Bürger einer mittelalterlichen Stadt: Bürgermeister, Arzt, Krankenpfleger, Wächter, Schmied.
Die Spieler/innen sollen ihre Informationen genau studieren und auf keinen Fall einem anderen Spieler etwas davon mitteilen. Sie müssen versuchen sich möglichst gut in die Lage der Person, die sie verkörpern, hineinzuversetzen, sich also z. B. zu überlegen, was sie später im Spiel den anderen mitteilen und was sie lieber verheimlichen.
Während der Vorbereitungszeit werden die übrigen Schüler/innen als Zuschauer und Beobachter über die Ausgangssituation informiert.
„Die kleine Trotzburg ist von den Hochbergern belagert. Sie beschuldigen die Trotzburger einen Kaufmann umgebracht zu haben und fordern innerhalb einer Stunde die Auslieferung des Schuldigen."
Ziel des Spiels ist das Studium von Verhaltensweisen, die in jeder Gruppe oder Gesellschaft ablaufen können, die aber in einer ausweglosen Situation wie in diesem Spiel besonders deutlich hervortreten.
Jedem Spieler werden Beobachter fest zugeordnet.
Dann werden die 5 Spieler/innen hereingeholt. Gespielt wird nur die Beratung der fünf Beteiligten, in der entschieden werden muss, wer als

Hauptschuldiger ausgeliefert wird. (Nicht länger als eine Zeitstunde, dann wird abgebrochen und als Ergebnis gilt, dass die Hochberger nun angreifen.)

Im Anschluss werden die Spieler/innen vor der Gruppe ausdrücklich aus ihren Rollen entlassen.

Die Rollenvorgaben für die einzelnen Spieler/innen finden Sie im Anhang (S. 169–171). Am besten wird jedem Spieler bzw. jeder Spielerin seine Rollenvorgabe in einer Kopie zur Vorbereitung zur Verfügung gestellt.

Seitens der Lehrer/in bzw. des Lehrers können auch von der Buchfassung abweichende Vorgaben gemacht werden.

Auswertung:
Dieses Spiel hat die Form eines Entscheidungsspiels, ist aber der Sache nach ein Experiment und man sollte es auch vor der Gruppe so bezeichnen. Denn die Situation ist so konstruiert, dass Entscheidungen gegen den Sündenbockmechanismus kaum mehr möglich sind.

Denkbar wäre höchstens, dass alle fünf Beteiligten sich stellen – was praktisch nie vorkommt, weil mindestens einer sich weigert und seine Unschuld beteuert – oder dass der Auszuliefernde ausgelost wird, nachdem alle Beteiligten eingesehen haben, dass sie mitschuldig sind. In der Regel wird aber sehr heftig gekämpft, meist mit unsachlichen Argumenten, bis schließlich einem, bei dem es am leichtesten geht, alle Schuld zugeschoben wird. Das Spiel bildet den Sündenbockmechanismus naturgetreu ab. Man sucht nicht nach sachlichen Überlegungen die beste Lösung, sondern man wälzt mit allen Mitteln seine Schuld auf einen andern.

Die Nachbesprechung kann deshalb das Ziel verfolgen, dass die Gruppe die Ungerechtigkeit solch eines Verurteilungsprozesses wahrnimmt. Dies kann mit folgenden Arbeitsschritten erreicht werden:

1. Den Spieler/innen und den Beobachtern wird die Wahrheit berichtet. Alles, was z.B. der Schmied, der Arzt, der Wächter verheimlicht haben, wird aufgedeckt. Das bewirkt meistens eine große Empörung und die Spieler/innen bzw. die Zuschauer/innen protestieren nachträglich gegen das Spielergebnis: Eigentlich waren doch alle schuld und auf keinen Fall war der „Sündenbock" der Hauptschuldige.

2. Die Spieler/innen schildern ihre Gefühle während des Spiels: Ihre Erleichterung, wie sie ihre Schuld abschieben konnten, ihre Angst, wenn die anderen ihnen die Schuld zuschoben.

3. Die Beobachter/innen berichten, was ihnen aufgefallen ist.

Die Gruppe vergleicht die Verhaltensweisen der Spieler mit dem Spielergebnis.

Was hat dazu geführt, dass gerade dieser Spieler/diese Spielerin ausgeliefert wurde und ein/e andere/r sich retten konnte? Oft kommt gerade der/die Sachlichste oder der Ehrlichste am schlechtesten weg.

4. Jetzt kann anhand von anderen Beispielen aus der Geschichte oder aus der Gegenwart der Sündenbockmechanismus analysiert werden. Was kann man dagegen tun? Wie müsste eine Gemeinschaft aussehen, in der es keinen Sündenbock zu geben braucht?

(Aus: Landesinstitut Schleswig-Holstein für Praxis und Theorie der Schule (Hrsg.): 88 Impulse zur Gewaltprävention. AKJS 1995 – leicht verändert)

7.1.12 Rollenspiel „Rettungsboot"

Dieses Rollenspiel setzt sich mit einer ähnlichen Problematik wie „Belagerte Stadt" (7.1.11) auseinander.

Rettungsboot
1. Ziel
Entscheidungsprozess in einer Gruppe simulieren und analysieren. Durchsetzung, Koalitionsbildung und Nachgeben erfahren und untersuchen. Identifikation mit Rollen erproben.

2. Durchführung
Die Gruppe wird zu einem Entscheidungsspiel aufgefordert, dem folgende Situation zu Grunde liegt. In einem Rettungsboot haben sich nach einem Schiffsunglück einige Menschen retten können. Da aber starker Seegang herrscht, droht das Boot zu sinken, weil zu viele Leute darin sind. Mindestens einer muss darum mit dem Rettungsring des Bootes aussteigen. Leider gibt es keine Leine zum Festbinden des Ringes am Boot.

Das Schicksal dessen, der aussteigt, ist also ungewiss.

Folgende Rollen werden verteilt (je nach Anzahl der Gruppenmitglieder): Eine vierzehnjährige Schülerin, eine Lehrerin, ein Profi-Sportler, ein Fabrikant von 50 Jahren, ein berühmter Schriftsteller, ein Tischler, ein pensionierter Regierungsrat, eine Hausfrau, eine Krankenschwester (weitere können nach Bedarf erfunden werden).
– Die Gruppe hat nun 30 Minuten Zeit ihre Entscheidung zu treffen. Andernfalls sinkt das Boot und alle gehen unter. Diese Spielbedingung ist wichtig, da sonst zu leicht der Entscheidung ausgewichen wird.

Varianten:
1. Die Entscheidung muss einstimmig getroffen werden.
2. Jede Spielperson erhält einen Beobachter, die Spieler sitzen im Kreis, die Beobachter jeweils so, dass sie ihren Partner von vorne beobachten können. Die Beobachtungen sollen schriftlich festgehalten werden.

Zeit: ca. 60 Minuten und mehr. Gruppengröße 8–16 Teilnehmer oder größer, wenn die Übrigen zuschauen und beobachten.

3. *Auswertungshilfen*
a) Wer ergriff die Initiative, wer hatte Führungsrollen?
b) Wer griff überwiegend andere an, wer verteidigte sich überwiegend nur? Wie hat es sich ausgewirkt, wenn Druck ausgeübt wurde?
c) Wer hat vermittelt, zusammengefasst, geordnet?
d) Welche Koalitionen gab es, wer hielt zu wem, wer suchte, wer fand Verbündete?
e) Wie war das Verhältnis von Emotionalität und mehr sachlichen Begründungsversuchen?
f) Welche Gründe und Kriterien wurden entwickelt und anerkannt? Von wem?
g) Gab es Versuche, der Entscheidung auszuweichen, Kompromisse zu finden?
h) Wie war die Qualität der Entscheidung – überzeugend für alle oder aus Zeitgründen (oder Machtgründen) einseitig?
i) Wie eng oder weit wurden die Rollen ausgelegt? Wer hat viel oder wenig dazu erfunden?
j) Wie haben sich die einzelnen Teilnehmer in Mimik, Gestik und nichtverbalen Äußerungen dargestellt?
k) Haben die hier gezeigten Verhaltensweisen etwas zu tun mit dem sonstigen Verhalten der Gruppenmitglieder?

4. *Materialien*
Papier, Schreibzeug.

(Aus: Gudjons: Praxis der Interaktionserziehung, S. 198/199)

7.1.13 Hinweise: „Zum Umgang mit direkter Gewalt"

Zum Umgang mit direkter Gewalt
Wie verhält man sich in Bedrohungssituationen? Angesichts der zunehmenden öffentlichen Gewalt gegenüber Personen wächst das Bedürfnis Anhaltspunkte für richtiges Verhalten zu haben. Der unten stehende Versuch einer „Checkliste" wurde in der Graswurzelwerkstatt in Köln entwickelt. Die Checkliste bietet die Möglichkeit sich selber einzuschätzen: Welche der genannten Vorschläge könnte ich mir vorstellen selber anzuwenden? Gegen welche hätte ich Bedenken?

1. Vorbereiten!
Bereite dich auf mögliche Bedrohungssituationen seelisch vor: Spiele Situationen für dich allein und im Gespräch mit anderen durch. Werde dir grundsätzlich darüber klar, zu welchem persönlichen Risiko du bereit bist. Es ist besser sofort die Polizei zu alarmieren und Hilfe herbeizuholen, als sich nicht für oder gegen das Eingreifen entscheiden zu können und gar nichts zu tun.

2. Ruhig bleiben!
Panik und Hektik vermeiden und möglichst keine hastigen Bewegungen machen, die reflexartige Reaktionen herausfordern könnten. Wenn ich „in mir ruhe", bin ich kreativer in meinen Handlungen und wirke meist auch auf andere Beteiligte entspannend.

3. Aktiv werden!
Wichtig ist sich von der Angst nicht lähmen zu lassen. Eine Kleinigkeit zu tun ist besser als über große Heldentaten nachzudenken. Wenn du Zeuge oder Zeugin von Gewalt bist: Zeige, dass

du bereit bist, gemäß deinen Möglichkeiten einzugreifen. Ein einziger Schritt, ein kurzes Ansprechen, jede Aktion verändert die Situation und kann andere dazu anregen, ihrerseits einzugreifen.

4. Gehe aus der dir zugewiesenen Opferrolle!
Wenn du angegriffen wirst: Flehe nicht und verhalte dich nicht unterwürfig. Sei dir über deine Prioritäten im Klaren und zeige deutlich, was du willst. Ergreife, die Initiative, um die Situation in deinem Sinne zu prägen. „Schreibe dein eigenes Drehbuch."

5. Halte den Kontakt zu deinem Gegner/Angreifer!
Stelle Blickkontakt her und versuche Kommunikation herzustellen bzw. aufrechtzuerhalten.

6. Reden und Zuhören!
Teile das Offensichtliche mit, sprich ruhig, laut und deutlich. Höre zu, was dein Gegner bzw. Angreifer sagt. Aus seinen Antworten kannst du deine nächsten Schritte ableiten.

7. Nicht drohen oder beleidigen!
Mache keine geringschätzigen Äußerungen über den Angreifer. Versuche nicht ihn einzuschüchtern, um zu drohen oder Angst zu machen. Kritisiere sein Verhalten, aber werte ihn nicht persönlich ab.

8. Hole dir Hilfe!
Sprich nicht eine anonyme Masse an, sondern einzelne Personen. Dies gilt sowohl für Opfer als auch für Zuschauerinnen und Zuschauer, die eingreifen wollen. Viele sind bereit zu helfen, wenn jemand anders den ersten Schritt macht oder sie persönlich angesprochen werden.

9. Tue das Unerwartete!
Falle aus der Rolle, sei kreativ und nutze den Überraschungseffekt zu deinem Vorteil aus.

10. Vermeide möglichst den Körperkontakt!
Wenn du jemandem zu Hilfe kommst, vermeide es möglichst den Angreifer anzufassen, es sei denn, ihr seid zahlenmäßig in der Überzahl, sodass ihr jemanden beruhigend festhalten könnt. Körperkontakt ist in der Regel eine Grenzüberschreitung, die zu weiteren Aggressionen führt. Wenn möglich, nimm lieber direkten Kontakt zum Opfer auf.

Aktives gewaltfreies Verhalten ist erlernbar: Indem wir uns unsere Ängste und Handlungsgrenzen bewusst machen, erfahren wir gleichzeitig auch mehr über den Bereich, der zwischen diesen Grenzen liegt. Oft unterschätzen wir die Vielfalt unserer Möglichkeiten. In Rollenspielen und konkreten Übungen zum Umgang mit direkter Gewalt können wir neue kreative Antworten auf Konfliktsituationen entdecken.
Verhaltenstrainings bieten uns die Chance bisher ungewohntes Verhalten auszuprobieren, zu verändern und einzuüben.

(Faltblatt der Kölner Graswurzelwerkstatt)

Eine ältere Frau wird während einer Demonstration von Skinheads angegriffen. Zwei Männer beweisen Mut zur Hilfe. (Foto: dpa)

7.2 Erkundungen

In diesem Kapitel geht es um Anregungen und Hilfestellungen zu eigenen empirischen Untersuchungen. Die eigene Schule bietet eine Vielzahl von Erkundungsthemen und wir möchten Sie ermutigen, zumindest in Ansätzen empirische Methoden kennen, anwenden und reflektieren zu lernen. Dies schärft auch die Wachsamkeit im Umgang mit fremden empirischen Untersuchungsergebnissen.

7.2.1 Die Befragung

Mögliche Themen:
- Art und Umfang von Aggression bzw. Aggressionswahrnehmung in einer Klasse/Stufe
- Geschlechtsspezifische/altersspezifische/jahrgangsspezifische Unterschiede
- Bedrohung(sgefühle) und Betroffenheit durch Aggressionen anderer
- Aggressionsanreger in der Schule
- Einstellungen zu Aggression (was macht mich aggressiv?/die „wunden Punkte")

Das konkrete Vorgehen – step by step:
1. *Schritt:* Was will ich eigentlich wissen?
- eine genaue Zieldefinition
2. *Schritt:* Wen will ich befragen?
- die Adressaten (Klasse/ein Jahrgang/verschiedene Jahrgänge im Vergleich/Mädchen-Jungen/eine Zufallsauswahl aus einer großen Gruppe ...)
3. *Schritt:* Wie formuliere ich die Fragen?
- möglichst konkret
- altersangemessen
- eindeutig, also unterschiedliches Verständnis ausschließen (z. B.: aggressives Verhalten wird unterschiedlich empfunden, besser konkretisieren: schlagen, beleidigen ... „operationalisieren"). Hinweise zu unterschiedlichen Fragetypen siehe unten
4. *Schritt:* Was muss ich bei der Auswertung berücksichtigen?
- Ist eine Zusammenarbeit mit Informatik-Kurs oder Computerfreaks möglich, um die Ergebnisse optisch/grafisch zu gestalten?
- Mögliche Klippen bei der Auswertung beachten: Ist die Untersuchung repräsentativ? Ist die Formulierung der Ergebnisse realistisch/angemessen? (Beispiel: „70% waren aggressiv" oder „70% gaben an aggressiv gewesen zu sein")
5. *Schritt:* Was ist grundsätzlich zu beachten?
- Ist die Anonymität der Befragten sinnvoll/erforderlich/sichergestellt?
- Ist die Länge des Fragebogens angemessen?
- Ist der Zeitrahmen abgeklärt/mit den Befragten abgesprochen?
- Sind notwendige Informationen weitergegeben bzw. Genehmigungen eingeholt? (z. B. bei Klassenlehrerin, Schulleiterin usw.)

Frage- und Antwortmuster:
- Alternativ-Antworten:
  ☐ ja   ☐ nein
  ☐ männlich   ☐ weiblich
- Zahlenangaben
  (Eintragen der Zahl oder Ankreuzen eines vorgegebenen Intervalls)
  Wie häufig ... am Tag?
  ☐ 0–1
  ☐ 2–5
  ☐ mehr als 5
- Skalen
  In der großen Pause fühle ich mich von älteren Schülern bedroht
  ☐ nie   ☐ manchmal   ☐ häufig
  Wie stark trifft der folgende Satz auf dich zu: ...?
  ☐ gar nicht   ☐ wenig
  ☐ weitgehend   ☐ völlig
- Aus vorgegebenen Antwortmöglichkeiten eine zutreffende ankreuzen
- Offene Fragen, z. B.: Welches Verhalten von Lehrern/innen und Mitschüler/innen macht Sie am ehesten wütend? Achtung: Dieser Fragetyp erschwert möglicherweise eine übersichtliche Auswertung, kann aber andererseits sehr informativ sein.
- Neben standardisierten Fragebögen gibt es die Möglichkeit des „Tiefeninterviews", einer eingehenden Befragung im Einzelgespräch. Dieses Mittel ist sehr geeignet, um innere Prozesse auszuloten, Einstellungen und Bewertungen zu erkunden, die Adressatengruppe bleibt dabei sehr klein.

7.2.2 Die Beobachtung

Der Einsatz dieser empirischen Methode ist in mehrerer Hinsicht problematisch und sollte sehr vorsichtig und umsichtig eingesetzt werden:
- das bloße Abzählen von Rempeleien auf dem Schulhof ist wenig ergiebig;
- um zu aussagekräftigen und interessanten Ergebnissen zu kommen, ist ein erheblicher methodischer Aufwand notwendig;
- Unterrichtsbeobachtungen könnten für die betroffenen Lehrer/innen ein sehr sensibles Feld sein und sollten genau abgesprochen werden („Wollen die Oberstufenschüler/innen jetzt überprüfen, ob ich die Klasse im Griff habe?")

Dennoch möchten wir einige Hinweise geben auf den möglichen Einsatz von Beobachtung:
a) Ein Vormittag in einer Kindergartengruppe, zu empfehlen in Verbindung mit einem Gespräch mit den Erzieher/innen; z. B. im Hinblick auf geschlechtsspezifische Verhaltensunterschiede, erkennbare Ursachen für Aggression, Interventionen und deren Erfolg. Weitere Aspekte könnten sich aus dem Gespräch ergeben.
b) Begleitung eines Schülers/einer Schülerin oder einer Klasse über den gesamten Schultag; mögliche Beobachtungsaspekte:
   - Aggressions-Anreger,
   - aggressive Modelle,
   - Gruppenphänomene,
   - Aggressionsminderung durch …
c) Beobachtung von Fan-Verhalten bei einem Fußballspiel (vorher, während, nachher) Mögliche Beobachtungsaspekte:
   - aggressive Modelle,
   - Signale,
   - Gruppenphänomene,
   - alternative Verhaltensweisen
   Auch hier bieten sich Expertengespräche an, dazu unten mehr.
d) Eine Foto-Dokumentation zum Thema „Aggression in unserer Schule" (oder auf einem bestimmten Spielplatz, in einer bestimmten Wohnumgebung …) Eine Gruppe fotografiert Dokumente von offenen bzw. verdeckten Aggressionen, z. B. Zerstörungen auf den Toiletten, aggressive Sprüche/ Graffiti, aber auch Aggressions-Anreger, unwirtliche Ecken … Eine kleine Ausstellung der Fotos könnte konstruktive Gespräche in Gang bringen.

Insgesamt gilt auch für die Beobachtung: ein möglichst konkreter Beobachtungsbogen muss vorbereitet werden, der dem Beobachter ermöglicht präzise, schnell und übersichtlich – möglichst in Form einer Strichliste – Eintragungen vorzunehmen.

Bedenken Sie: Während einer 45-minütigen Unterrichtsstunde oder gar einer 20-minütigen Frühstückspause nehmen Sie eine Vielzahl von Interaktionen wahr! Es bleibt keine Zeit für längere Notizen, kurzes präzises Ankreuzen o. Ä. ist gefragt!

7.2.3 Das Experten-Gespräch

Neben dem Informations-Zuwachs könnten weitere Vorteile dieser Erkundungs-Methode darin liegen,
- den Unterricht durch die Anwesenheit schulfremder Personen zu beleben
- Verbindungen zu Institutionen des Stadtteils/der Stadt zu knüpfen
- Einblick in pädagogische Berufs- bzw. Praxisfelder zu bekommen.

Mögliche GesprächspartnerInnen sind:
- Schulleiter/in
- Lehrer/in
- Kindergärtner/in
- Polizeibeamte/-beamtinnen
- Mitarbeiter/innen des Jugendamtes
- Sozialpädagogen, Bewährungshelfer/innen
- Mitarbeiter/innen von Fan-Projekten
- Jugendseelsorger/innen
- Mitarbeiterinnen in Frauenhäusern
- Richter, Staatsanwälte

Thematische Aspekte können sein:
- Der Ist-Zustand: Wo, wie, in welchem Umfang werden Sie mit Aggression konfrontiert? Lassen sich Entwicklungen in den letzten Jahren feststellen?

- Ursachen
- Die konkrete Praxis

  Intervention: Wie gehen Sie mit den Aggressionen um? Wie wurden Sie darauf vorbereitet/dafür qualifiziert? Welche begleitenden Hilfestellungen gibt es für Sie?

  Prävention: Welche Maßnahmen werden ergriffen? Welche Chancen sehen Sie?
- Wünsche, Probleme …

Aspekte der Auswertung im Anschluss an das Expertengespräch:
- Übereinstimmungen/Differenzen im Vergleich zwischen Bericht aus der Praxis und den zuvor erarbeiteten theoretischen Kenntnissen
- Überraschendes?
- Einschätzung/Bewertung des Berufsfeldes

Methodische Aspekte:
Es gibt verschiedene Varianten das Expertengespräch zu nutzen:
- arbeitsgleiches Verfahren: ein Experte wird in den Kurs eingeladen oder der Kurs besucht eine Institution
- arbeitsteiliges Verfahren: der Kurs interviewt in Gruppen unterschiedliche Ansprechpartner, in diesem Fall stellt sich das Problem der Informationsweitergabe im Kurs. Dazu regen wir neben dem mündlichen oder schriftlichen Bericht die Methode MARKT an, das bedeutet: es werden neue Gruppen so gebildet, dass je ein/e Vertreter/in jeder Interview-Gruppe in jeder Gruppe vertreten ist und die anderen Teilnehmer/innen informieren kann.

8. Service

8.1 Texte für Klausuren, Übungen, Hausaufgaben, Prüfungssimulationen ...

8.1.1 „Fred"

Fred, ein sechzehnjähriger Fußballfan, fährt nach Frankfurt, um sich das Spiel seiner Mannschaft anzusehen. Er reist in einer Gruppe von Fanclubkameraden.
Alle sind sehr gespannt auf das Spiel und haben sich während der Zugfahrt schon so richtig mit Alkohol „in Stimmung gebracht".
Sie grölen, randalieren und pöbeln Passanten an. Es ist so richtig was los. Es ist „Action" angesagt an diesem Wochenende!
Die Jugendlichen empfinden eine große Befriedigung darin, zusammen zu sein und ihre Stärke zu zeigen. Ihr innerer Erregungszustand hat schon ein bestimmtes Maß erreicht. Fred kommt im Stadion an. Das Spiel beginnt.
Die Spieler seiner Mannschaft spielen aggressiv und scheuen keine Fouls. Fred grölt, schwenkt Fahnen, schreit, jubelt, protestiert bei jedem Foul der gegnerischen Mannschaft.
Die Atmosphäre heizt sich auf. Er kann die Freude eines gegnerischen Fans über einen ungeschickten Schachzug seiner Mannschaft nicht ertragen und versetzt ihm einen Faustschlag. Der gegnerische Fan sucht das Weite, Freds Kameraden grölen vor Zustimmung. Fred fühlt eine Hochstimmung in sich aufkommen. Er ist der Größte!
(Bründel/Hurrelmann, a. a. O., S. 275)

1 Analysieren Sie anhand Ihrer Theorie-Kenntnis den Prozess der Aggressions-Entstehung im vorliegenden Text.
2 Wie könnte ein Fan-Projekt zum Aggressions-Abbau beitragen?

8.1.2 Warnung vor einer „Zeitbombe"

Die Ermittlungen der Polizei zu der Schießerei am Ring [Straße in der Kölner Innenstadt], bei der Mitte Mai vier Menschen schwer verletzt worden sind, dauern an. Jetzt meldet sich der türkische Sozialarbeiter Ali Çakir zu Wort, um eindringlich vor einer Eskalation zu warnen und auf Umstände hinzuweisen, die aus seiner Sicht die Ursachen für solche Gewaltausbrüche sind. Çakir: „Hier tickt eine Zeitbombe."
Ihm ist das weitere Umfeld vertraut, aus dem die an der Schießerei Beteiligten stammen. Es handele sich um zwei türkische Gruppen. „Aber ich kennen die einzelnen Personen nicht." Ganz sicher glaubt er jedoch: „Die Sache hatte nichts mit Drogen oder Mädchenhandel zu tun. Diese Jungen würden nicht einmal eine Ameise töten, so ein gutes Herz haben sie. Das war eine Frage von Ehre und Macht." Er bittet die jungen Türken sich zu versöhnen.
Çakir (49), 1978 nach Köln gekommen, arbeitet als Sozialarbeiter im Jugendzentrum Quäker-Nachbarschaftsheim. Die jungen Leute nennen ihn ihren „zweiten Vater". Der lizensierte und erfolgreiche Boxtrainer gibt ihnen dort auch Unterricht in dieser Disziplin. Außerdem ist er Schöffe. Ihm liegt viel daran, Verständnis für die Situation vieler junger Türken Mitte bis Ende Zwanzig zu wecken: „Erst ist ihr Vater nach Deutschland gegangen, dann die Mutter. Als die Kinder viel später nachgeholt wurden, kannten sie ihre Eltern kaum noch. Die haben nie richtige Liebe erfahren." Weil sie die deutsche Sprache nicht beherrschten, sei eine große Zahl von ihnen auf Sonderschulen gelandet.
Hinzu kam räumliche Enge zu Hause, „Eltern und Kinder lebten anfangs oft auf einem einzigen Zimmer". Die Konflikte spitzen sich zu, wenn die Jungen in der Schule scheiterten, keine Arbeit fanden. Dann wurden sie häufig von

ihren Vätern unter Druck gesetzt. „Ein türkischer Mann hat zu arbeiten und für seine Familie zu sorgen; sonst verliert er das Gesicht. Wir stammen aus einer Männergesellschaft", sagt Çakir, „und das ändert sich nicht, wenn wir in Deutschland sind." In dieser Kultur erhebe der Mann Anspruch auf Respekt, den er aus seinem Beruf und der Stellung in der Familie bezieht, wenn er der von ihm verlangten Rolle gerecht werden kann. Fehlten ihm dafür die Voraussetzungen, verlagere sich sein Bedürfnis nach Geltung auf andere Bereiche.

Häufig seien die Jugendlichen vor der häuslichen Enge und den Vorhaltungen auf die Straße geflüchtet – einige wurden zur leichten Beute für kriminelle Gruppen, die ihnen Geld und Einfluss versprachen. „Schuld daran", meint Çakir, „sind die Politiker. Die haben die Eltern dieser Jugendlichen ins Land geholt, ohne an die Konsequenzen zu denken."

Aber auch die jungen Leute, die sich dem Milieu bewusst fern hielten, ständen unter einem gewaltigen Druck sich und den anderen etwas beweisen zu müssen, „wenn sie schon keine vernünftige Arbeit vorzeigen können". Eine Möglichkeit: Krafttraining oder Boxen im Quäker-Heim. „Wenn die abends kommen, sind sie voller Aggressionen, weil in ihrem Leben alles schief läuft. Dann schlagen sie auf den Sandsack und hinterher sind sie friedlich." Es sei denn, ihre Ehre wird verletzt – weil der Bruder eines jungen Mannes beleidigt oder geschlagen wird. In solchen Fällen, klagt Çakir, könne oft nicht einmal er vermitteln.

Opfer gekannt

Nicht nur die Integration der Jugendlichen dieser Altersgruppe sei in vielen Fällen gescheitert, auch die Jüngeren, hier Geborenen, seien gefährdet: „In den Familien gelten nach wie vor türkische Normen und islamisch-religiöse Gesetze, aber draußen ganz andere. Wie soll ein Kind das verkraften?" In allen Familien „seiner" Kinder und Jugendlichen gebe es Spannungen zwischen den Generationen. Çakir zeigt auf ein paar Junge, etwa 12 Jahre alt: „Noch sind sie klein, hoffentlich sehe ich sie nicht vor Gericht wieder oder später im Knast."

Notwendig, fordert Çakir, sei eine gezielte Jugendarbeit mit türkischen Fachkräften, die sich „in unserer Kultur auskennen". Aber die könne in den Jugendzentren kaum noch geleistet werden. „Als ich hier 1980 angefangen habe, waren wir sieben feste Mitarbeiter, dazu kamen Zivis und Honorarkräfte, ein Hausmeister und Jahrespraktikanten." Übrig seien nach den Kürzungen nur drei angestellte Mitarbeiter. Die Zahl der Jugendlichen (40 bis 100) sei jedoch fast gleich geblieben. „Ich kann auf den Einzelnen kaum noch eingehen, das wächst mir über den Kopf."

Einer der Jungen, die auf dem Ring verletzt wurden, sei nun halb gelähmt, hat Çakir gehört. Der Gedanke daran tut ihm weh. Aber er betont: „Die Opfer dieser Schießerei sind im Grunde Opfer dieser Gesellschaft." Der Sozialarbeiter ist verzweifelt und müde. „Wenn das wo weitergeht, knallt es morgen am Ebertplatz und übermorgen in der U-Bahn. Ich bin nicht in der Lage zu helfen. Ich brauche hier Hilfe, aber wer hilft mir?" Ali Çakir ist kurz davor aufzugeben.

(Aus: Ulrike Walden. In: Kölner Stadt-Anzeiger vom 28. Mai 1996)

> **1** Der türkische Sozialarbeiter Ali Çakir nennt Ursachen für Gewaltausbrüche unter türkischen Jugendlichen und für eine drohende Eskalation der Gewalt. Tragen Sie diese Aussagen zusammen und ordnen Sie sie den entsprechenden Aggressions-Theorien zu.
> **2** Skizzieren Sie Wege zur Verminderung bzw. Prävention von Aggression im gegebenen Zusammenhang.
> **3** „Die Opfer dieser Schießerei sind im Grunde Opfer dieser Gesellschaft." Nehmen Sie Stellung zu dieser These Çakirs (zu finden im Schlussabschnitt).

8.1.3 Strafen als „Aggressionsbremse"?

Bleiben wir noch einen Moment bei dem Beispiel des achtjährigen Andreas und beobachten wir genauer, wie seine Erziehung zur Friedfertigkeit aussieht.

Der Junge beschäftigt sich im Kinderzimmer mit einem Baukasten, seine um drei Jahre jüngere Schwester spielt in ihrer Puppenecke. Ein harmonisches Miteinander. Doch plötzlich nähert sich die Kleine ihrem Bruder und ergreift wortlos zwei bunte Bausteine. Andreas reagiert prompt und versucht seiner Schwester das Spielzeug wieder abzunehmen. Dadurch scheint sich das Mädchen bedroht zu fühlen, lässt die Bauklötze fallen und beginnt markerschütternd zu schreien. Dieses Alarmsignal ruft die Mutter auf den Plan […]. Der Anblick ihres jammernden Töchterchens bringt sie in Rage. Mit den Worten „Jetzt ist aber Schluss!" und einer schallenden Ohrfeige lässt sie Andreas als mutmaßlichen Angreifer wissen, dass man kleine Mädchen gefälligst in Ruhe lassen soll. Eine scheinbar ausgleichende Gerechtigkeit, die von dem Betroffenen indessen als tiefes Unrecht empfunden wird – zumal sich ähnliche „Spielchen" in unterschiedlichen Varianten fast täglich wiederholen. Wer wollte dem Jungen verdenken, dass er in seinem Innersten auf seine Schwester, aber auch auf seine Mutter wütend ist?

Vor diesem Hintergrund können wir die folgende Szene leicht nachvollziehen: Am nächsten Tag kommt Andreas gegen zwölf Uhr aus der Schule, wirft Anorak und Schultasche achtlos in den Flur, um sich sogleich in sein Spiel im Kinderzimmer zu versenken. „Räumst du wohl deine Sachen weg!", reißt die Mutter ihn aus seiner Fantasiewelt. Eine steile Falte legt sich zwischen die Augenbrauen des Jungen und unversehens entfährt ihm ein ärgerliches „Mach's doch selber!". Die Strafe für diese „Unverschämtheit" folgt auf dem Fuße: zwei Tage Fernsehverbot. Mit Drohungen oder harten Worten, Verboten oder Schlägen versuchen wohl die meisten Eltern ihren Kindern die Aggressionen auszutreiben. Doch die „Bremswirkung" dieser Methoden ist […] mehr als zweifelhaft.

(Aus: Arnd Stein: Wenn Kinder aggressiv sind. München 1990)

1 Erklären Sie mithilfe Ihrer Kenntnisse über Aggressionstheorien, wie das aggressive Verhalten des achtjährigen Andreas entsteht.
2 Inwiefern ist der Einsatz von Strafe als „Aggressionsbremse" problematisch?
3 Wie hätte sich Andreas' Mutter verhalten sollen, um aggressionsmindernd auf ihren Sohn einzuwirken?

8.1.4 Aggressivität in der Schule

Seit Menschengedenken ähnelt der Schulunterricht einer Aggression, welche die ältere Generation an der jüngeren verübt. Das spontane, spielfreudige Kleinkind wird von der Schule wie von einem Gefängnis aufgenommen. Es sitzt hier die schönsten Jahre der Jugend ab, wobei eine charakterliche Formung praktiziert wird, die den sadomasochistischen „Untertan" erzeugen soll. Einige Jahre unter dem Diktat des Schulmeisters bringen dieses Resultat mühelos hervor. Jedermann ist durch die Schule lebenslänglich gezeichnet – sein Gemüt hat für dauernd die Eigenschaften des „Schülers" erworben, der er sein musste.

Die Lebendigkeit des Kindes erfährt in der Zwangsschule eine massive Drosselung. Das stundenlange Stillsitzen und das passive Entgegennehmen des Lernstoffes sind erste Anleitungen zur Produktion des Zwangscharakters, den unsere Kultur benötigt, um sich in ihren Unnatürlichkeiten am Leben erhalten zu können. Der Tagesablauf des an sich schöpferischen und emotional-beweglichen Kindes wird starren Ritualen unterworfen […] Blockierte Motorik wird tiefenpsychologisch als eine der Quellen der Aggressionsstimmung betrachtet. Unsere Schulsysteme bremsen nicht nur die Motorik, sondern auch die gesamte Emotionalität des Kindes. Es soll zu einer eigentlichen „Lernmaschine" werden. Dem Musterschüler gelingt dies unter Umständen auf Kosten seiner inneren Entwicklungsfähigkeit. Er hat darin Erfolg und wird zum Vorbild seiner Mitschüler erhoben. Aber die gehemmte Lebendigkeit muss zu tiefen Verstimmungen und Selbstentfremdung führen. Sie speist die allgemeine Frustrationsempfindung, die bei leisesten Anlässen in Aggression umschlagen kann.

Auch die Autorität des Lehrers gibt aggressiven Gefühlen weiten Raum. Zunächst sind die Kinder Aggressionsempfänger; sie sind Opfer der Lehrerlaunen, einer straffen und oft unmenschlichen Disziplin unterworfen.

In früheren Zeiten war die Prügelstrafe eine Conditio sine qua non der Schulerziehung. In den Schulen wurde auf grauenhafte Weise geprügelt, sodass der Schlagstock geradezu als Symbol für

den Pädagogen erschien. Viele Kinder wurden physisch zu Krüppeln geschlagen – die psychischen Krüppel konnten zahlenmäßig natürlich viel schwerer erfasst werden. Jedenfalls war der militärische Drill mit dem schulischen Zwang unmittelbar verwandt. [...]
Der allgemeine Wettbewerbsgeist unserer Schulen fügt ein weiteres hinzu, um die sadomasochistisch verformten heranwachsenden Persönlichkeiten noch antihumaner und serviler zu machen. Ehrgeiz wird als Haupttugend des Schülers gezüchtet, viel mehr als Kooperation, Hilfsbereitschaft und soziale Verantwortung. Jeder Schüler soll „nur für sich schauen". Leistung allein wird prämiert, die Mitmenschlichkeit mag vor die Hunde gehen. So entsteht eine Kampfstimmung zwischen den Kindern, die um die Gunst der Lehrer und Eltern durch Leistungen buhlen, die diejenigen ihrer Kameraden übertreffen.
In einem solchen Schulbetrieb ist potenziell „jeder gegen jeden". Der Triumph des einen ist der Misserfolg des anderen. So werden die Heranwachsenden auf das Wirtschaftsleben und die Politik vorbereitet. [...]
Man kann kaum bezweifeln, dass ein anderes Schulsystem andere Persönlichkeiten, andere Gefühlsdispositionen im Menschen hervorrufen würde.

(Aus: Josef Rattner: Aggression und menschliche Natur. Freiburg 1971. Zit. nach: Knöpfel/Groß: Dimensionen der Pädagogik. 3d. 14. S. 19–21)

Worterklärungen:
Z. 8, 55:   sadomasochistisch bezeichnet eine Haltung, bei der Lustgefühle ausgelöst werden durch das Zufügen von Schmerzen und/oder Erleiden von Schmerzen
Z. 44:   Conditio sine qua non – notwendige Bedingung
Z. 57:   servil – sklavisch, unterwürfig

1 Stellen Sie dar, wie es laut Rattner zu Aggressionen in der Schule kommt.
2 Erklären Sie die laut Rattner im Bereich der Schule auftretenden Aggressionen anhand Ihnen bekannter Aggressionstheorien.
3 Setzen Sie sich kritisch mit Rattners These von der aggressiven und aggressiv-machenden Zwangsschule auseinander.
Erörtern Sie Möglichkeiten der Verminderung von aggressivem Verhalten in der Schule. Berücksichtigen Sie dabei insbesondere die Überlegung, ob Strafe ein sinnvolles Mittel der Aggressionshemmung ist.

8.1.5 Herbert ist aggressiv und unaufmerksam – ein Fallbeispiel

1. Problem
Frau M., eine engagierte Lehrerin Anfang der 50, hat die Klasse 8a, eine gemischte Klasse mit 28 Schülern, zu Beginn des Schuljahres übernommen. Einer der Schüler, Herbert S., fiel ihr gleich wegen seines vernachlässigten Äußeren auf (ungepflegte Haare, gammelige Kleidung). Die mangelhaften Schulleistungen und das undiszipliniert aggressive Verhalten dieses Schülers ihr gegenüber bereiten große Schwierigkeiten. Mittlerweile, im 2. Halbjahr des 8. Jahrganges, sind die Schwierigkeiten beinahe untragbar geworden.

2. Falldarstellung aus der Sicht der Lehrerin
Herbert ist 14 Jahre alt, groß, hager; er wirkt älter als er ist. Herbert zeigt in allen Fächern ungenügende Schulleistungen (Deutsch: 5, Mathematik: 6, Sachkunde: 6). Er beteiligt sich in keiner Weise am Unterricht, fertigt weder Hefteinträge noch Hausaufgaben an und gibt bei Schularbeiten meist ein leeres Blatt ab. Den Nachmittagsunterricht besucht Herbert nie und auch beim Vormittagsunterricht ist er häufig abwesend (64 Fehltage im 1. Halbjahr der 8. Klasse). Während der Pausen ist er nicht dazu zu bewegen, das Klassenzimmer zu verlassen. Stattdessen schaltet er seinen Kassettenrekorder an, den er trotz Verbots immer in die Schule mitbringt, und unterhält sich mit lauter Beatmusik, die Frau M. „grässlich" findet.
Das Verhältnis zwischen Herbert und Frau M. ist äußerst gespannt. Ihre nicht nachlassenden Bemühungen Herbert in das Unterrichtsgeschehen einzubeziehen, stoßen bei ihm auf großen

Widerstand oder besser auf Abwehr. Herbert, der im Allgemeinen teilnahmslos und geistesabwesend auf seinem Platz sitzt, reagiert, wenn ihn Frau M. anspricht, äußerst heftig und aggressiv. Antworten wie: „Lass mich in Ruhe, du Schwein", „Der Mist interessiert mich nicht", „Kümmere dich um deinen eigenen Dreck, alte Schlampe" und Schlimmeres sind an der Tagesordnung. Frau M. kann sich das – abgesehen davon, dass sie sich selbst sehr erregt – schon wegen der anderen Schüler nicht gefallen lassen. Sie weiß sich nicht anders zu helfen als Herbert nun ihrerseits zu beschimpfen („Du fauler Strick", „ungehobelter Lümmel" usw.) und mit dem Rektor und Herberts Eltern zu drohen. Im Verlauf solcher eskalierender Auseinandersetzungen hat Herbert Frau M. schon wiederholt angegriffen. Übrigens duzt Herbert seine Lehrerin nicht nur, wenn er sich über sie erregt, sondern immer.

Die Mitschüler gehen Herbert möglichst aus dem Weg. Er wird von ihnen abgelehnt. Niemand möchte mit ihm etwas zu tun haben oder neben ihm sitzen. Herbert sucht seinerseits weder freundschaftlichen noch aggressiven Kontakt mit seinen Mitschülern. Er scheint froh zu sein, wenn er in Ruhe gelassen wird.

Akzentuierend lassen sich aus dem Verhalten, das Herbert in der Schule zeigt, drei Problembereiche herausstellen: Leistungsschwäche verbunden mit mangelnder Arbeitshaltung, Verstöße gegen die Schulordnung und aggressives Verhalten, Kontaktarmut. [...]

3. Informationen aus dem familialen Bereich
Herbert lebt mit seinem vier Jahre jüngeren Bruder bei den Eltern. Die Familie bewohnt ein eigenes Haus, das Herberts Vater im Urlaub und an Wochenenden überwiegend selbst gebaut hat. Beide Kinder haben ihr eigenes Zimmer. Herberts Mutter ist nicht berufstätig. Frau M. hat Herberts Eltern persönlich kennen gelernt. Herr S. ist groß und kräftig, er sieht abgearbeitet aus, wirkt schwerfällig und wenig gewandt. Frau S. ist zierlich und sieht sehr jung aus. Sie macht einen gehemmten, unselbstständigen und ängstlichen Eindruck.

Herberts Eltern wurden schon zweimal wegen seines undisziplinierten Verhaltens und des Schuleschwänzens zu einer Aussprache mit Rektor und Lehrerin gebeten. Dabei nahmen sie Herbert sehr in Schutz und versprachen ihr Möglichstes zu tun – bisher allerdings ohne Erfolg. Den Eltern war die Sache offenbar sehr unangenehm und sie hielten sich mit Auskünften sehr zurück. Frau M. glaubt daher nicht, dass es möglich ist von ihnen Genaueres über Herberts Verhalten zu Hause und seine Entwicklung zu erfahren. Aus dem Gespräch mit den Eltern war jedoch zu entnehmen, dass die Großmutter von Herbert, die Mutter von Frau S., reges Interesse an der Entwicklung des Jungen zeigt. Frau M. bemüht sich nun um ein Gespräch mit der Großmutter, was auch gelingt. Von der Großmutter erhält Frau M. folgende Informationen: Herr und Frau S., damals 22 und 18 Jahre alt, heirateten, weil Herbert unterwegs war. In den ersten drei Jahren wohnte die Familie S. bei den Großeltern (Dreizimmerwohnung). Herbert wurde fast ausschließlich von der Großmutter betreut, während beide Eltern arbeiteten. Er schlief auch im Zimmer der Großeltern, da seine Eltern nur ein kleines Zimmer zur Verfügung hatten. Herberts Entwicklung verlief nach Aussagen der Großmutter bis zum dritten Lebensjahr völlig normal. Sauber war Herbert mit 1 1/2 Jahren.

Im Laufe der Zeit kam es zu Spannungen zwischen den beiden auf engem Raum zusammenlebenden Familien, von denen Herbert aber angeblich nichts mitbekam. Herr S. kam häufig betrunken nach Hause und war dann äußerst streitsüchtig und aggressiv. Manchmal schlug er auch seine Frau. Dieser Zustand wurde so unerträglich, dass die Großeltern darauf bestanden, dass die Familie S. aus der gemeinsamen Wohnung auszog. Herbert war damals 3 Jahre alt. Da seine Mutter weiter arbeiten wollte, kam Herbert in den Kindergarten.

Hier berichtet die Großmutter, dass Herbert die Trennung von ihr sehr schwer gefallen sei. Als die Großmutter die Familie S. nach dem Umzug besuchte, um nach Herbert zu sehen, gab es beim Abschied Tränen, da Herbert nicht bei den Eltern bleiben, sondern die Großmutter „nach Hause" begleiten wollte. Frau S. bat daraufhin ihre Mutter vorläufig nicht mehr vorbeizukommen. Als die Großmutter Herbert nach ca. 1/4 Jahr wieder sah, hatte sich das Kind völlig verändert. Aus dem lebhaften, aufgeweckten Jungen war ein stilles und ernstes Kind geworden, das keine Lust hatte mit seinen Spielsachen zu spielen, […] sondern stattdessen ruhig auf ihrem Schoß saß und ihre Hand hielt. Die Großmutter war darüber sehr beunruhigt, sah aber keine Möglichkeit etwas zu ändern.

Auch im Kindergarten war Herbert still und zurückhaltend. Als Herbert vier Jahre alt war, wurde ein Bruder geboren. Frau S. gab ihre Arbeit auf, um das Kind zu versorgen. Herbert ging weiter in den Kindergarten. Die Großmutter meint, dass Frau S. eine viel stärkere Beziehung zu diesem zweiten Kind hat als zu Herbert.

In die Schule ging Herbert nicht gerade mit Begeisterung, aber er fiel zunächst auch nicht weiter auf und wenn, dann höchstens dadurch, dass er zu still war. Bücher las er nicht, er sah lieber fern. Zu den Hausaufgaben musste man ihn zwingen. Richtige Freunde hatte er wohl nie, er spielte auch draußen meist allein. Dem Vater gehorchte Herbert aufs Wort, weil er Schläge fürchtete. Seine Mutter beschwerte sich dagegen häufiger über seinen Ungehorsam und seine Eigenbrötlerei. Mit seinem Bruder konnte Herbert nie etwas anfangen, weder im Guten noch im Bösen. Die beiden lebten nebeneinander her. Als Herbert in die Pubertät kam (mit ca. 13 Jahren) wurde er immer schwieriger. Vor allem seiner Mutter gegenüber ist er sehr aufsässig. Er gehorcht ihr nicht und beschimpft sie mit unflätigen Ausdrücken, sodass Frau S. jetzt froh ist, wenn Herbert nicht daheim ist. Momentan hält er sich viel in Spielsalons auf; ob er dort Freunde hat, wissen weder Eltern noch Großmutter. Der Vater setzt sich gegenüber Herbert mit Schlägen durch.

In den letzten Sommerferien ist Herbert, nachdem er seiner Mutter 300 DM aus der Haushaltskasse gestohlen hat, von zu Hause ausgerissen. Die Polizei griff ihn in Holland auf. Der Vater hat ihn anschließend gehörig verprügelt.

In letzter Zeit wird Herberts Verhalten immer schlimmer. Er schließt sich jetzt stundenlang in seinem Zimmer ein und ist nicht dazu zu bewegen, die Tür zu öffnen. Herberts Provokationen und Aggressionen richten sich vor allem gegen die Mutter, den Vater fürchtet er.

Über das Verhältnis zwischen Herrn und Frau S. berichtet die Großmutter, dass es nicht besonders gut sei. Es komme häufig zu heftigen Streitereien. Ihr Schwiegersohn sei zwar kein schlechter Mensch, aber äußerst schwierig und gewalttätig. Besonders wenn er angetrunken sei – was öfter passiere – gerate er beim kleinsten Anlass in Wut und schlage zu. Auch Frau S. habe schon häufig Prügel bekommen. Von einer Scheidung, wozu ihr ihre Eltern geraten haben, wolle sie jedoch nichts wissen.

(Aus: Hanke/Huber/Mandl: Aggressiv und unaufmerksam. Urban und Schwarzenberg: München/Berlin/Wien 1978, S. 150–157 – gekürzt. Zit. nach: Pädagogisches Lesebuch, hrsg. von Georg Bubolz. Cornelsen Verlag: Berlin, S. 233–238)

1 Analysieren Sie den Fall „Herbert" auf der Grundlage Ihrer Kenntnisse psychoanalytisch orientierter Entwicklungstheorien.

2 „Herbert ist aggressiv." Welche Ihnen bekannten Ansätze zur Erklärung aggressiven Verhaltens können zur weiteren Analyse des Falles beitragen? Stellen Sie sie in ihren Grundzügen dar und wenden Sie sie auf den Text an.

3 Diskutieren Sie auf der Grundlage Ihrer Analysen Möglichkeiten Herbert in Schule und Privatleben zu helfen und beurteilen Sie ihre Erfolgschancen.

8.1.6 Die Schläger mit dem Pausenbrot

„Wir wollten nur mal sehen, wie sie sich blau verfärbt", erklärten Frankfurter Grundschüler, vom Lehrer zur Rede gestellt, warum sie einem kleinen Mädchen einen Strick um den Hals legten und zuzogen.

Gewalt auf dem Schulhof – es gibt wohl derzeit kein Thema, das die Bildungsverantwortlichen stärker umtreibt.

Die allermeisten, die damit befasst sind, konstatieren, dass die Brutalität unter Schülern in den vergangenen Jahren zugenommen hat, dass die Hemmschwellen gesunken sind und auch die „Kleinen" bereits rücksichtslos zuschlagen – und dies aus nichtigen Anlässen. „Der hat so blöd geguckt", ist eine häufige Antwort von prügelnden

Schülern auf die Frage nach dem „Grund" einer „Auseinandersetzung". Das Ergebnis: immer mehr Verletzungen, die im Krankenhaus behandelt werden müssen.

Hinzu kommt die Beobachtung, dass sich hier und dort mafiaähnliche Strukturen etablieren: Schüler setzen ihre körperliche Überlegenheit dazu ein, um mithilfe willfähriger Kumpane ihre Mitschüler zu schikanieren, und dies derart professionell, dass Lehrer und Schulleitungen oft machtlos sind.

An einer Hauptschule in Essen-Karnap erpresste eine Jugend-Gang mit der Androhung von Prügel monatelang Geld und Kleidungsstücke von Mitschülern, die aus Angst vor Rache beim Rektor nie so recht mit der Sprache herausrückten. Beliebt ist auch die so genannte „Zigarettenwährung": Wer regelmäßig Zigaretten als „Schutzgeld" abgibt, hat gute Chancen unbehelligt zu bleiben.

Dass die gewaltbereiten Kinder und Jugendlichen nach wie vor an den Schulen in der Minderheit sind, ist für viele Pädagogen kein Trost. Denn erfahrungsgemäß genügen wenige „verhaltensauffällige" Schüler, um das Unterrichtsklima nachhaltig zu schädigen. Und die Aufmerksamkeit, die die genervten Lehrer ihren „Fällen" zollen müssen, geht naturgemäß den anderen ab. Sie werden dafür „bestraft", dass sie sich in die Schulgemeinschaft einfügen.

Allerdings: Verallgemeinerungsfähige Aussagen über Erscheinungsnormen und die Entwicklung der Häufigkeit von Gewalt in der Schule existieren bislang nur in sehr geringem Umfang. Entsprechende Untersuchungen, die einzelne Landesregierungen jetzt in Auftrag gegeben haben, dürften auch im Einzelfall schwierig sein; denn viele Schulleiter zeigen sich durchaus nicht auskunftsfreudig – aus Sorge um das Image ihrer „Anstalt".

Detlev Träbert, stellvertretender Vorsitzender der Aktion Humane Schule: „Fragt man nach, wie hoch die Kosten für die Beseitigung von Vandalismusschäden im letzten Kalenderjahr waren, so verweist die Schulleitung in der Regel an den Schulträger. Dort wird man mit der Auskunft abgespeist, dass es nicht möglich sei die Reparaturkosten nach normalem Verschleiß und Vandalismus zu differenzieren."

„Sonst zahlt die Versicherung nicht"
Träbert erzählt ein Beispiel dafür, wie Schulen mit der internen Gewalt umgehen: Ein Junge mit einem von einem Mitschüler verursachten Nasenbeinbruch will den Vorgang wahrheitsgemäß berichten, wird aber von der Schulsekretärin darüber belehrt, dass man „das so nicht schreiben" könne: „Sonst zahlt die Versicherung nicht." Also wird ein Hergang konstruiert, den diese als „Unfall" akzeptieren kann. Fazit: Die Dunkelziffer ist außerordentlich hoch.

Nicht viel besser sieht es bei der Ursachenforschung aus. „Da stehen wir noch auf dem Stand des Mittelalters", meint Michael Grüner von der Hamburger Schülerhilfe. Häufig wird darauf hingewiesen, dass das System schulischen Unterrichts, wie wir es nun einmal haben, „an sich" gewaltbegünstigend sei. Das heißt: die Schule wird das Opfer von Entwicklungen, die sie selbst verursacht.

Starre Stundenpläne mit starren 45-Minuten-Einteilungen; praxisfernes, theorielastiges Lernen, dessen Sinn die Schüler nicht einzusehen vermögen, Konkurrenzdruck statt Solidarität – das ist ein Kondensat der Vorwürfe, die der Schule heute entgegenschlagen.

Gestützt werden sie durch Beobachtungen, wonach gerade die Zeiten vor und nach Abschlussprüfungen besonders gewaltträchtig sind. Die Stadtverwaltung von Bergisch Gladbach musste kürzlich diese Erfahrung machen: zerstörte Waschbecken und Türbeschläge, beschädigte und leer gesprühte Feuerlöscher sowie demontierte Lautsprecher waren das Ergebnis des „Frustabbaus" von zensurengeschädigten Schülern.

Als weitere gewalterzeugende Faktoren werden unwohnliche, heruntergekommene und vergammelte Schulen genannt, die zu Zerstörungen geradezu animierten. „Schule – Knast meiner Jugend" – dieses Graffito fand die Bildungsjournalistin Jutta Wilhelmi kürzlich auf der Toilettentür einer Schule in der Nähe von Bonn.

Vielfach werden allerdings auch, so Jochen Korte, Rektor einer Förderschule in Schleswig-Holstein und Autor erfolgreicher Bücher zu Schulthemen, in der Schule lediglich Aggressionen abgeladen, die anderswo entstehen. Neben den Gewaltszenen im Fernsehen, die aggressives

Modellverhalten präsentieren, das die Hemmschwellen senkt, wird immer wieder die misslungene frühkindliche Erziehung als Ursache für die Gewalt unter Schülern genannt. „Aggressive Schüler haben in der Regel an einem Mangel bei der Befriedigung emotionaler Bedürfnisse gelitten", sagt Korte.

Es stimme nicht, so Korte weiter, dass sich bei aggressiven Kindern hinter der rauen Schale ein weicher Kern verberge. Diese Schüler seien weder ängstlich noch unsicher, hätten ein positives Verhältnis zur Gewalt und „das Mitgefühl mit den Opfern" sei „wenig ausgeprägt". Ein Unrechtsbewusstsein fehle zumeist, eine gesprächsmäßige Konfliktbereinigung sei unmöglich, weil die Betreffenden Argumenten einfach nicht mehr zugänglich seien.

Der renommierte Bielefelder Jugendforscher Klaus Hurrelmann benennt eine andere Ursache schulischer Gewalt. Viele Eltern jagten ihre Kinder aus dem Wunsch heraus, diese möchten einen Schulabschluss mit hohem Prestige erreichen, in die Leistungsmühle, der sie nicht gewachsen seien.

Die daraus erwachsende Aggressivität müsse sich nicht einmal gegen andere richten. Kopfschmerzen, Übelkeit, nervöse Störungen seien Formen einer „Autoaggression", die bis zum Selbstmord reichen könne. Diese Beobachtung stützt die von vielen „fortschrittlichen" Pädagogen verfochtene These, dass aggressives Verhalten von Schülern ein verzweifelter Hilferuf ist.

Strafen sind das schlechteste Mittel

Die Lehrerin, Psychologin und Buchautorin Gisela Preuschoff: „Wenn Kinder Gewalt ausüben, benötigen sie unsere Unterstützung." Schulische Sanktionen und Strafen seien das schlechteste Mittel mit dem Problem fertig zu werden.

Vielfältig wie die Diagnosen sind die Therapievorschläge, die mittlerweile auf dem Tisch liegen. Diejenigen, die Schule als systematisierte „strukturelle Gewalt" begreifen, haben es noch einfach: Sie plädieren für eine Aufhebung dieses „Gewaltzusammenhangs" – dann werde sich die Aggressivität schon legen.

Pädagogisch-planmäßige Entwicklung, freie Arbeit und projektorientiertes Lernen müssten an die Stelle bloßer „Kopfbildung" treten, Solidarität an die Stelle von Konkurrenz. Schule und Unterricht sollten reichhaltige Lern- und Erfahrungsmöglichkeiten bieten, die Schüler selbst an der Gestaltung ihrer Schule mitwirken können. Die Pädagogen, die solche Vorschläge machen, können immerhin darauf verweisen, dass es in der Tat Schulen gibt, die an dem Gewaltproblem weniger oder gar nicht zu laborieren haben. Gisela Preuschoff etwa berichtet über positive Erfahrungen an einer Berliner Peter-Petersen-Schule, wo „eine Hand voll engagierter Pädagoginnen neue Ideen entwickelten oder alte aufgriffen und trotz widriger Umstände nicht aufgaben".

„Schüler haben ein Recht auf Unversehrtheit"

Wer hingegen der Überzeugung ist, dass Schule überwiegend die Konflikte ausbaden muss, die nicht in ihr entstehen, wird andere Schwerpunkte setzen. Jochen Korte: „Schüler haben, wenn sie ihrer Schulpflicht nachkommen, ein Recht auf psychische und physische Unversehrtheit. Die Schule hat auf die Durchsetzung dieses Rechts hinzuwirken." Seine These: Aggressoren müssen bestraft werden, auf dass ihnen klar wird, dass sich Aggression nicht lohnt.

Korte plädiert für die „Entwicklung klarer Regeln gegen Fehlverhalten", die Thematisierung von Gewalt im Deutsch- und Religionsunterricht und vor allem für eine enge Zusammenarbeit der Schule mit den Eltern.

Rührend in ihrem verzweifelten Aktionismus, in ihrer mühsam kaschierten Ratlosigkeit muten alte diese Vorschläge an. Sie machen deutlich, dass das Gewaltproblem die Schule mehr oder weniger unvorbereitet trifft.

(Aus: Markus Schwering: Die Schläger mit dem Pausenbrot. In: Kölner Stadt-Anzeiger vom 12.1.93, S. 3)

1 Fassen Sie die wesentlichen Aussagen des Textes zusammen und zeichnen Sie dabei die Argumentationsstruktur des Textes nach.

2 Erläutern Sie anhand Ihrer Kenntnisse von Aggressionstheorien die im Text angedeuteten Erklärungsansätze für aggressives Verhalten.

3 Diskutieren Sie die im Text skizzierten Lösungsvorschläge und entwickln Sie eine eigene begründete Position dazu.

8.1.7 Die Umwelt – „Schule der Aggression"

„Mensch hab' ich 'nen Frust!" – dieser saloppe Spruch aus dem Jargon junger Leute hat sich fast schon zu einer vertrauten Redensart entwickelt. Eine neue Erfindung ist der „Frust" aber keinesfalls, sondern lediglich die Abkürzung eines schon lange bekannten wissenschaftlichen Begriffs: Frustration – die Störung einer zielgerichteten Aktivität. Eine Behinderung dieser Art liegt zum Beispiel dann vor. wenn Sie einen Parkplatz suchen und Ihnen die letzte Parklücke von einem anderen „weggeschnappt" wird oder wenn Sie vor Ihrer Wohnung stehen und den Schlüssel vergessen haben. Auch andere Beeinträchtigungen des Wohlbefindens werden als Frustration aufgefasst – seien es Drohungen, Beleidigungen, Strafen, Misserfolge oder auch körperliche Schmerzen. In diesen unangenehmen Erfahrungen sahen der amerikanische Forscher John Dollard und seine Mitarbeiter die eigentliche Ursache für aggressive Reaktionen und formulierten gegen Ende der dreißiger Jahre den bekannten Satz: Jede Frustration führt zu einer Aggression. Zahlreiche wissenschaftliche Untersuchungen konnten diesen Zusammenhang zwar bestätigen, doch ganz so einfach ist das Aggressionsproblem nun auch wieder nicht. Weitere Studien zeigten nämlich, dass Frustrationen keineswegs grundsätzlich Aggressionen nach sich ziehen. In einem aufschlussreichen Experiment beobachtete der amerikanische Psychologe Roger Barker, wie Vorschulkinder mit ihrem „Frust" umgingen: Zunächst durften sie sich eine halbe Stunde lang in freiem Spiel beschäftigen. Dabei wurde ihr Verhalten – vor allem in Bezug auf Originalität und Fantasiereichtum – in Protokollen festgehalten. Anschließend führte man sie in einen Raum, in dem sich neben dem bereits bekannten Spielmaterial einige besonders attraktive Spielzeuge befanden. Kaum hatten die Kinder ihr fröhliches Spiel begonnen, unterbrach sie der Versuchsleiter jedoch und deponierte die reizvollen Gegenstände hinter einem Maschendrahtzaun – gut sichtbar, aber unerreichbar. Nun wurden die Kinder erneut eine halbe Stunde lang systematisch beobachtet. Dabei zeigten sich große Unterschiede zur ersten Spielphase: Die Kinder waren jetzt viel unruhiger und ablenkbarer als zuvor; einige schimpften auf den Versuchsleiter, andere traten gegen das Drahthindernis. Wichtiger als diese – nicht weiter überraschenden – Unmutsäußerungen war aber etwas anderes: Das gesamte Spiel der Frustrierten gestaltete sich weniger originell und fantasievoll als im ersten Versuchsabschnitt, es entsprach eher dem typischen Spielverhalten jüngerer Kinder.

Dieses Untersuchungsergebnis macht deutlich, dass aggressives [...] Verhalten zwar *eine,* aber nicht die einzige Reaktion auf frustrierende Erlebnisse darstellt. Neben Rückschritten in unreifere Verhaltensweisen (Regression), Resignation und Verunsicherung können Frustrationen aber auch positive Folgen haben. In einem Experiment wurde Kindern beigebracht auf Enttäuschungen nicht wütend oder „pikiert", sondern konstruktiv zu reagieren. Tatsächlich waren für viele der kleinen Versuchspersonen die nachfolgenden Frustrationen ein Ansporn zu besonders fantasievollem Spiel.

Auch im Alltag bestätigt sich immer wieder, dass Behinderungen oder Fehlschläge durchaus erfinderisch machen können: Wenn Sie – wie ganz zu Anfang beschrieben – ohne Schlüssel vor Ihrer Wohnungstür stehen, dann gehen Sie möglicherweise vor Wut „an die Decke" oder Sie fügen sich in Ihr Schicksal und warten geduldig auf die Rückkehr Ihres Ehepartners. Es ist aber auch denkbar, dass Sie nun Ihren ganzen Ehrgeiz mobilisieren, um die Tür ohne Schlüssel zu öffnen oder auf anderem Wege in Ihre Wohnung zu gelangen. Ähnliche Reaktionsunterschiede lassen sich auch beim Kind feststellen: Wenn man ihm zum Beispiel eine beliebte Fernsehsendung verbietet, mag es schimpfen oder toben. Vielleicht zieht es sich auch enttäuscht oder gar weinend in seinen Schmollwinkel zurück. Schließlich besteht aber noch die Möglichkeit, dass es sich plötzlich mit ganz besonderem Eifer seinem Spiel widmet. Wir sehen: Nicht selten führen Frustrationen zur Entfaltung schöpferischer Kräfte, die zur Beseitigung der Störung eingesetzt werden oder andere Tätigkeiten beflügeln.

Diesen zwingenden Argumenten mussten sich auch die Aggressionsforscher beugen. So erweiterte Dollard seine ursprüngliche Aussage dementsprechend und räumte ein, dass Frustrationen nicht ausschließlich, sondern nur unter anderem zu Aggressionen führen. Verschiedene Wissenschaftler ergänzten diese These mit einer zusätzlichen Annahme: Unangenehme Erfahrungen müssen sich nicht unmittelbar auswirken, sondern der häufig damit verbundene Ärger sammelt sich in einer Art innerem „Kessel". Erst wenn der triebartige Druck in diesem Reservoir – und damit die Gereiztheit des Menschen – einen gewissen Grad erreicht hat, kommt es zu Entladungen oder gar zu einer „Explosion". Demnach entstehen nicht selten urplötzlich scheinbar grundlose Wutausbrüche, die – wie ein Blitz aus heiterem Himmel – die Umwelt in Erstaunen versetzen. Geringste Anlässe, ja, der bloße Gedanke an ein Ärgernis können somit Auslöser für unverhältnismäßig massive Aggressionen werden – die Summe vorausgehender Frustrationen muss nur groß genug sein. Diese Auffassung ist einleuchtend. Jeder von uns kann wohl bestätigen, dass häufige Ärgernisse die allgemeine Gereiztheit steigern und die Schwelle für Aggressionen sinken lassen. Heißt das nun, dass wir möglichst alle enttäuschenden Erlebnisse von unseren Kindern fern halten sollten, um ihre Friedfertigkeit zu fördern? Das folgende Beispiel gibt uns darauf eine Antwort:

Der zehnjährige Mark besitzt eigentlich alles, was ein Kinderherz begehrt. Sein Zimmer ist mit den schönsten Spielsachen voll gestopft, außerdem gehören ihm eine Stereoanlage und ein Farbfernsehgerät. Zu seinem letzten Geburtstag schenkten ihm seine Eltern eine komplette Fotoausrüstung, die durchaus das Prädikat „professionell" verdient. Neben dieser vollständigen materiellen Wunscherfüllung genießt das Kind ein hohes Maß an persönlicher Freiheit: Es darf bis spät in die Nacht fernsehen und auch sonst tun und lassen, was es möchte. Auf den ersten Blick scheint das Leben dieses „kleinen Prinzen" völlig frustrationsfrei zu sein. Umso mehr wundern sich seine Eltern darüber, dass Mark außerordentlich aggressiv ist und auch von seinen Lehrern als schwierig und angriffslustig eingestuft wird. „Der Junge hat doch alles, was man sich wünschen kann", beklagt sich seine Mutter im Beratungsgespräch, „und wir lassen ihm alle Freiheiten. Ich kann mir einfach nicht erklären, warum er sich so unmöglich benimmt". Eine genaue Analyse der Eltern-Kind-Beziehung kann dieses Rätsel lösen. Wenn Mark zum Beispiel ein Bild gemalt hat und es den Eltern stolz präsentiert, so wird er fast immer mit Bemerkungen wie „Ich habe jetzt keine Zeit" oder „Lass mich doch endlich in Ruhe!" abgewiesen. Liegt er abends im Bett und wünscht sich eine Gute-Nacht-Geschichte oder ein freundliches „Schlaf schön!", so wird er regelmäßig daran erinnert, dass er groß genug ist, um alleine ins Bett zu gehen, und die Eltern im Übrigen ihren ungestörten Feierabend verdient haben. Der elterliche Umgangston ist in der Regel sachlich-bestimmend, vorwurfsvoll oder gereizt.

Dieses Kinderschicksal sollte uns zu denken geben! Materielle Verwöhnung und eine freizügige Erziehungshaltung schließen zwar eine Vielzahl von Frustrationen aus, verdecken aber gleichzeitig jene tief greifenden und entscheidenden Enttäuschungen, die in einem Mangel an emotionaler Zuwendung und in unterschwelligen oder offenen Ablehnungen begründet sind. Viele Kinder, die – in den Augen der Umwelt – eigentlich glücklich und zufrieden sein müssten, sind in Wirklichkeit vereinsamte, unverstandene und damit zutiefst frustrierte kleine Geschöpfe. Unter diesem Aspekt klingt es geradezu wie Hohn, wenn die Aggressionen vordergründig verwöhnter Kinder gern darauf zurückgeführt werden, dass es ihnen „viel zu gut geht". Die Erfüllung aller kindlichen Wünsche erweist sich keineswegs als Patentrezept für Zufriedenheit und Friedfertigkeit. Es ist nicht einmal nötig oder gar erstrebenswert einem Kind möglichst viele Hindernisse aus dem Weg zu räumen jeden Ärger zu ersparen und alle Bedürfnisse zu befriedigen. Im Gegenteil: Der junge Mensch sollte auch lernen sich zu bescheiden, zu verzichten und die wirklich unvermeidlichen Enttäuschungen in seinem Leben zu ertragen, kurzum: eine Frustrationstoleranz aufzubauen. Das wird ihm umso besser gelingen, je mehr er sich in seiner gesamten Person angenommen und ermutigt fühlt und je weniger er sein natürliches Streben nach emotionaler Zuwendung und Anerkennung enttäuscht sieht.

Wir sollten sorgfältig beobachten, wodurch die kindlichen Enttäuschungen und Ärgernisse entstehen. Dabei lassen sich zwei grundsätzlich verschiedene Frustrationsarten feststellen, die wohl alle Kinder täglich ertragen müssen und denen wir uns deswegen in besonderer Weise widmen wollen:

(1) Frustrationen als Folge zufälliger Ereignisse oder sachlicher Notwendigkeiten und
(2) Frustrationen in Form von persönlichen Ablehnungen durch die Eltern.

Aus dieser Unterscheidung kann man ersehen, dass es zweifellos unvermeidliche oder notwendige Einschränkungen im Leben eines Kindes gibt: Wenn es zum Beispiel im Sandkasten spielen oder ins Freibad gehen möchte und plötzlich einsetzender Regen ihm einen Stich durch die Rechnung macht, so wird ihm niemand diese Enttäuschung ersparen können. Krankheiten, Unfälle, unglückliche Umstände – diese Schicksalsschläge oder Widrigkeiten sind ständiger Begleiter eines Menschenlebens. Aber auch die leidigen Hausaufgaben, das allabendliche Zubettgehen, kurz: die Regeln des täglichen Zusammenlebens engen das Kind oftmals in seiner freien Entfaltung ein, behindern es im Ausleben seiner Bedürfnisse und können somit ein Wohlbefinden empfindlich stören.

Dabei sind jedoch gar nicht alle Sachzwänge so unabänderlich, wie viele Eltern glauben möchten. Häufig liegt in der Beschneidung kindlicher Freiheiten ein willkürlicher Eingriff, der eigentlich überflüssig und – zumindest aus der Sicht des Kindes – völlig unbegründet ist. „Immer wenn ich am schönsten spiele", beklagte sich ein Neunjähriger, „ruft mich meine Mutter. Und wenn ich nicht sofort komme, dann macht sie Theater. Das finde ich richtig gemein. Wenn ich meine Mutter rufe, hat sie doch auch nicht immer Zeit." Kindliche Logik, der man sich nicht verschließen kann!

Viel tiefer greifender als die mehr oder weniger sinnvollen Einengungen und Störungen des Kindes wirken aber jene Frustrationen, die in einer Ablehnung vonseiten der Eltern begründet sind – sei es indirekt durch einen Mangel an Zuwendung im Gefühlsbereich oder unmittelbar durch (gar nicht so seltene!) „körperliche Züchtigungen", durch wütende, gereizte, vorwurfsvolle sprachliche Äußerungen oder auch nur durch verärgerte mimische Regungen. Obwohl die Erfahrungen in der psychologischen Praxis immer wieder zeigen, dass in solchen Frustrationen eine der wichtigsten Ursachen für kindliche „Unarten" liegt, werden sie allzu leicht als Nebensächlichkeiten abgetan oder völlig ignoriert: „So schlimm ist das doch gar nicht …!" Überdies ist es den meisten Eltern gar nicht bewusst, dass vielfach auch im Durchsetzen sachlicher Notwendigkeiten vermeidbare Ablehnungen verborgen sind, die das Selbstwertgefühl des Kindes erschüttern und seine gesamte kleine Persönlichkeit infrage stellen können. Es kommt nämlich ganz darauf an, mit welchen Erziehungsmaßnahmen – und dazu gehören auch Wortwahl und Tonfall der Stimme! – dem Kind die familiären Spielregeln nahe gebracht werden. Jetzt verstehen wir auch, warum sich viele Menschen über geringste Fehlschläge ärgern und bei den kleinsten Unannehmlichkeiten sogleich aggressiv reagieren. Gewiss, es gibt Tage, an denen alles schief läuft und bereits die sprichwörtliche Fliege an der Wand zum Ärgernis wird. Doch eine chronische Gereiztheit ist nicht allein die Folge unglücklicher Umstände oder beruflicher und familiärer Belastungen. Ein großer Teil jener Menschen, die man gern als „frustriert" bezeichnet, fühlt sich – nicht selten seit der Kindheit – in vielen Situationen abgelehnt und unverstanden; der innere „Dampfkessel" ist ständig bis zum Bersten gefüllt, sodass der geringste Anlass plötzlich zu einer aggressiven Gefühlsentladung führen kann.

Diese Erkenntnis hat vor allem für den sinnvollen Umgang mit Aggressionen eine ganz wesentliche Bedeutung. Häufig wird nämlich die Ansicht vertreten, man müsse die (unvermeidlichen) schädigenden Impulse irgendwie abreagieren, damit sich die Frustrationsspannung verringert. Stimmt das? Amerikanische Psychologen sind der Frage nachgegangen, ob das Ausleben von Aggressionen tatsächlich zu größerer Friedfertigkeit führt. Die vielfältigen Ergebnisse dieser Forschungsrichtung sind jedoch widersprüchlich und die Experimente viel zu speziell angelegt, um aus ihnen allgemein gültige Erkenntnisse abzuleiten. Eindeutige Beweise für die spannungslösende Wirkung aggressiver Energieentladung gibt es nicht. Auch ohne ausgelebte Aggressionen klingen ärgerliche Gefühle oftmals im Laufe der Zeit wieder ab, wobei der Aggressionsstau durch die Beschäftigung mit interessanten Tätigkeiten, also durch Ablenkungen, noch schneller abgebaut wird. Jedoch kann der ursprüngliche Spannungszustand ganz ohne erneute Frustration wieder erreicht werden, wenn der Verärgerte an das frustrierende Erlebnis erinnert wird. In manchen Fällen wachsen feindselige Gefühle sogar noch an, wenn man einem Menschen Gelegenheit gibt seinen aggressiven Impulsen ungehemmt nachzugeben. So vage diese Forschungsergebnisse auch sein mögen – sie legen zumindest den Schluss nahe, dass ein Ausleben von Aggressionen kein geeignetes Mittel für ihre Bewältigung darstellt. Trotzdem scheint es allemal gesünder zu sein Ärger und Wut nach außen abzuleiten als diese unangenehmen Gefühle hinunterzuschlucken.

Doch sind ärgerliche Regungen überhaupt so unabänderlich, wie immer wieder behauptet wird? Und muss die „innere Befreiung" zwangsläufig auf aggressive Weise erfolgen? Keineswegs! Manche Störung oder Einengung stellt zwar objektiv eine Frustration dar, bedeutet für den Betroffenen aber kein subjektiv erlebtes Ärgernis und ruft damit auch keinen seelischen Spannungszustand hervor – vor allem dann nicht, wenn er generell zufrieden und ausgeglichen ist. Überdies haben wir gesehen, dass Enttäuschungen durchaus positive Reaktionen auslösen können – vorausgesetzt, man hat gelernt Konflikte in angemessener Weise zu lösen. Anstatt sich also damit abzufinden oder sich darüber zu entrüsten, wenn ein Kind seinen „Frust" destruktiv abreagiert, sollten die Eltern versuchen die „Wurzel allen Übels" zu erkennen und sich darum bemühen, unnötige Einengungen sowie Ablehnungen des Kindes möglichst zu vermeiden. Durch Ermutigung und Anerkennung wird darüber hinaus seine Persönlichkeit gestärkt und seine Fähigkeit gefördert den Alltagsärger gelassen hinzunehmen. Denn was nützt der „gesündeste" Wutausbruchs", wenn der innere „Dampfkessel" über kurz oder lang wieder unter Hochdruck steht? „Leichter gesagt als getan!" – dieser Einwand ist berechtigt. Die praktische Durchführung solcher Empfehlungen erweist sich nämlich häufig als schwierig, zuweilen sogar als undurchführbar – besonders wenn sich die Fronten zwischen Eltern und Kind schon verhärtet haben. Mit der konkreten Anwendung unserer allgemeinen Überlegungen werden wir uns deswegen noch ausführlich befassen.

Halten wir fest: Die alltäglichen Frustrationen stellen eine äußerst wichtige Ursache aggressiven Verhaltens dar. Die Beratungspraxis zeigt immer wieder, dass auffällig aggressive Kinder während ihrer Entwicklung und meist auch noch gegenwärtig innerhalb der Familie einem hohen „Frustrationsbeschuss" ausgesetzt sind – meist ohne dass sich ihre Eltern dieser Tatsache bewusst wären. Allerdings haben wir auch gesehen, dass in frustrierenden Erlebnissen nicht die einzige Voraussetzung kindlicher Aggressionen liegt. Ob Frustrationen überhaupt aggressive Reaktionen nach sich ziehen und wie sich diese Verhaltensweisen im Einzelfall gestalten – das ist von komplexen Lernvorgängen abhängig, mit denen wir uns nun beschäftigen wollen.

(Aus: Arnd Stein: Wenn Kinder aggressiv sind. Wie Eltern verstehen und helfen können. München 1990, S. 32–41)

Dieser Text ist einem populärwissenschaftlichen Eltern-Ratgeber entnommen. Bereiten Sie auf der Basis dieses Textes einen kurzen Vortrag für Eltern vor oder eine Podiumssituation mit vorbereiteten Fragen und Antworten.
Gehen Sie insbesondere ein auf die Aspekte:
- Frustrationstoleranz
- Chancen des Umgangs mit Frustration
- Dampfkessel – Abreagieren?
- Empfehlungen für sinnvolles Elternverhalten

8.1.8 Gewaltprävention in der Schule

In ihrem Artikel fassen Günter Holtappels und Klaus-Jürgen Tillmann die Ergebnisse einer vierjährigen Untersuchung in 6. bis 10. Klassen an hessischen Schulen zusammen. Der Textauszug beschränkt sich auf die Präventionsvorschläge. Für eine eingehendere Beschäftigung damit, aber auch mit der ihnen zugrunde liegenden Analyse sei auf die Buchpublikation verwiesen: K.-J. Tillmann, B. Holler-Nowitzki, H. G. Holtappels, U. Meier, U. Popp: Schülergewalt als Schulproblem. Juventa Verlag: Weinheim/München 1999.

Die Lernkultur entwickeln

Insbesondere ein schülerorientierter Unterricht und ein erkennbarer Lebensweltbezug der Inhalte auf der einen und ein förderndes Lehrerengagement und geringer Leistungsdruck auf der anderen Seite wirken sich „gewaltdämpfend" aus. Daraus lässt sich folgern, dass auch unter präventivem Aspekt ein Unterricht anzustreben ist, der sich durch didaktisch-methodische Phantasie, durch individualisierte Lernzugänge und Lernformen und durch eine Vielfalt der Lernwerte und Lerngelegenheiten kennzeichnen sollte. Schülerorientierung heißt dabei auch, in vielfältiger Weise die lebensweltlichen Erfahrungen und Probleme der Jugendlichen aufzugreifen. Von Bedeutung für die Entwicklung der Lernkultur sind zudem einerseits Wahl- und Neigungsangebote, die auch für Schüler/innen mit schwachen Fachleistungen Anerkennung und Lernmotivation schaffen, andererseits „Schulprojekte", die praktisches Handeln und soziale Erfahrungen, authentische Begegnungen und Ernstsituationen ermöglichen. […]
Sowohl die vom Regelsystem abgesonderten Schüler/innen als auch jene, die in der Regelschule nicht den leistungsbezogenen Durchschnittsanforderungen genügen, zeigen […] in signifikant höherem Maße aggressive Tendenzen als die übrige Population.
Angesichts solcher Befunde kann gefolgert werden, dass ein beachtenswerter Risikofaktor für Gewalt minimiert würde, wenn es gelänge, die Zahl negativer Leistungskarrieren deutlich zu reduzieren.

Das Sozialklima verbessern

[…] Ein wichtiges Präventionsmittel liegt […] darin, soziale Bindungen zu stärken. Das bedeutet, die Entwicklung stabiler Schülerfreundschaften zu fördern und auf ein pädagogisch taktvolles Lehrer-Schüler-Verhältnis zu setzen. Schüler/innen benötigen zudem leistungsbezogene und soziale Anerkennungen, nicht zuletzt auch das Gefühl, mit ihren Eigenarten in der Lerngruppe erwünscht zu sein. Ein solches Sozialklima kann z. B. durch Schulfahrten und Schullandheimaufenthalte so gefördert werden, dass dadurch auch Gewalterscheinungen reduziert werden.
Restriktivität im Erziehungsverhalten der Lehrer/innen rigide Regelanwendung und Disziplinierung begünstigen ein Gewalt förderndes Sozialklima. […] Prävention könnte hier zunächst einmal Verhaltenstraining für Lehrkräfte bedeuten. […]

Etikettierungen vermeiden

Jugendliche, die in der Schulöffentlichkeit strafenden und stigmatisierenden Behandlungen seitens der Lehrkräfte und der Mitschüler/innen ausgesetzt sind oder in der Schule eine spürbare Außerseitersituation einnehmen, weisen deutlich höhere Gewaltquoten als andere auf. Im Laufe der Schulzeit können sich die Problemlagen vor allem dadurch verschärfen, dass Etikettierungsprozesse […] ihre eigene Dynamik entwickeln.
Dem Etikettierten wird auf Dauer keine andere als die angesonnene Abweichlerrolle zugestanden und dieser übernimmt somit nach und nach die von ihm erwarteten Haltungen in sein Selbstbild.
[…]
Vor diesem Hintergrund ist besonders für Beratungs- und Klassenlehrer/innen die Entwicklung eines Fallverstehens und sozialer Diagnosekompetenz von großer Bedeutung; dies wäre zu ergänzen durch die Aneignung von non-direktiven Beratungs- und Gesprächstechniken. Gerade für eine sichere Intervention und den interaktiven Umgang mit schwierigen Schülerinnen und Schülern dürften Programme zur Erweiterung von Interaktionskompetenzen dringlich sein. […]

Regeln etablieren und Grenzen setzen

Hier gilt u. E. als grundlegende Norm: Die Schule ist ein Ort, an dem die körperliche Unversehrtheit des Einzelnen zu achten ist; und an dem Auseinandersetzungen diskursiv, und nicht mit Gewalt, auszutragen sind. Mit dem Eingreifen oder Nicht-Eingreifen von Lehrkräften in Gewaltsituationen steht somit ganz praktisch zur Disposition, welches Verhalten in einer Schule als „akzeptabel" gelten kann. Wenn z. B. Prügeleien oder sexuelle Attacken unter den Augen der Lehrkräfte stattfinden dürfen, werden sie damit de facto legalisiert.
[...]
Bei offensichtlichen körperlichen Attacken sind Lehrkräfte aufgefordert, sofort eingreifen, um das Gewaltverhalten zu unterbinden. Für ein solches Einschreiten schlägt Walker neun aufeinanderfolgende Schritte vor, die im folgenden stark gekürzt wiedergegeben werden:
(1) In die Auseinandersetzung eingreifen und Gewalt unterbrechen (verbale Aufforderung, Dazwischengehen)
(2) Sich einen Überblick von der Lage verschaffen (Beteiligte und Zeugen feststellen)
(3) Opferhilfe leisten (erste Hilfe, seelischer Beistand)
(4) Signale an den Täter geben (Täterschaft feststellen, Konsequenzen verdeutlichen)
(5) Unterstützung holen (von Jugendlichen oder Lehrkräften)
(6) Zuschauende wegschicken (Stören durch andere vermeiden)
(7) Die Konfliktparteien beruhigen (räumliche Trennung, Gesprächsführung)
(8) Konflikt aufarbeiten (Konfliktverlauf klären, Lösungen erarbeiten)
(9) Konsequenzen ziehen (auf Vereinbarungen hinarbeiten, Strafen abwägen, Opferausgleich ermöglichen, Lernprozesse für Täter initiieren).
Wenn einzelne oder mehrere Lehrkräfte in der beschriebenen Weise deutlich Grenzen setzend agieren, so kann dies sehr wohl positive Auswirkungen haben. Unbefriedigend bleibt es jedoch, wenn andere Lehrkräfte sich in ähnlichen Situationen völlig anders verhalten; es entsteht dann das Gefühl, von den Kollegen im Stich gelassen zu werden. An dieser Stelle sind kooperative Absprachen erforderlich [...]

Die Kooperation im Stadtteil suchen

Bei massiven Gewaltproblemen [...] haben sich Interventionen bewährt, bei denen eine „Stadtteilkonferenz" eine zentrale Rolle spielt: Alle Institutionen und Einrichtungen, die im weiteren Sinne mit Jugendlichen zu tun haben (insb. Freizeitheime, Kirchengemeinden, Jugendhilfe, Ausländerbehörden, Schulen, Jugendverbände, Sportvereine, Polizei) setzen sich an einen Tisch und analysieren die Lage im Stadtteil. Dadurch entsteht [...] ein umfassendes Bild der Situation, und Möglichkeiten eines abgestimmten Vorgehens können konkret erörtert werden. Sodann wird ein Handlungskonzept entworfen, bei dem sowohl unmittelbar wirksame Interventionen (z. B. Repressalien gegen aktive Jugendbanden) genauso eine Rolle spielen wie mittel- und langfristige Präventionsmaßnahmen (z. B. Verbesserung des Freizeitangebots).
[...]

Prävention als Entwicklung der Schulkultur

Gewaltprävention in der Schule [...] sollte sich auf die Wirkfaktoren konzentrieren, die durch schulisches Handeln auch erreichbar sind. Anders formuliert: Man wird von der Schule aus keine Familientherapie betreiben können, aber gegen Schulversagen und etikettierendes Lehrerverhalten lässt sich sehr wohl etwas unternehmen. Es geht somit vor allem darum, die Schule selbst so zu verändern, dass die dort ausgemachten Risikofaktoren für Gewaltverhalten an Wirkungskraft verlieren. Damit ist die Gewaltprävention in der Schule vor allem als Entwicklung der Schulkultur, als Verbesserung des Sozialklimas, als Minderung von Ausgrenzung zu betreiben; aber auch intervenierende, kontrollierende und therapeutische Maßnahmen sind in den Blick zu nehmen. Darüber hinaus kann die Schule durch Kooperation mit anderen Einrichtungen (insb. der Jugendhilfe) ihre präventive Arbeit sinnvoll erweitern.

(Heinz Günter Holtappels, Klaus-Jürgen Tillmann: Was tun mit dem „harten Kern" von Schülern, der zuschlägt? In: Frankfurter Rundschau vom 1.2.1999, S. 10)

Rollenvorgaben zum Spiel von Seite 148:

Bürgermeister
Die kleine mittelalterliche Stadt Trotzburg ist zerstritten mit der großen reichen Nachbarstadt Hochberg. Der Bürgermeister mag die Hochberger gar nicht. Eines Tages, wie er gerade die Stadtkasse nachzählt, kommt der Schmied angerannt und erzählt: Eben hat mich ein Kaufmann aus Hochberg überfallen wollen. Ich habe mich gewehrt und ihn verwundet. Jetzt liegt er draußen im Schnee. Der Bürgermeister denkt sich: Das geschieht dem Hochberger recht! Und weil er die Hochberger nicht mag, bleibt er hinter seinem Geld sitzen und sagt nur: Das werden wir schon kriegen! Der Schmied läuft daraufhin zum Arzt, aber der will nicht hinausgehen. Höchstens wenn der Verwundete hereingebracht wird, behandelt er ihn. Der Schmied bittet den Krankenpfleger, den Kaufmann mit ihm hereinzutragen. Aber der sagt: Nur wenn es der Bürgermeister mir befiehlt. Da kommt der Schmied zum Bürgermeister zurück und erzählt ihm alles. Der Bürgermeister sagt: Na, meinetwegen soll er ihn reinschaffen. Sie schaffen den Kaufmann herein, der Arzt verbindet seine Wunden, aber in der Nacht stirbt der Kaufmann. Der Arzt sagt: Der war nicht mehr zu retten. Die Kälte hat ihn fertig gemacht. Wenn der Wächter gleich gesehen hätte, was los ist, und uns Bescheid gegeben hätte, hätte ich ihn vielleicht durchgebracht. Der Wächter sagt: Ich habe von dem Vorfall nichts gesehen.
Kurze Zeit darauf kommen die Soldaten von Hochberg vor die Stadt. Sie sind in der Übermacht. Sie lassen den Trotzburgern eine Botschaft überbringen: Liefert uns bis in einer Stunde den Schuldigen aus, der den Kaufmann getötet hat, sonst brennen wir die Stadt nieder.

Krankenpfleger

Die kleine arme mittelalterliche Stadt Trotzburg ist zerstritten mit der großen reichen Stadt Hochberg.

Zum Krankenpfleger von Trotzburg kommt eines Tages der Schmied und sagt: Draußen vor der Stadt liegt ein Kaufmann aus Hochberg. Er ist verwundet. Er hat mich angefallen, ich habe mich gewehrt und ihn zusammengeschlagen. Wir können ihn nicht im Schnee liegen lassen. Komm hilf mir ihn reinzutragen.

Der Krankenpfleger hat wenig Lust einem Hochberger zu helfen. Deswegen sagt er: Du hast mir nichts anzuschaffen. Wenn's der Bürgermeister sagt, gehe ich hinaus, sonst nicht. Eigentlich ärgert er sich ja oft über den Bürgermeister, dass er ihm so viel anschafft. Aber jetzt ist es ihm ganz recht. Der Schmied sagt, er wäre schon beim Bürgermeister gewesen und beim Arzt und beide wollten nicht recht was tun. Aber der Krankenpfleger bleibt dabei. Der Schmied läuft weg und nach einer Welle kommt er wieder und berichtet, der Bürgermeister hätte es jetzt befohlen.

Da geht der Krankenpfleger mit ihm hinaus und sie holen den Verwundeten rein. Der Arzt verbindet seine Wunden. Aber in der Nacht stirbt der Kaufmann.

Der Arzt sagt: Der war nicht mehr zu retten. Die Kälte hat ihn fertig gemacht. Wenn der Wächter gleich gesehen hätte, was los ist, und uns gleich Bescheid gegeben hätte, hätte ich ihn vielleicht durchgebracht.

Kurze Zeit darauf kommen die Soldaten von Hochberg in die Stadt. Sie sind in der Übermacht. Sie lassen den Trotzburgern eine Botschaft überbringen. Liefert uns bis in einer Stunde den Schuldigen aus, der den Kaufmann getötet hat, sonst brennen wir die ganze Stadt nieder.

Arzt

Die kleine arme mittelalterliche Stadt Trotzburg ist zerstritten mit der großen reichen Stadt Hochberg.

Eines Tages kommt der Schmied zum Arzt und sagt ihm: Draußen vor der Stadt liegt ein Kaufmann von Hochberg verwundet im Schnee. Komm doch raus und hilf ihm! Er hat mich überfallen wollen und ich habe mich gewehrt und ihn verwundet. Eben war ich schon beim Bürgermeister, aber der will nichts unternehmen.

Der denkt sich: Geschieht ihm recht dem Hochberger! – und sagt: Was, ich soll zu einem Hochberger hinausgehen bei dieser Kälte? Fällt mir gar nicht ein. Bringt ihn rein, dann kann ich ihn vielleicht behandeln. Der Schmied läuft zum Krankenpfleger und bittet ihn den Kaufmann mit reinzutragen. Aber der sagt: Nur wenn es der Bürgermeister befiehlt. Der Schmied rennt zum Bürgermeister, der befiehlt es endlich, und so schaffen beide, der Schmied und der Krankenpfleger, den Kaufmann zum Arzt.

Der sieht, dass der Kaufmann todkrank ist, weil er so lange im Schnee gelegen hat. Er verbindet seine Wunden, aber Arznei gibt er ihm nicht, weil er sich denkt: Wozu soll ich diesem Hochberger auch noch kostenlos meine teure Arznei geben? – In der Nacht stirbt der Kaufmann. Der Arzt sagt zu den anderen: Der war nicht mehr zu retten. Die Kälte hat ihn fertig gemacht. Wenn der Wächter gleich gesehen hätte, was los ist, und uns gleich Bescheid gegeben hätte, hätte ich ihn vielleicht durchgebracht.

Kurze Zeit darauf kommen die Soldaten von Hochberg in die Stadt. Sie sind in der Übermacht. Sie lassen den Trotzburgern eine Botschaft überbringen. Liefert uns bis in einer Stunde den Schuldigen aus, der den Kaufmann getötet hat, sonst brennen wir die ganze Stadt nieder. – Kurz vor der Beratung kommt der Wächter zum Arzt und bezahlt ihm eine längst fällige hohe Rechnung.

Wächter

Die kleine arme mittelalterliche Stadt Trotzburg ist zerstritten mit der großen reichen Stadt Hochberg.

Der Wächter steht auf dem Turm und beobachtet die Straße, die an der Stadt vorbeiführt. Eines Tages sieht er, wie der Schmied von Trotzburg einen Kaufmann, der aus Hochberg die Straße entlangkommt, überfällt und niederschlägt. Er meldet es aber nicht in der Stadt, weil er denkt: Was geht mich der Hochberger an? Kurz darauf kommt der Schmied zu ihm auf den Turm gestiegen und gibt ihm Geld, damit er den anderen sagen soll, er hätte nichts gesehen. Dem Wächter ist es recht. Er verspricht nichts zu sagen. Der Schmied läuft weiter zum Bürgermeister und bittet ihn, dem Verwundeten draußen im Schnee zu helfen. Er stellt die Sache so hin, als ob der Kaufmann ihn überfallen hätte und im Kampf hätte er ihn dann verwundet. Der Bürgermeister tut nichts. Da läuft der Schmied zum Arzt. Der Arzt will nicht hinausgehen. Höchstens wenn jemand den Verwundeten reinholt, würde er ihn behandeln. Der Schmied bittet nun den Krankenpfleger mit ihm den Verwundeten zu holen. Der Krankenpfleger lässt sich aber nur vom Bürgermeister was anschaffen. Endlich gibt ihm der Bürgermeister den Befehl den Kaufmann reinzuholen.

Aber es ist schon zu spät In der Nacht stirbt der Kaufmann. Der Arzt sagt: Wenn der Wächter gleich gesehen hätte, dass ein Verwundeter im Schnee liegt, und uns gleich Bescheid gesagt hätte, hätte ich ihn retten können.

Kurze Zeit darauf kommen die Soldaten von Hochberg in die Stadt. Sie sind in der Übermacht. Sie lassen den Trotzburgern eine Botschaft überbringen. Liefert uns bis in einer Stunde den Schuldigen aus, der den Kaufmann getötet hat, sonst brennen wir die ganze Stadt nieder. Kurz vor der Beratung kommt der Wächter zum Arzt und bezahlt eine längst fällige hohe Rechnung mit dem Geld, das ihm der Schmied gegeben hat.

Schmied

Die kleine arme mittelalterliche Stadt Trotzburg ist zerstritten mit der großen reichen Stadt Hochberg.

Der Schmied von Trotzburg sieht eines Tages vor der Stadt einen Kaufmann aus Hochberg. [...] Er überfällt ihn, schlägt ihn zusammen und nimmt sein Geld. Wie er aber den Kaufmann verwundet im Schnee liegen sieht, bekommt er es mit der Angst und rennt in die Stadt, um Hilfe zu holen. Zuerst geht er allerdings zum Wächter auf den Turm. Der hat alles mit angesehen. Der Schmied gibt ihm die Hälfte des geraubten Geldes, damit er nichts verrät. [...] Der Schmied läuft zum Bürgermeister und sagt ihm: Eben hat mich ein Kaufmann aus Hochberg überfallen wollen. Ich habe mich gewehrt und ihn verwundet. Jetzt liegt er draußen im Schnee. Der Bürgermeister zählt gerade die Stadtkasse nach und sagt nur: Das werden wir schon kriegen! Er tut aber nichts. Da läuft der Schmied zum Arzt und sagt: Komm mit vor die Stadt hinaus und hilf dem verwundeten Kaufmann. Der Arzt sagt: Was? Zu einem Hochberger soll ich hinausgehen? Fällt mir gar nicht ein. Wenn ihr ihn hereinschafft, werde ich ihn vielleicht behandeln. Sonst nicht. Da rennt der Schmied zum Krankenpfleger und bittet ihn: Trag mit mir den Kaufmann herein! Allein schaffe ich es nicht. Der Krankenpfleger sagt: [...] Wenn's der Bürgermeister sagt, komme ich mit. Sonst nicht. Der Schmied läuft wieder zum Bürgermeister. Der ist immer noch beim Geldzählen. Er sagt: Meinetwegen soll er ihn hereinschaffen. Der Schmied läuft zum Krankenpfleger und beide tragen den Kaufmann in die Stadt. Der Arzt verbindet seine Wunden, aber in derselben Nacht stirbt der Kaufmann. [...] Wenn der Wächter gleich gesehen hätte, was da los ist, und uns gleich Bescheid gesagt hätte, hätte ich ihn vielleicht durchgebracht. Kurze Zeit darauf kommen die Soldaten von Hochberg in die Stadt. [...] Sie lassen [...] eine Botschaft überbringen. Liefert uns bis in einer Stunde den Schuldigen aus, [...] sonst brennen wir die ganze Stadt nieder.

8.2 Hinweise auf Literatur, Medien und weiterführende Adressen

Literatur:

AKJS – Dokumentation 28: Materialien zum Thema Gewalt und Gewaltprävention, Köln 1995
Bezugsadresse: Arbeitsgemeinschaft Kinder- und Jugendschutz (AJS) Landesstelle NRW, Hohenzollernring 85–87, 50672 Köln
Umfangreiche Dokumentation über Einschätzungen von Gewaltphänomenen sowie eine ausführliche Darstellung verschiedener Handlungsmöglichkeiten in Schule und Jugendfreizeitarbeit.

Aufenanger, Stefan u. a.: Gutes Fernsehen – schlechtes Fernsehen. Denkanstöße, Fakten und Tipps für Eltern und Erzieher/innen zum Thema Kinder und Fernsehen. Hrsg. RTL-Television, Jugendschutzbeauftragter
Enthält nützliche Beiträge von namhaften Medienpädagogen und Informationen zum Jugendmedienschutz. KoPäd Verlag: München 1996

Bessner, Christoph: Mediation. Vermittlung in Konflikten, Stuttgart 1995. Eine Veröffentlichung der Stiftung Gewaltfreies Leben und der Werkstatt für gewaltfreie Aktion, Baden.
Eher theoretisch orientierte Information

Bessner, Christoph: Mediation in der Praxis. Erfahrungen aus den USA: Stuttgart 1996

Braun, Günter u. a.: Streitschlichtung durch Schülerinnen und Schüler. Hrsg.: Pädagogisches Zentrum Rheinland Pfalz, Bad Kreuznach (PZ Information 14/97)
Standardwerk, besonders geeignet für SI.
Bezugsadresse: PZ Rheinland-Pfalz, Europaplatz 7–9, 55543 Bad Kreuznach.

Bründel, Heidrun; Hurrelmann, Klaus: Gewalt Macht Schule. Wie gehen wir mit aggressiven Kindern um: München 1994
Behandelt Ursachen und Erscheinungsformen, Ratgeber

Büttner, Christian (Hrsg.): Schule ohne Gewalt? Konfliktberatung in pädagogischen Arbeitsfeld Schule. HSFK-Report 5/1998, Frankfurt/M.
Differenzierter Überblick über Theorien, Methoden und Ausschnitte aus der Konfliktberatung in Gruppen (Supervision). Zu beziehen über: Hessische Stiftung Friedens- und Konfliktforschung (HSFK), Leinenrode 29, 60322 Frankfurt/M. (Preis: DM 12,-)

Buford, Bill: Unter Hooligans. Geil auf Gewalt. München 1994
Dokumentarische Schilderung über Erfahrungen unterwegs mit englischen Hooligans.

Coleman, Daniel: Emotionale Intelligenz. München 1997
Coleman bezieht sich im Vorwort auf Heitmeyers Untersuchungen und versucht Wege zu entwickeln, um die emotionalen Fähigkeiten des Individuums zu fördern.

Faller, Kurt u. a.: Konflikte selber lösen. Mediation für Schule und Jugendarbeit. Verlag an der Ruhr: Mülheim 1996
Grundlagenwerk

Faller, Kurt: Mediation in der pädagogischen Arbeit. Ein Handbuch für Kindergarten, Schule und Jugendarbeit. Mülheim 1998

Gewaltlösungen. Schüler 95, Friedrich Verlag: Seelze 1995
Diese Textsammlung enthält vielfältige Anregungen für die pädagogische Arbeit in der Schule

Hagedorn, Ortrud: Konfliktlotsen, Klett: Stuttgart 1994
Materialien zum Training der Fähigkeit zum gewaltlosen Konfliktlösen;

Heinemann, Evelyn/Rauchfleisch, Thilo: Gewalttätige Kinder. Psychoanalyse und Pädagogik in Schule, Heim und Therapie, Fischer TB: Frankfurt/M 1992

Heitmeyer, Wilhelm u. a.: Gewalt. Schattenseiten der Individualisierung bei Jugendlichen aus unterschiedlichen Milieus, Juventa: Weinheim u. München ³1998
Umfangreiche empirische Studien der Bielefelder Forschungsgruppe um W. Heitmeyer; grundlegendes Werk über die soziologischen Entstehungszusammenhänge von Gewalt

Informationen zur Politischen Bildung aktuell: Schritte gegen Gewalt. Pädagogische Konzepte der Gewaltprävention. Von Wolfgang Redwanz. In: Informationen zur Politischen Bildung, Heft 269/2000

Koppold, Martin: Konsens. Einmütigkeit & Gegenseitige Beratung oder die Kunst, wichtige Entscheidungen gemeinsam zu treffen. Mutlanger Texte 11. Hrsg.: Friedens- und Begegnungsstätte Mutlangen, Forststraße 3, 73557 Mutlangen

Krabel, Jens: Müssen Jungen aggressiv sein? Eine Praxismappe für die Arbeit mit Jungen,

Verlag an der Ruhr: Mühlheim 1999
Landesinstitut für Schule und Weiterbildung Soest:
- Schirp, Heinz: Schule und Gewalt. Ansätze zur Gewaltprävention
- Müller, Egbert u. a.: Gewalt in Schulen? Fragen, Reaktionen, Konsequenzen.
Landesinstitut Schleswig-Holstein für Praxis und Theorie der Schule (IPTS); Aktion Kinder- und Jugendschutz e. V. in Schleswig-Holstein (AKJS): 88 Impulse zur Gewaltprävention, Kiel 1995
Ausgezeichnete Sammlung von Kommunikationsübungen mit Theorieteil. Hintergrund: akzeptierende Jugendarbeit
Landesinstitut für Schule und Weiterbildung Soest (Hrsg): Informationen zur Schulberatung, Heft 13
Mitscherlich, Margarete: Die friedfertige Frau. Eine psychoanalytische Untersuchung zur Aggression der Geschlechter, Fischer TB: Frankfurt/M. 1985
Nolting, Hans-Peter: Lernfall Aggression. Wie sie entsteht – wie sie zu vermindern ist. Rowohlt TB: Reinbek 1997
Überblick über Forschungsstand; psychologische Sicht
Pädagogik 1/99 Schwerpunkt: Hilfen gegen Gewalt.
Mehrjährige Studie über Gewalt an hessischen Schulen. Überblick über einschlägige Literatur.
„Pädagogik" 3/94: Schule – Jugend – Gewalt
„Pädagogik" 3/93: Gewalt in der Schule
Petermann, Franz / Petermann, Ulrike: Training mit aggressiven Kindern, Beltz: Weinheim [6]1993
Preuschhoff, Gisela/Preuschhoff, Axel: Wir können etwas tun! Gegen Gewalt an Schulen, Papy Rossa: Köln 1994
Im zweiten Teil des Buches finden Sie Vorschläge zu Übungen und Spielen.
Rebel, Wolfgang: Klassenmoderation bei Konflikten auf der Grundlage der Themenzentierten Interaktion, Soest 1992
Portmann, Rosemarie: Spiele zum Umgang mit Aggressionen, Don Bosco: München 1995
150 praxiserprobte Interaktionsspiele und Übungen zu den Problemfeldern Wut, Streit und Aggression
Posselt, Ralf-Erik/Schumacher, Klaus: Projekthandbuch: Gewalt und Rassismus, Verlag an der Ruhr: Mülheim 1993

Ideen und praktische Vorschläge für Schule, Betrieb und Jugendarbeit
Sander, B.; Sander, H.: Schwierige Schüler – schwierige Lehrer? Neue Wege des Konfliktmanagements in Schulen. Winklers Verlag: Darmstadt 1997
Schnack, Dieter/Neutzling, Rainer: Kleine Helden in Not. Jungen auf der Suche nach Männlichkeit, Rowohlt Verlag: Reinbek 1990
Schriftenreihe Oldenburger Vordrucke, hrsg. v. d. Universität Oldenburg.
- 208/93: Scheller, I. u. a.: Jugend und Gewalt. Szenische Interpretation von Dramenszenen.
- 214/93 Fabian, R.: Gewalt in der Schule
- 323/97 Koppold, M.: Gewaltprävention und Konfliktbearbeitung in der Schule
Bezugsmöglichkeit: UNI Oldenburg, Zentrum für pädagogische Berufspraxis, Postfach 25 03, 26111 Oldenburg
Walker, Jamie: Gewaltfreier Umgang mit Konflikten in der Sekundarstufe I. Spiele und Übungen, Cornelsen-Scriptor: Frankfurt 1995
Bezieht sich auf die Klassen 1–6

Medien
Film-Listen zum Thema erhalten Sie hier:
Kinder- und Jugendfilmzentrum in der Bundesrepublik, Küppelstein 34, 5630 Remscheid
T.: 02191 - 794235
Landeszentrale für politische Bildung NRW, Neanderstraße 6 40190 Düsseldorf
T.: 0211 - 679770
Medienzentrum Rheinland. Landes- und Stadtbildstelle, Postfach 103453, 40025 Düsseldorf
T.: 0211 - 8998101

Eine gute Internet-Adresse:
www.schule-fuer-toleranz.de

Weiterführende Adressen
AJS Landesstelle NRW, siehe Literaturhinweise Allgemein
BundesArbeitsGemeinschaft (BAG) Kinder- und Jugendtelefon im Deutschen Kinderschutzbund, Domagkweg 8, 42109 Wuppertal, Tel.: 0202 75 44 65
Polizeibehörden am Ort bzw. beim Kreis, Kommissariat Vorbeugung

Regiona e Arbeitsstelle zur Förderung ausländischer Kinder und Jugendlicher (RAA), Burgplatz 2, 40213 Düsseldorf, Tel.: 0211- 8924062
Bietet Fortbildungen, Materialien und Projekte an, z. B. die Aktion „Schule ohne Rassismus"

Service-Büro für Täter-Opfer-Ausgleich und Konfliktschlichtung
Aachener Straße 1064, 50858 Köln
Telefon: 0221 - 94 86 51 22
Fax: 0221 - 94 86 51 23
e-mail: TOA Service Büro @compuserve.com
(Trägerschaft: Deutsche Bewährungshilfe e. V.,

Verein für Friedenspädagogik Tübingen e. V., Bachgasse 22, 72070 Tübingen
Dort gibt es u.a. Broschüren zu den Themen Gewaltspielzeug, Gewalt in den Medien, Computerkids.

Zeichnung von Rouven Bobb. 2. Preis im Wettbewerb „Comics gegen Gewalt" (1999/2000) des Landschaftsverbandes Rheinland und des Landesjugendamtes NRW